今日から
モノ知り
シリーズ

トコトンやさしい

画像認識の本

日常生活から産業活動まで、画像認識の用途は非常に広範で、多くの場面で私たちの生活を支えています。そんな画像認識のデータの基本、具体的な画像処理手法、そして活用場面までを紹介します。

笠原亮介

B&Tブックス
日刊工業新聞社

はじめに

現代社会において、画像認識技術はとても重要な役割を果たしています。日常生活から産業活動まで、その用途は非常に広範で、多くの場面で我々の生活を支えています。例えば、スマートフォンの顔認証機能によるロック解除や、二次元コードを用いた電子決済、自動車の自動ブレーキや車線逸脱警報など、私たちの身近なところで画像認識技術が使われている例は数えきれません。

かつて、画像認識技術は限られた領域、例えば文字の読み取りや製造業での製品検査などに利用されていました。しかし、21世紀に入ると、その風景は大きく変わりました。この変化の一因として、機械学習技術の進化が挙げられます。機械学習を用いた画像認識技術は、従来の方法では難しかった問題を解決し、これまでにない可能性を開きました。

この進化を後押ししたのが、コンピュータの計算能力の急速な発展です。指数関数的に増大するコンピュータの能力により、複雑な画像認識処理の計算が即時に可能となりました。さらに、カメラ技術も大きく進歩し、高品質な画像を低価格で取得することができるようになりました。これらは、画像認識技術が普及する土壌を整えました。

加えて、スマートフォンの普及も画像認識技術の応用を後押ししました。カメラ付きスマートフォンは、個々の人々が容易に画像を取得し、それを活用するための道具となっています。この結果、画像認識技術の利用範囲はさらに拡大し、今日ではさまざまなアプリケーションでその効果を発揮しています。

この本は、そうした画像認識技術の全体像を把握するためのガイドとなるように全5章から構成されており、それぞれの内容は次のようになっています。

第1章では、画像認識の難しさと歴史を概観し、現在どのような用途に活用されているのかを紹介します。さらに、画像データの基礎的な知識、画像撮影の原理とその方法、基本的な画像処理の技術について解説します。

第2章では、画像認識処理の具体的な手法について深掘りします。画像認識処理で使用される各種処理内容を解説するとともに、画像から手がかりを抽出し、それをもとに物体を認識するまでの流れを紐解きます。

第3章では、画像認識処理に重要な役割を果たす機械学習の基本を説明します。機械学習とは何か、それがどのように画像認識処理において使用されるのか、その原理と方法を解説します。

第4章では、画像認識処理で使用される代表的な機械学習の手法である深層学習について説明します。深層学習の原理とそれが画像認識処理にどのように利用され、どのような問題を解決するのか解説します。

最後の第5章では、これまで学んだ技術を活用して、さまざまな種類の画像認識がどうやって実現され、社会のどのような場面で活用されているか紹介します。

本書ではこれらの内容を通じて、画像認識に関して初めて知る方、初めて学ぶ方でも全体像が把握できるように網羅的にトピックを解説しました。それぞれのトピックは深い内容まで踏み込んではいませんが、本書の内容をきっかけに興味あるトピックに関して調べると、深い理解につながると思います。

この本を書く上で、たくさんの方々から支援をいただきました。まず、日刊工業新聞社出版局書籍編集部の皆様には、この本を書く機会を与えていただき、その過程でたくさんの助けをいただきました。また、富山国際大学の豊岡理人先生からは内容に関する深い洞察とアドバイスをいただきました。さらに、株式会社ブライトヴォックス並びに株式会社リコーの皆様には、執筆過程において多数ご協力をいただきました。皆様に心より感謝申し上げます。最後に、執筆活動を応援してくれた家族に深く感謝いたします。

この本が、読者の皆様の学びと、画像認識技術への理解を深める手助けとなることを心より願っています。

2023年8月

笠原　亮介

目次 CONTENTS

第1章 画像認識とそれを支える技術

第2章 画像認識に使われる画像処理

第3章 画像認識に用いる機械学習技術

第4章 深層学習を用いた画像認識

第5章 さまざまな画像認識技術

第1章

画像認識とそれを支える技術

1 機械で人間の視覚情報処理を再現できるか

画像認識技術の難しさとその進化

私たち人間が得る情報の大部分は視覚情報であり、それは8割にも及ぶとも言われています。その情報処理能力を機械で再現しようとする試みが、実に50年以上前から続けられてきました。

「写真に写っているものは何か?」という質問を考えてみてください。例えば、写真には犬か猫が写っているとします。それを機械に判断させるのは至難の業です。なぜなら、画像データは本質的には明るさの数値の羅列に過ぎず、その情報から「犬」か「猫」かを計算で導き出すのは困難を極めるからです。

画像の判断には、さまざまな要素が絡み合います。例えば、犬種によって毛の色や模様が異なりますし、写真の角度や犬のポーズによっても画像は大きく変わります。このような多様性を単純な条件だけで判断することはできません。

人間はこれらの判断を無意識に、そして驚異的な速さで行います。それだけに、機械も同様に簡単にできるように思われがちですが、それは大きな誤解です。実際にはこういった画像認識は人間の高度な視覚情報処理のたまものです。

画像認識には色々な種類があります。印刷された文字の読み取りやバーコードの認識などは、対象のばらつきが少ないため、早期に実用化が進みました。一方、より一般的な物体認識は、人間の視覚に匹敵する性能を求められます。それが可能となったのは、深層学習（４章）という技術が発展した２０１０年代のことでした。

図2は、大規模な画像データベースを用いた画像分類課題における、精度の進歩を示しています。２０１２年に、深層学習を用いた手法により精度が飛躍的に向上し、ついに２０１５年には人間よりも低い誤り率を実現することができたのです。

これは、半世紀以上にわたる画像認識技術の研究の成果と言えるでしょう。

要点BOX

- ●画像認識は人間には容易だが、機械には困難
- ●深層学習の活用で、画像認識の精度は飛躍的に向上

図1 物体認識の課題

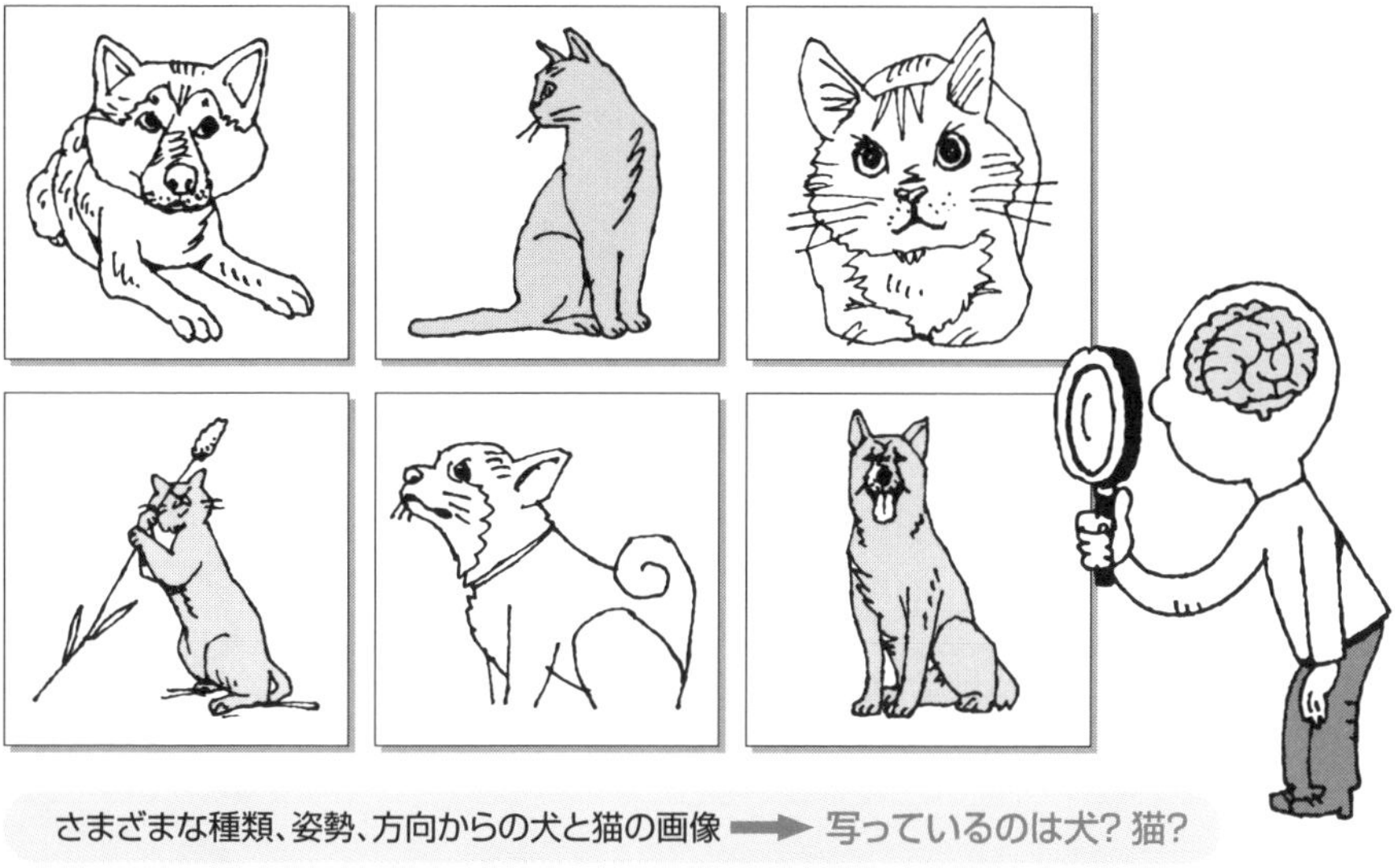

図2 物体認識の誤り率の推移

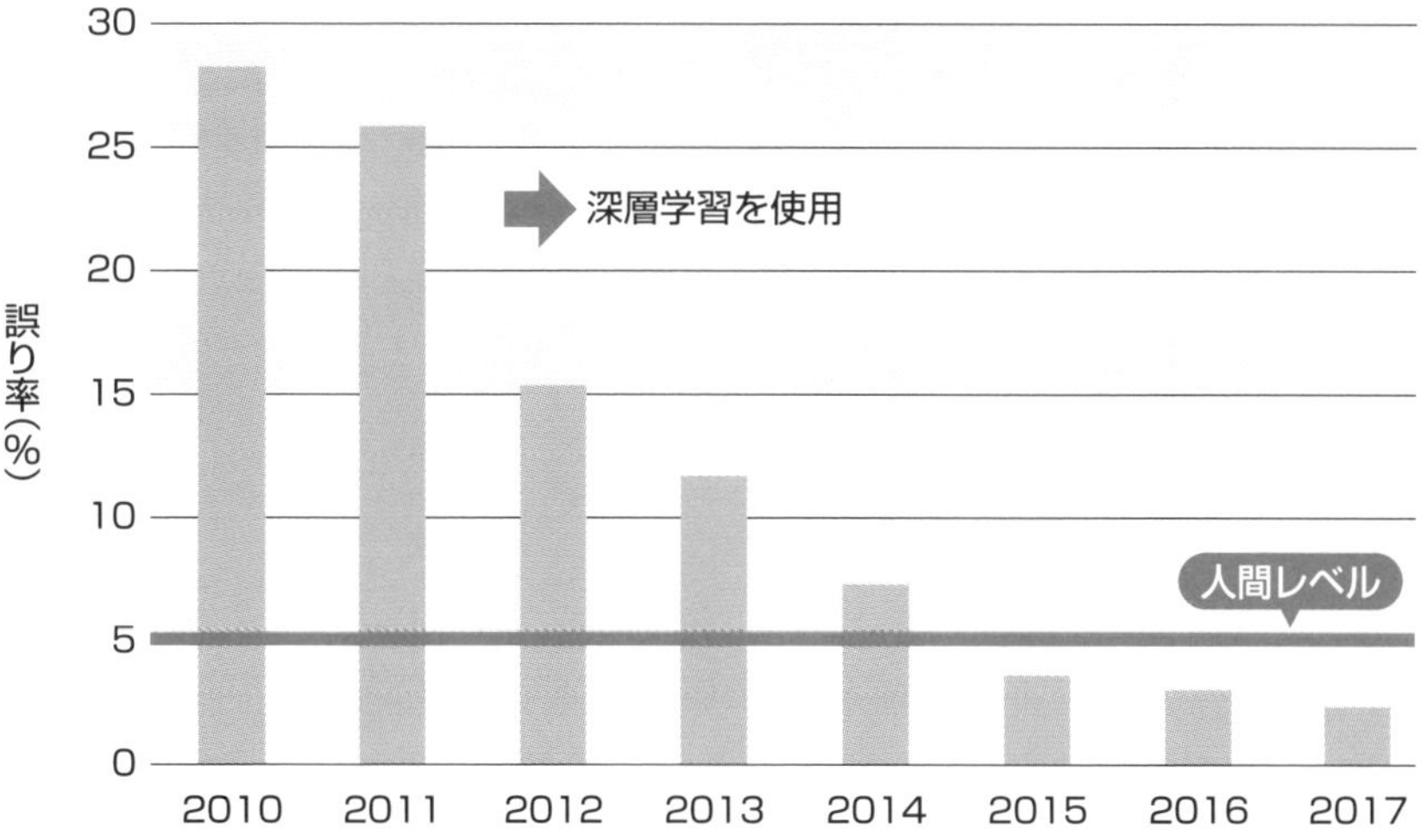

用語解説

誤り率：間違った判断が行われる頻度を示す指標

2 画像認識技術は何に使われているのか？

社会のさまざまな分野での活用例

現在、画像認識技術は実用的な性能が実現できるようになり、広い分野で用いられるようになっています。そして、その実用性と広範な応用性から、日々私たちの生活を支えています。

前方車両やレーンを示す白線などの認識結果を用いて、ハンドル操作補助や衝突被害軽減ブレーキをかける自動車の運転支援システム、工場での人の目視に代わる製品検査、監視カメラ画像を使用した防犯システムなど、幅広い領域でその活用が進んでいます。これらのシステムでは、人間が伝統的に行ってきた作業を画像認識技術が自動化し、作業の高性能化と人的ミスの軽減が実現されています。

画像認識技術を用いることにより、運転者の居眠りなど、人間が起こしうるミスを大幅に減らすことができます。また、人間の関与が不要となることで作業の省力化も可能となります。

その他にも、店舗のカメラ映像から人数や行動を分析しマーケティングデータを収集、人工衛星の画像を用いて植物の生育状況を観察、医療画像を用いて病気を診断するなど、画像認識技術の活用例は非常に多岐にわたります。さらに、建設業では道路やダム、上下水道といったインフラの点検から、農業、漁業では生産物の検査や仕分けまで、画像認識技術は色々な形で利用されています。

身近な例としては、スマートフォンで二次元コードを読み込んだり、テレビ会議の背景をぼかす等の処理にも画像認識技術が活用されています。また、書類の撮影画像から文字を読み取る画像認識技術、いわゆる「OCR」(65項)を用いた文書管理システムや、画像検索システムにも用いられています。

画像認識技術は、社会に大きな変革をもたらす可能性のある完全な自動運転を実現するための重要な要素の一つでもあります。これらからも、画像認識技術はさらに社会に広がっていくことが予想されます。

要点BOX

- ●メリットは高性能化と人的ミスの軽減
- ●自動化による作業の省力化も見込める

図1 画像認識の活用分野

分野名	アプリケーションの例
自動車	先端運転支援システム、自動運転システム
FA	製品外観検査
セキュリティ	監視カメラ画像の異常検出
オフィス	文書管理システム
ロボット	自律動作のための周囲環境認識
マーケティング	人の数や人の行動情報の取得
建設	道路や橋梁などインフラの点検
医療	医療画像を用いた病気の検査
宇宙	衛星画像によるリモートセンシング
農業/漁業	生産物の検査や仕分け
遠隔会議	背景画像修正
金融	二次元コードによる決済

自動車

セキュリティ

用語解説

OCR：Optical Character Recognitionの略で、画像中の文字を認識して文字データに変換する技術

3 画像認識システムの実現に必要な二つの要素

光学系と処理系

画像認識システムを理解するには、「光学系」と「処理系」、これら二つの要素を知ることが必要です。「光学系」は画像の撮影を、一方「処理系」は撮影した画像から対象物を認識する処理を担当します。ただし、これらはそれぞれ独立した存在ではなく、良い画像認識を実現するには二つが適切に組み合わさって初めて可能になります。

「アルゴリズム」は、計算方法／手順です。このアルゴリズムはプログラミング言語によって記述され、処理装置で実行されます。図2では、画像認識の結果を得るまでの流れが一般的にどのように光学系と処理系によって行われるのかを示しています。

「光学系」は、対象物の像をイメージセンサに投影します。そして、イメージセンサは各画素が受けた光を電気信号に変換し、画像情報としてデジタルデータ化します。

データ化した画像情報は「処理系」により、画像処理と画像認識処理を経て、意味を持った情報として取り出されます。ここでの「画像処理」は、イメージセンサから得られた画像データを認識処理が行いやすいように補正、加工する工程を指します。

そして、このようにして加工された画像情報から認識したい対象物を抽出し、意味ある情報を取り出すのが「画像認識処理」です。ただし、画像処理や画像認識処理には大量の計算が必要となります。そのため、高速な処理装置が必要となるのです。

画像認識処理には、人間がアルゴリズムを設計する方法と、機械学習（3章）によって学習する方法があります。近年、機械学習を用いた方法が注目を集め、高性能な画像認識が実現できるようになっています。

例えば、スマートフォンではさまざまな画像認識処理が活用されています。これは、カメラと高速な集積回路といったハードウェアと、画像認識のソフトウェアが揃ったことにより実現できています。

要点BOX

- 光学系により画像を撮影
- 処理系は撮影画像に対して認識処理を行う

図1　画像認識に必要な要素

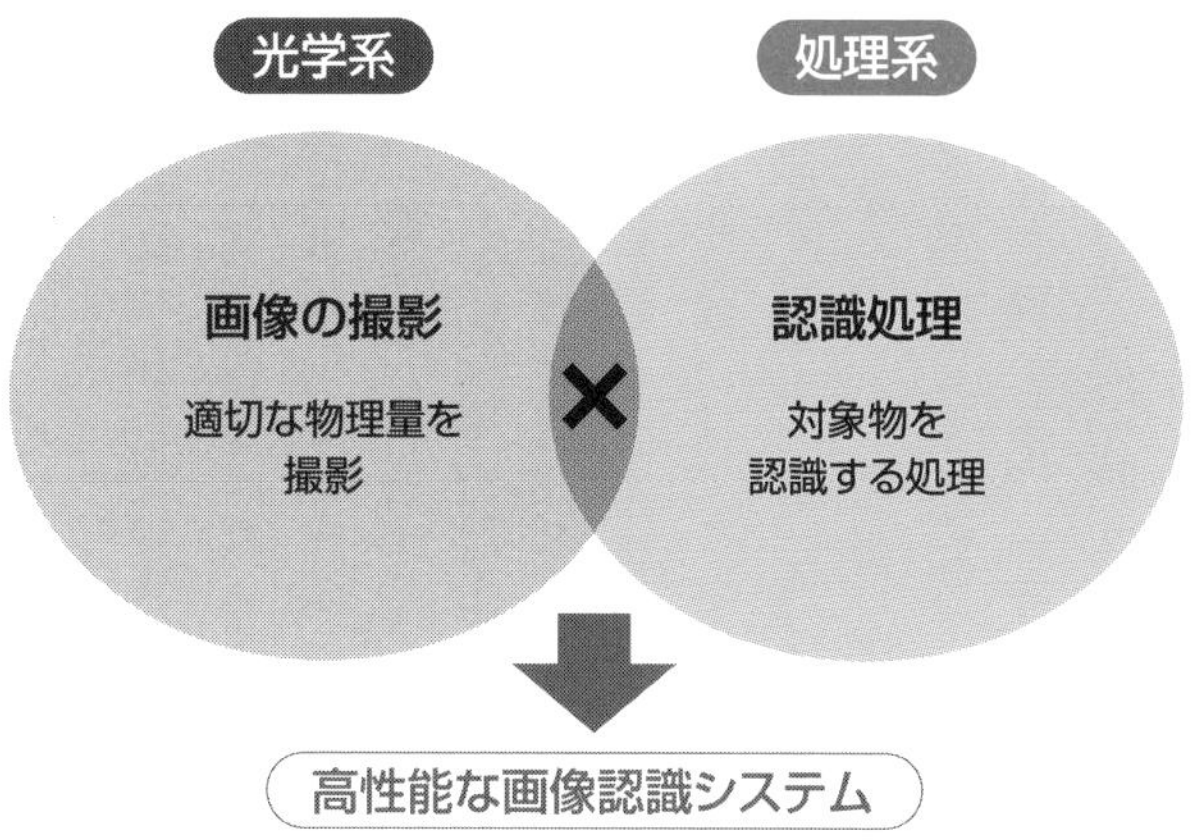

図2　一般的な画像認識の流れ

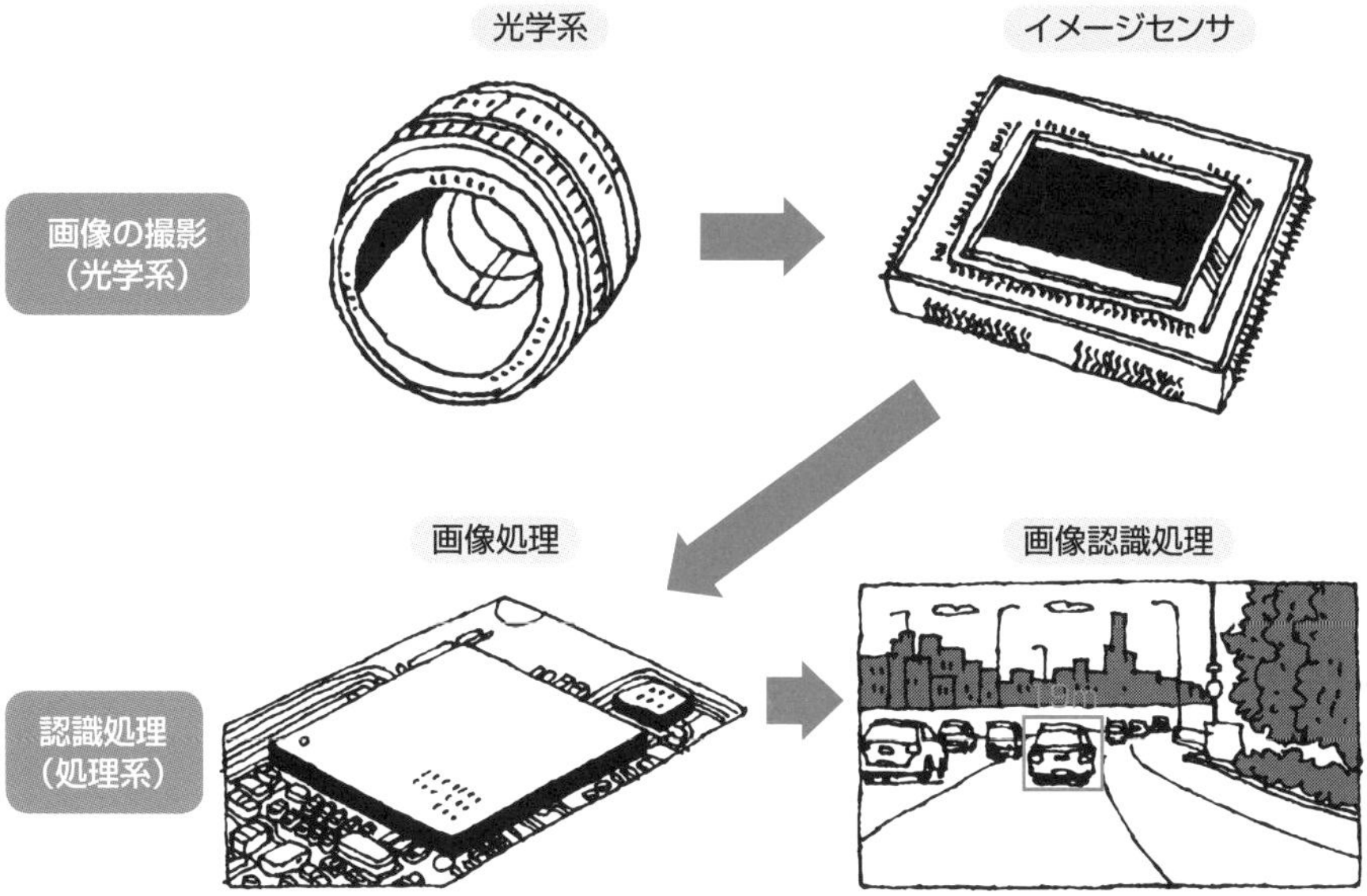

4 画像データの明るさと色の表現

モノクロ画像、カラー画像

　コンピュータで画像データを扱う時、まず疑問に思うことは、画像は何から構成され、それらの要素がどのように表現されているのかということでしょう。画像は数多くの「画素」と呼ばれる小さな領域に分割されています。これらの画素の数が画像の「画素数」を決定します。画素数が高いほど、画像はより細かい部分まで鮮明に表示することが可能です。

　一般的なデジタル画像には、主にモノクロ画像とカラー画像の2種類が存在します。モノクロ画像では、各画素には「明るさ」のデータが割り当てられます。明るさは白から黒までの濃淡を数値で表現し、画像全体の構造や形状を表します。一方、カラー画像では各画素に光の三原色「赤」「緑」「青」の明るさが割り当てられ、これら各色の組み合わせにより多彩な色を表現します。これはカラー画像のデータ量が一般的にモノクロ画像の3倍になる理由であり、カラー画像は色情報を含むため、よりリアルな世界を再現できます。

　そして、これらの明るさのデータは「量子化」という過程を経て、0から255までの256段階で表現されます。これはコンピュータがデジタルデータしか扱えないための工夫です。カラー画像では、一般的に各色が8ビット（256段階）で表現されるため、全体で約1677万色を表現できます。しかし、より高画質な表現を求める場合には10ビットなど、さらに多くのビット数を使用して色を表現することもあります。

　画像データは多くの場合、このような形式で表現されています。しかし、大量の画像データをネットワークで送信したり、ストレージに保存する際には、データ量を削減するために圧縮されることがあります。この圧縮（15項）されたデータそのままでは画像処理や画像認識が難しいため、実際に処理を行う場合は、通常、画像データの圧縮を解除して、元の形式に戻してから行います。

要点BOX

- ●画像は画素と呼ばれる小さな領域に分割
- ●モノクロは画素ごとに明るさを表現
- ●カラーは各画素に赤・緑・青の明るさを持つ

図1 画像データの表現

図2 光の三原色

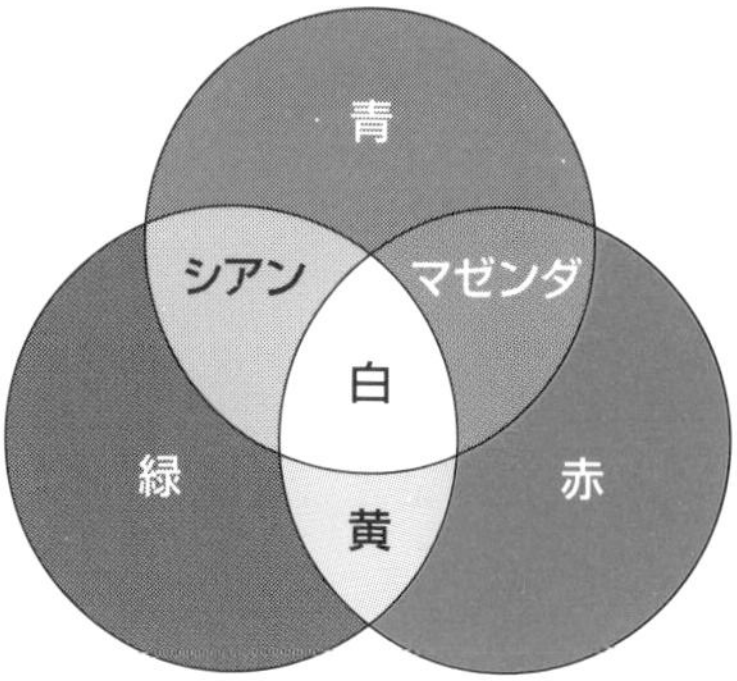

図3 カラー画像の構造

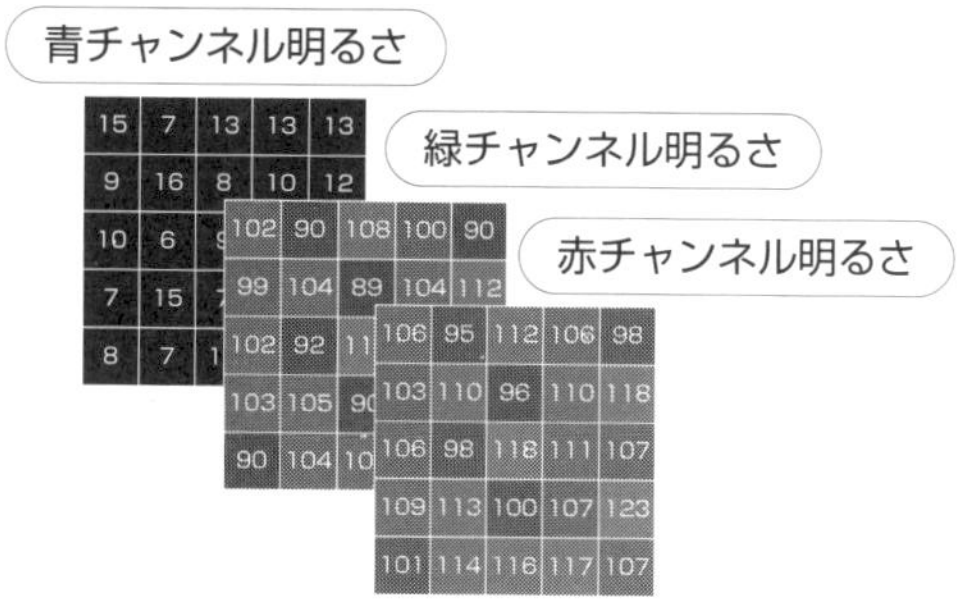

カラー画像では赤(Red)/緑(Green)/青(Blue)
ごとに明るさの数値を持つことで色を表現する

用語解説

ビット:デジタルデータを表現する最小の単位であり、二進数(0または1)の1桁を表す。8ビットは1バイトとも呼ばれ、8桁の二進数の情報を表現する

5 どんな画像を撮影すれば良い？

画像認識に向けた画像の撮影

画像認識を行うための第一歩として、まずはどのように画像を撮影すれば良いのかを知ることが重要です。画像認識では、認識したい対象が他のものとはっきりと区別できる画像が必要となります。そのため、適切なカメラや撮影環境を選択することが求められます。

まず、「輝度」とは、明るさの度合いを示す要素で、これを取得することができるカメラとしてはモノクロカメラがあります。さらに、色情報までを取得できるカラーカメラも存在します。これらのカメラは、認識対象の形状や色を正確に捉えるために使用されます。

さらに、特殊な状況に対応するためのさまざまな種類のカメラも存在します。例えば、ToF（Time of Flight）センサを備えたカメラは、対象物までの距離情報を取得し、立体的に対象物の形状を捉えます。これは、立体物の形状が認識しやすい状況を作るために利用されます。また、分光カメラは塗装物色合いの微小な変化の検出などに有効で、細かい色情報（分光スペクトル情報）を取得します。さらに、偏光カメラは、光の電場の振動方向という、対象物体の反射特性や面の角度などの情報を含む「偏光情報」を取得します。これらの情報は、通常のカメラでは撮影が難しい対象の特性を明らかにするために利用されます。

これらのカメラの選択は、対象物や撮影環境に応じて行われます。撮影に必要な画素数やダイナミックレンジ（一度の撮影で捉えることができる明るさの範囲）といったパラメータも重要な選択要素となります。これらはすべて、画像認識の精度を高めるために重要な要素です。

また、同じ撮影対象であっても、カメラの位置変動や照明状態の変化などにより画像にばらつきが生じます。このようなばらつきをできるだけ抑えることも画像認識の結果を安定させるために重要です。

要点BOX

- ●認識対象を際立たせる撮影が大切
- ●適切なカメラを選択することが肝心
- ●撮影環境のばらつきを抑制する

図1 さまざまなカメラの例

カラーカメラ

カラー画像を取得
(赤/緑/青の明るさを取得)

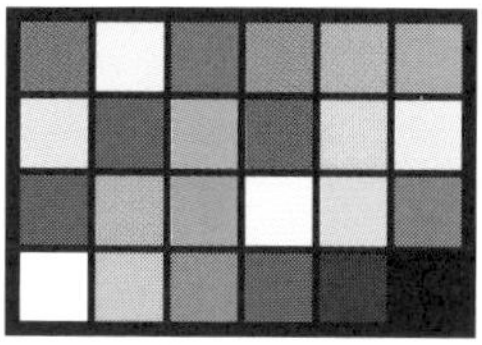

カラー画像

ToFカメラ

距離情報を取得

輝度画像

深度画像

分光カメラ

スペクトル情報を取得
(カラーカメラより詳細な色情報を取得)

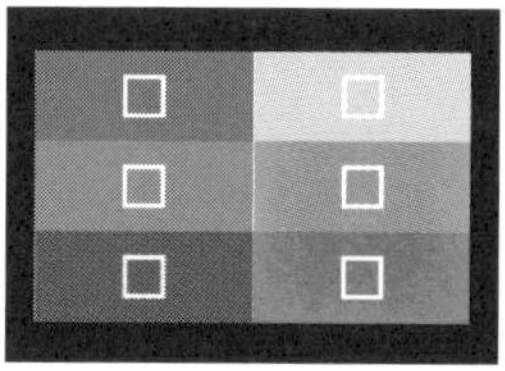

カラー画像

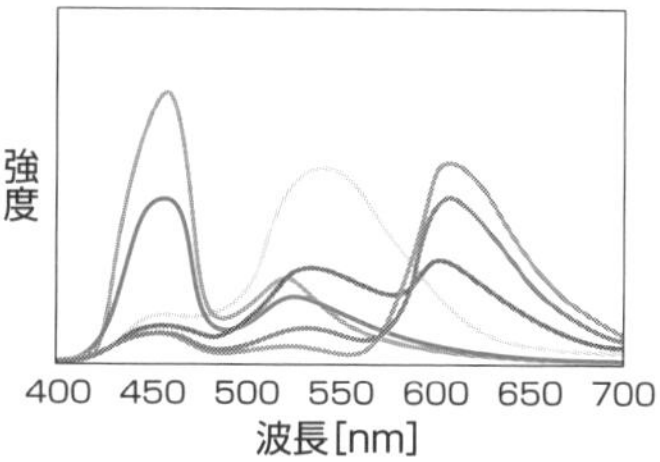

各点のスペクトル情報

偏光カメラ

偏光情報を取得

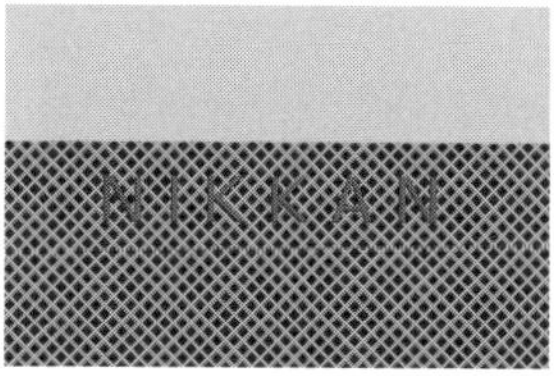

輝度画像

偏光情報も用いた画像

用語解説

輝度：明るさの度合いを示す要素。通常はモノクロ画像における個々の画素の明るさを指す

6 光からデータへ

光学系とイメージセンサ

私たちが見る物体が、一体どのようにして画像データに変換され、理解可能な情報になるのかを解説します。まずはカメラの役割から見ていきましょう。物体から反射された光はカメラのレンズ、いわゆる「光学系」を通り、イメージセンサに到達します。ここで物体の「像」が形成されます。

「イメージセンサ」は、受光素子と呼ばれる多数の小さな部品で敷き詰められています。これらの受光素子は、当たる光の明るさに応じた強さの電気信号を生成します。その電気信号はアナログ／デジタル変換を経てデジタルデータになり、それが画像情報となります。

一方、光学系には「収差」という、理想からのずれが存在します。これは、物体のある一点がイメージセンサ上でも一点に対応して映るのが理想的ですが、実際にはそうはならないという現象です。収差により、物体の形状が歪んだり、ぼやけたりします。

光学系では、収差が少なくなるようにレンズの形状や材質の設計を行います。具体的には、レンズの曲率を調整したり、異なる屈折率を持つ複数のレンズを組み合わせたりすることで、光が一点に集まるように工夫します。しかし、これらを追求し過ぎると、レンズが大きくなったり、高価な素材が必要になったりするため、イメージセンサの特性とバランスが取れる収差量の光学系を使用します。

イメージセンサには「ローリングシャッター方式」と「グローバルシャッター方式」という二つの主な方式があります。前者は画素の情報を順次読み取る方式で、後者は全ての画素を同時に読み取ります。動きのある撮影対象を撮る場合、この違いは重要になります。特に、高速に動く物体の撮影では、物体形状の歪みを防ぐためにグローバルシャッター方式が選ばれることが多いです。

要点BOX

- ●光学系はイメージセンサに像を結ぶ
- ●イメージセンサは像を画像情報に変換する

図1 被写体を画像情報に変換する機構

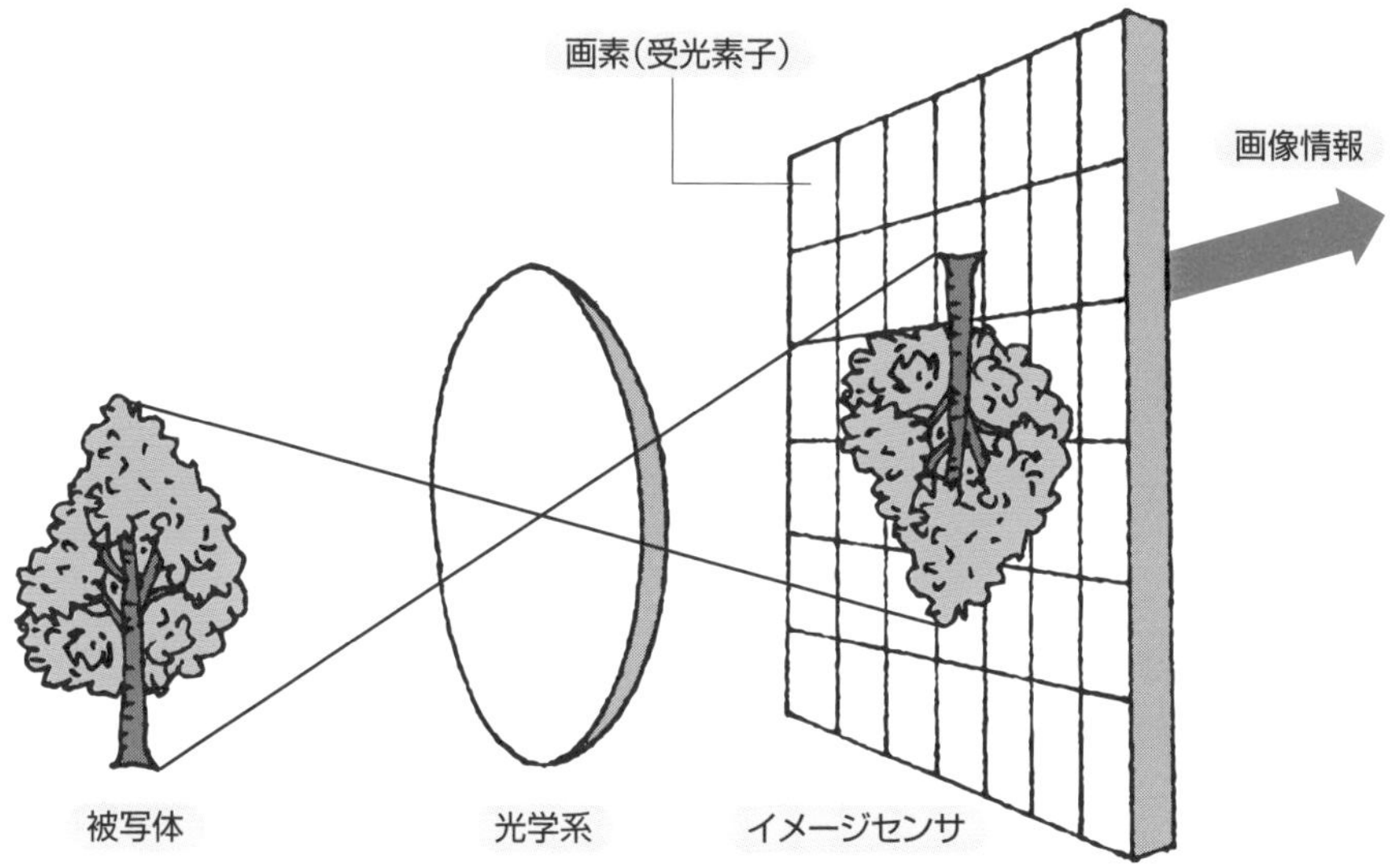

図2 収差の一例

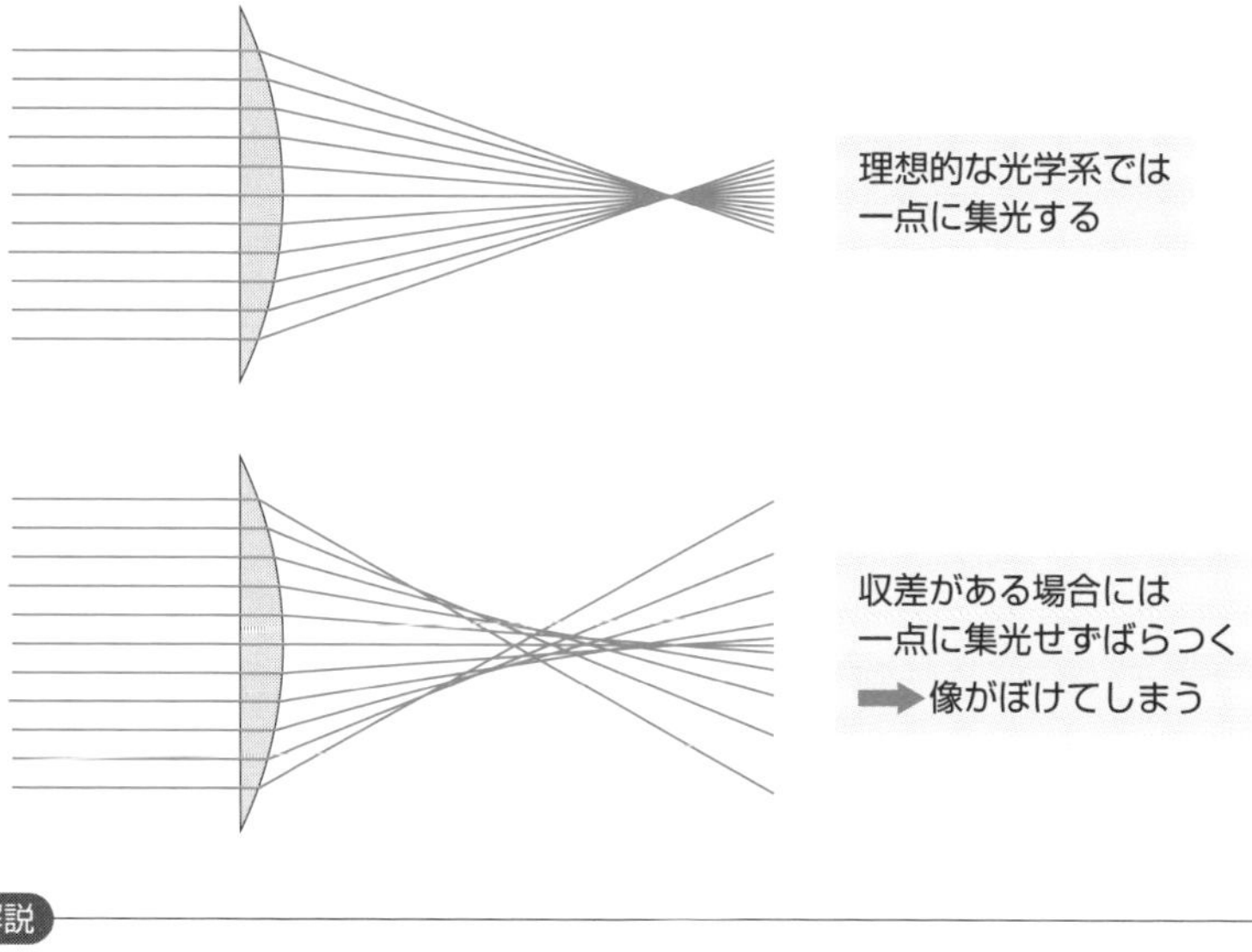

用語解説

受光素子：光を電気信号に変換する素子のことを指す。 典型的な例としてはフォトダイオードがある

7 画像情報を操作する

「画像処理」とは、計算手順（アルゴリズム）を用いて画像情報を操作する技術のことです。例えば、画像を明るくしたり、特定の色調を調整したりすることも可能です。これは、画像の各画素の値を調整することにより行います。例えば、画像を明るくすることは、各画素の値を2倍にするだけの、とても簡単なアルゴリズムで実現できます。また、色補正の一例として、赤みが強い画像を修正することは、赤色の画素値を半分にすることで実現可能です。これらもアルゴリズムの一種です。

画像処理の技術は、写真撮影から画像認識まで、幅広い用途で使われています。例えば、デジタルカメラでは、レンズを通過した光の情報をデジタルデータに変換するイメージセンサの色フィルタによる欠損を補間する「デモザイク処理」や、収差（レンズを通過した光が一点に集まらない現象）による画像のぼけを補正する「画像先鋭化処理」、レンズによる画像の歪みを補正する「歪曲収差補正処理」などが行われます。これらのアルゴリズムを用いて、撮影された画像から美しく、明瞭な画像が生成されます。

これまでに紹介したのは主に光学系と関連する画像処理ですが、画像認識処理でも、色々な画像処理が使われています。

例えば、「平滑化フィルタ処理」では、画像の細部をぼかし、主要な特徴を強調することで、物体の大まかな特徴を捉えます。「エッジ抽出フィルタ処理」では、色や明るさの急激な変化を検出することで、物体の輪郭をはっきりと見えるようにします。また、特定の領域や物体を際立たせたい場合には、「2値化処理」を使用します。これは、画像内のすべての画素を黒と白二つの値に変換することで、目的とする領域を独立させ、分析や操作を容易にします。これらの画像処理は一般的に組み合わせて使用され、画像認識処理の基礎となります。

要点BOX

- ●画像処理は画像をアルゴリズムにより操作
- ●多様なアルゴリズムが存在し画像認識処理にも活用されている

図1 画像認識処理の前段で行われる画像処理例

デモザイク処理

色フィルタによる欠損を補間

画像鮮鋭化

収差による画像のぼけを補正

歪曲収差補正

収差による画像の歪みを補正

その他補正

明るさ補正
色補正
ノイズ除去　など

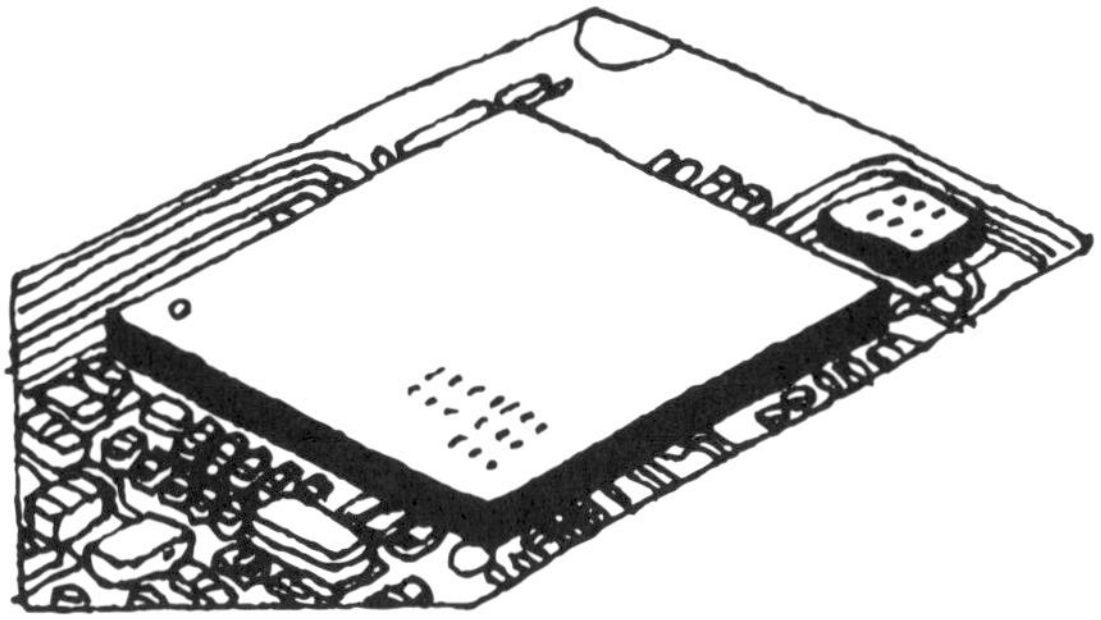

図2 画像認識処理で使われる画像処理例

各種フィルタ

平滑化/エッジ抽出など

画像の変形

画像の比較

2値化

モルフォロジー演算

ラベリング

形状抽出

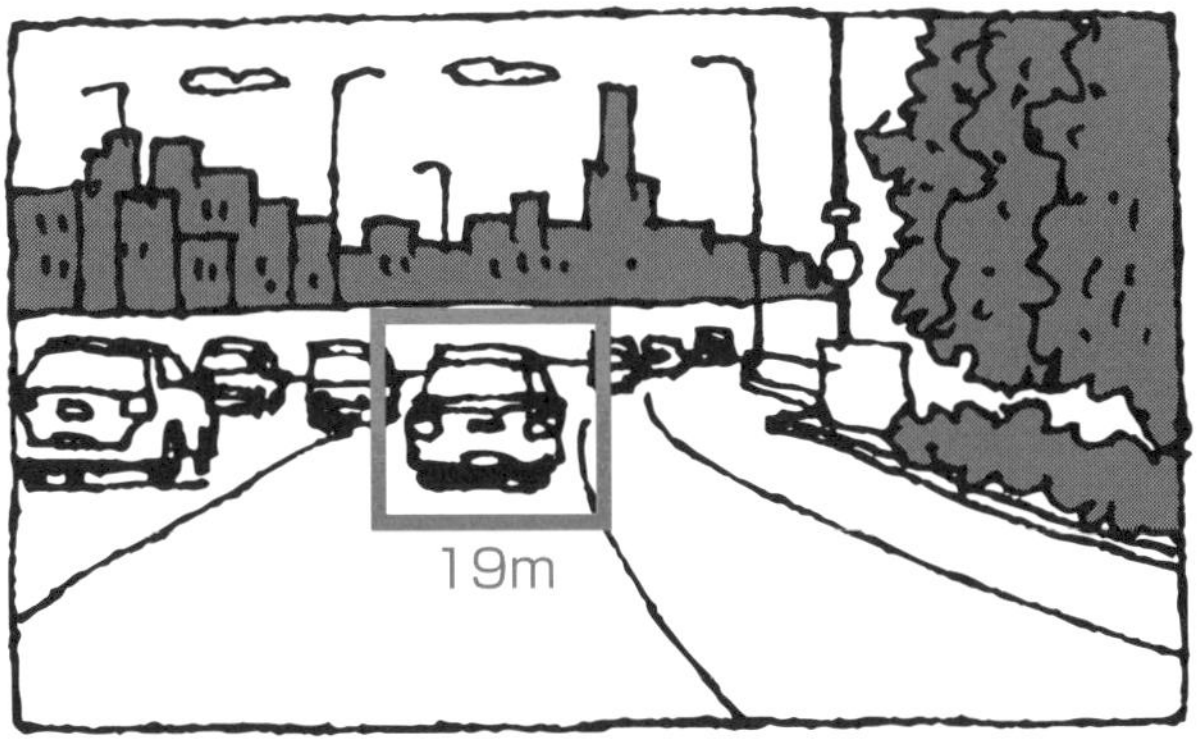

8 イメージセンサにおける色の読み取り

「カラーフィルタ」と「デモザイク処理」の役割

イメージセンサは、画素ごとに受光素子を持ち、光を電気信号に変換して画像情報を得ます。モノクロイメージセンサはこの電気信号の強さで明暗を取得しますが、カラーイメージセンサはさらなる技術を用いて、色の情報を得ます。

カラーイメージセンサでは、「カラーフィルタ」が重要な役割を果たします。これは特定の色だけを透過するフィルタで、赤、緑、青の三原色に対応したフィルタが画素ごとに配置されています。人間の目が赤、緑、青の光を別々に感じ取ることで色を認識するように、カラーフィルタを通過した光の強さでそれぞれの色の輝度(明るさ)を取得します。

一般に、人間の目は緑色に最も敏感であるため、赤や青よりも緑のフィルタが多く配置される「ベイヤー配列」がよく用いられます。しかし、カラーフィルタを通過した後の各画素では1色しか輝度情報を持たないため、それぞれの画素で全ての色(赤・緑・青)の輝度情報を得るためには補間処理が必要になります。この補間処理を「デモザイク処理」と呼びます。

デモザイク処理の一例を図2で示しています。この図は、欠けている色の輝度を周囲の同色の4画素の輝度の平均値で補う方法を示しています。この方法はシンプルですが、細部がぼやけてしまったり、画像のエッジ部分で本来存在しない色(擬色)が生じることもあります。そのため、より高品質な画像を得るために、さまざまな補間方法が提案されています。

最近では、画質向上を目指し、ベイヤー配列以外の新たな配列が試みられています。また、擬色を抑制するために、「光学ローパスフィルタ」をイメージセンサ上に配置して適度に像をぼかす工夫も見られます。これは、像の細かすぎる部分をカットし、イメージセンサが正確に取得できない情報を低減するためのデバイスです。これらの技術が組み合わさって、私たちが普段見ているカラー画像が撮影されています。

要点BOX

- ●カラーセンサは画素ごとに色フィルタを持つ
- ●色フィルタによる欠損を補間するためデモザイク処理が行われる

図1 イメージセンサ上のベイヤー配列

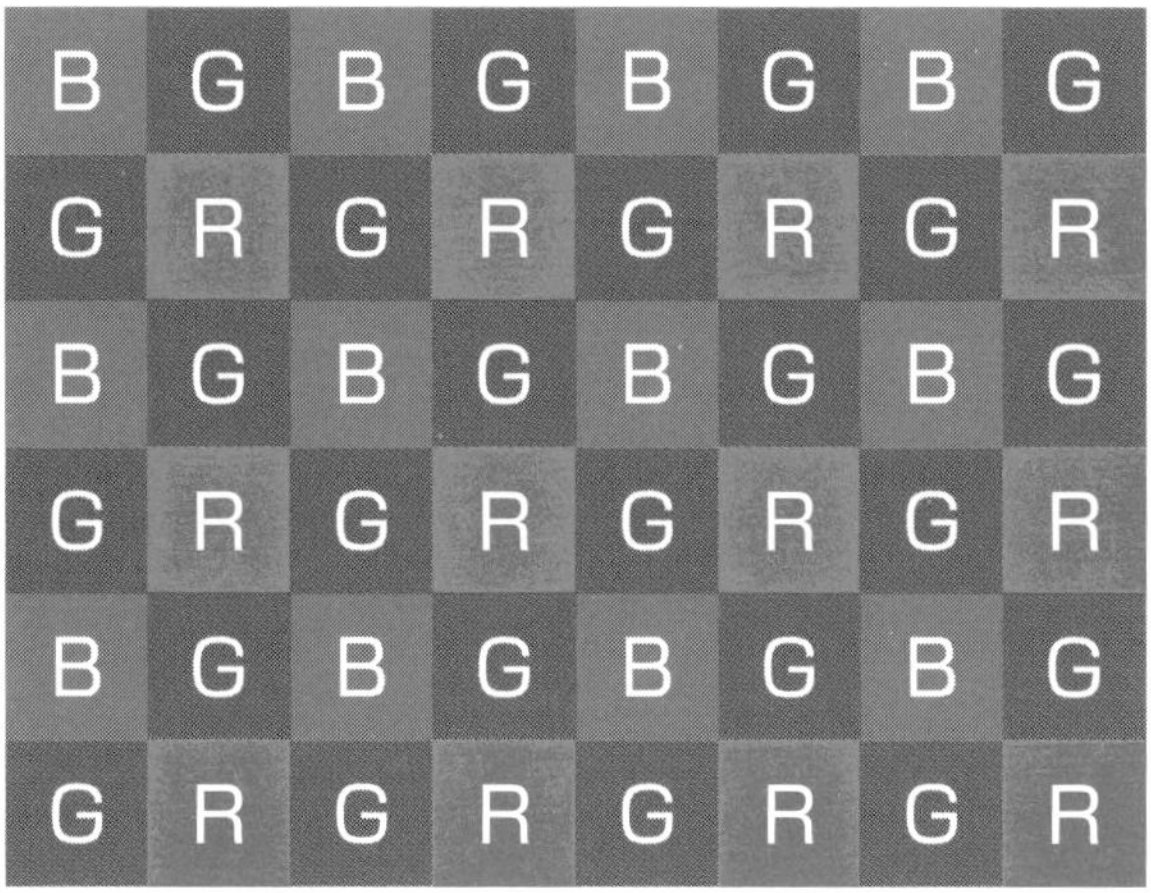

R=赤、G=緑、B=青

図2 デモザイク処理の一例

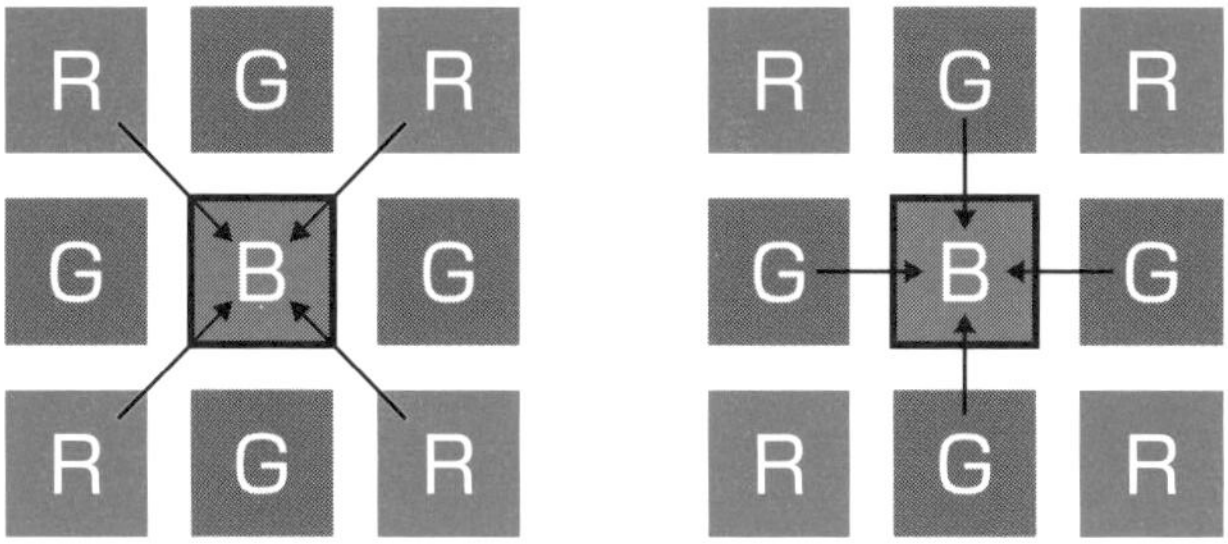

青画素に対して他の色の補間方法

赤は斜め方向周辺4画素の輝度の平均
緑は上下左右周辺4画素の輝度の平均

用語解説

輝度値：画像の明るさの情報を示す数字。0から255までの範囲で表されることが多く、0は最も暗い（黒）、255は最も明るい（白）を示す

光学ローパスフィルタ：イメージセンサの前に配置され、高い空間周波数の光（細か過ぎて正しく取得できない情報）をカットするためのデバイス

エッジ：画像中の色や明るさが急激に変化する部分

9 画像の色を読み解く

色空間とは何か、種類とその活用

画像認識技術に使われる要素として、「色空間」があります。これは、画像の色を表現する方法を定めたもので、例えばRGB色空間、HSV色空間、YCbCr色空間があります。

まずはRGB色空間からです。こちらは私たちが最もよく知る色の表現法で、赤・緑・青の三つの色を組み合わせて全ての色を表現します。だからといって、全てがこの色空間で完結するわけではありません。例えば、画像の中の色を濃くしたい時には、RGB色空間だけでは対応が難しいです。なぜなら、この色空間では色の濃さを直接変更する手段がないからです。

そこで登場するのがHSV色空間です。これは、色の種類を示す「色相（Hue）」、色の濃さを示す「彩度（Saturation）」、そして色の明るさを示す「明度（Value）」の三つの要素で色を表現します。この色空間を使えば、各画素の彩度の値を変えるだけで、一気に色を濃くすることができます。また、画像中の特定の色、例えば「赤」を取り出したい時にも、色相の値を指定することで簡単に抽出できます。

最後に、YCbCr色空間です。こちらは輝度Yと色差成分Cb、Crの二つで色を表現します。YCbCr色空間は人間の眼の特性を利用して、効率的に画像の情報を伝えるためによく使われます。例えば、画像データの送信や保存する際には、この色空間がよく用いられます。

ある色空間から別の色空間へは、変換式を使って変換することができます。画像全体の色空間を変更する時には、画像の全ての画素に対してこの変換を施します。

これらの色空間は、それぞれに特性と用途があります。したがって、何を目的として色を扱うのかによって、適切な色空間を選択することが重要です。

要点BOX

- ●色空間は色を表現する方法
- ●用途により適切な色空間を選択

図1 RGB色空間

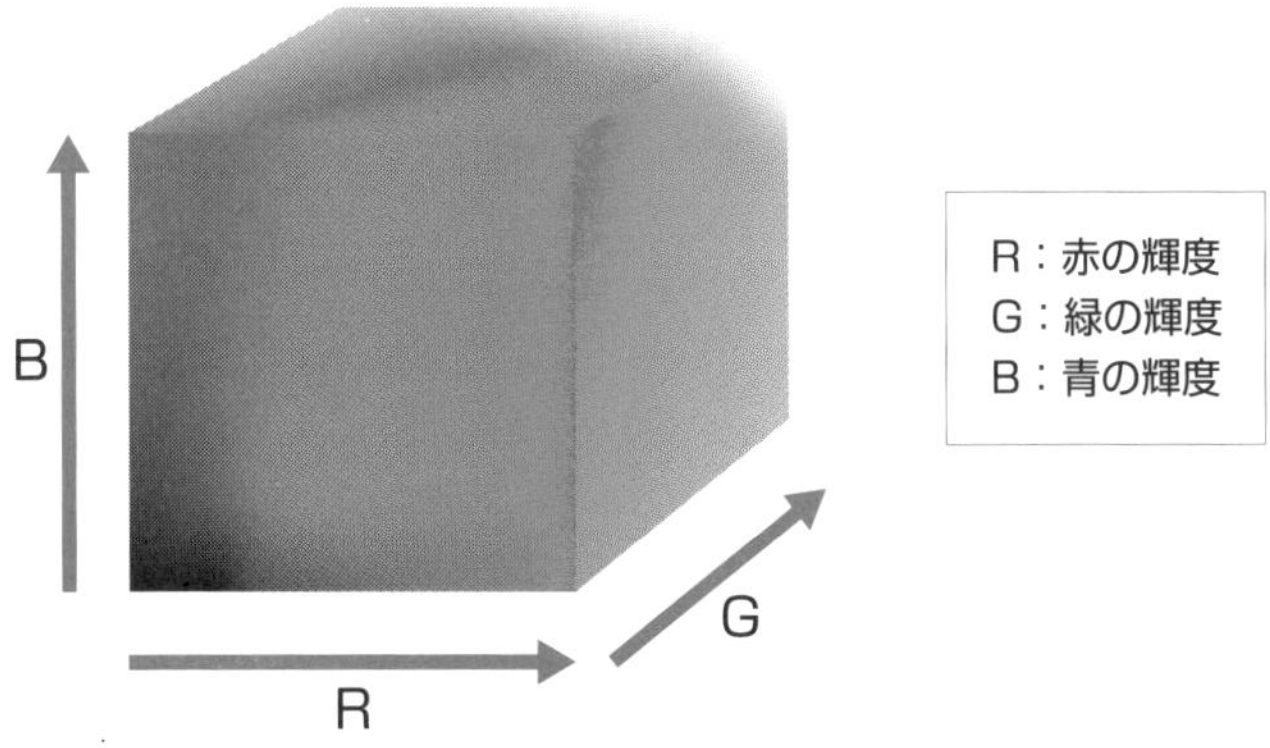

図2 HSV色空間

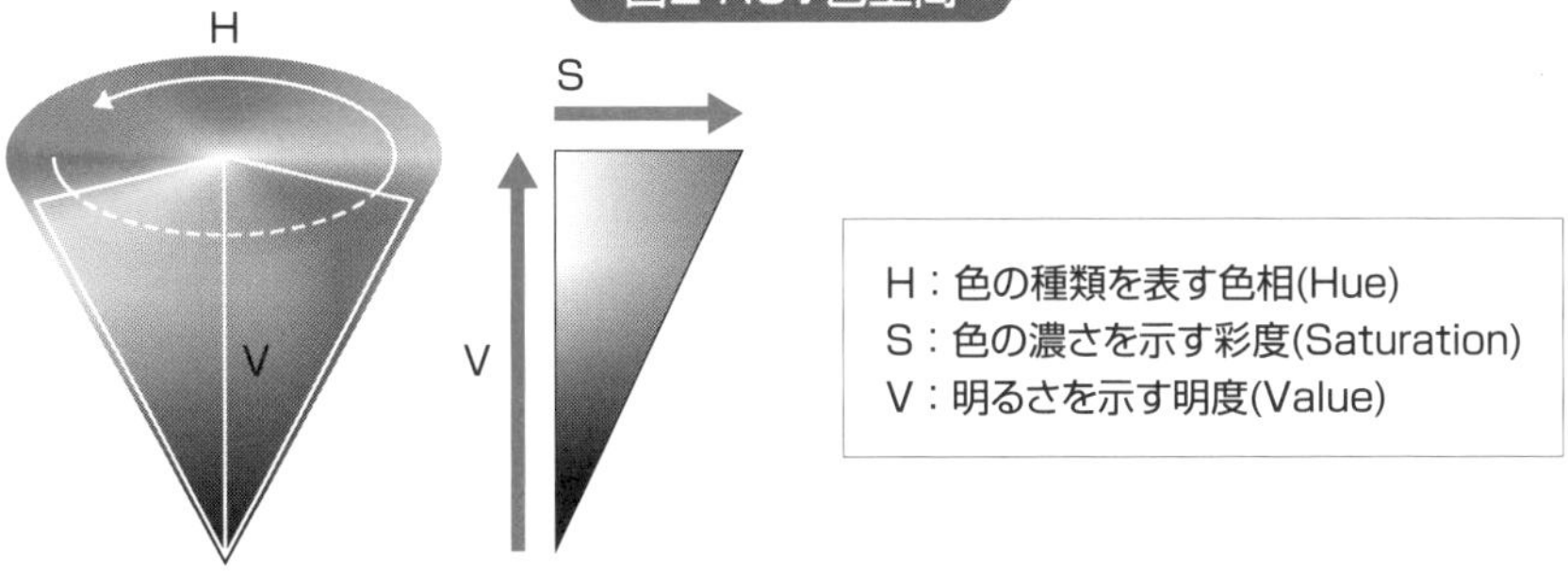

図3 HSV色空間への変換例

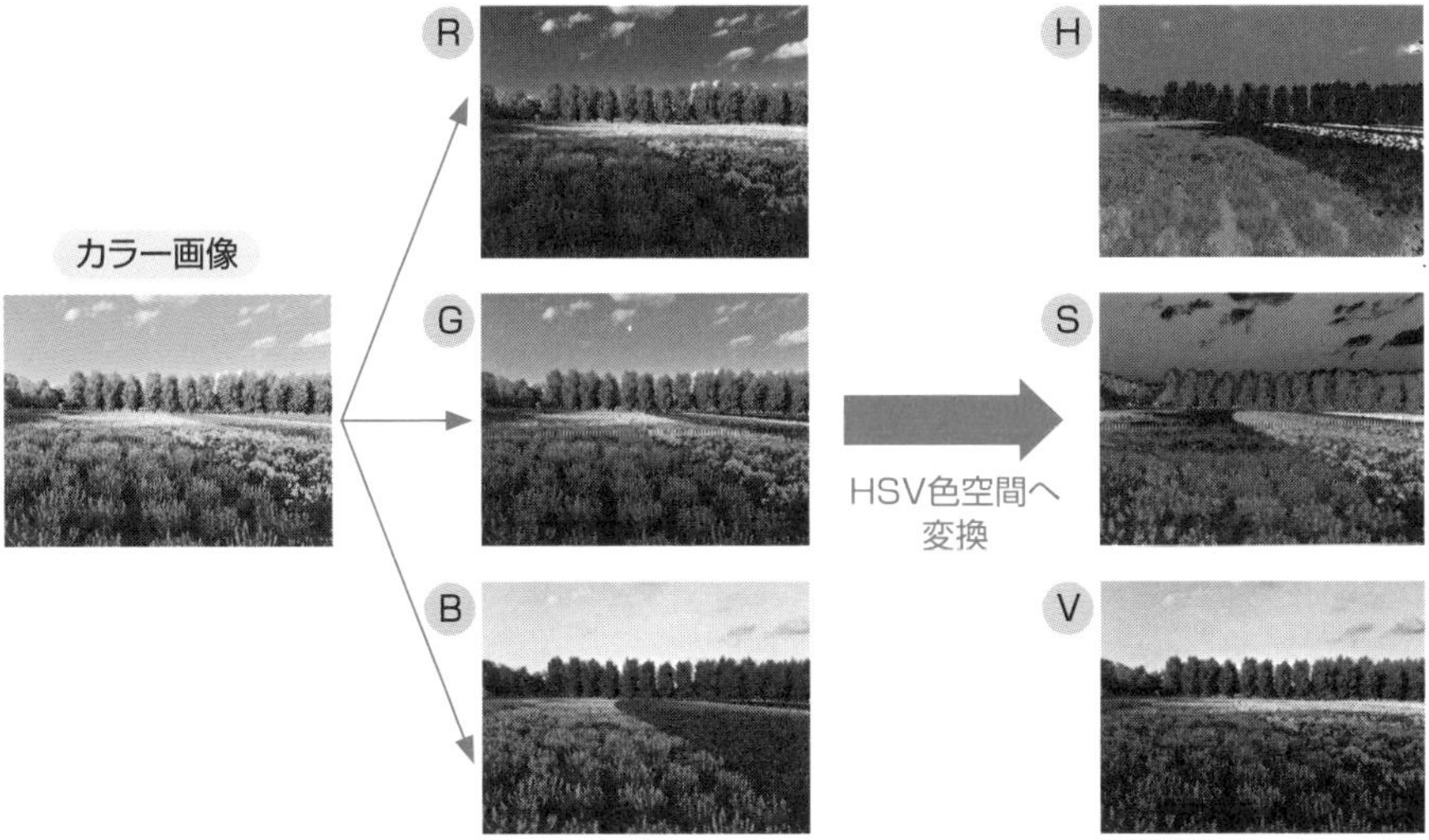

10 画像の細部と全体を理解する

画像の空間周波数

「周波数」という言葉は皆さん聞き覚えがあるでしょうか? 音の世界では、音の高低を表す基本的な概念として周波数があります。音は空気の振動であり、音が高いとはその振動が一定の時間内で多く、つまり「周波数が高い」ことを意味します。逆に音が低いとはその振動が一定時間内で少なく、つまり「周波数が低い」ことを示します。

なお、楽器が出す音にはそれぞれ固有の波形があり、この波形はさまざまな周波数の音の組み合わせとして表現できます。この組み合わせを示すものが「周波数スペクトル」です。

ここで重要なのは、この「周波数」の概念を二次元に拡張し、画像に適用することが可能という点です。この「空間周波数」は、画像の細部と全体を理解するための重要な手がかりとなります。高い空間周波数成分が大きいとは、画像の中に明暗の急激な変化が多く、細かい模様が多いという意味です。例えば、自然の風景における木の葉や草の細かな模様、あるいは都市風景における遠方にある多数のビルなど、細部にわたる情報が多い状態を指します。逆に、相対的に低い空間周波数成分が大きいとは、明暗の変化が少なく、大きなパターンが主となる場合を示します。例えば、夕焼けの大空や雪原などが相当します。

この空間周波数の考え方は、画像の補正、圧縮、そして画像認識といった多岐にわたる場面で活用されます。例えば、光学系の収差によりぼやけてしまった画像を補正する際には、高い空間周波数成分を強調すれば細かな部分を強調し、ぼけを補正することができます。

画像認識処理においても、空間周波数は重要な手がかりとなります。高い空間周波数成分が多い部分は細かい模様が多く、逆に低い空間周波数成分が多い部分は大きなパターンが主となると解釈されます。

要点BOX

- ●音の周波数概念が画像にも存在
- ●画像の「細部」と「全体」を分析
- ●画像認識は空間周波数を活用

図1 周波数成分に分解

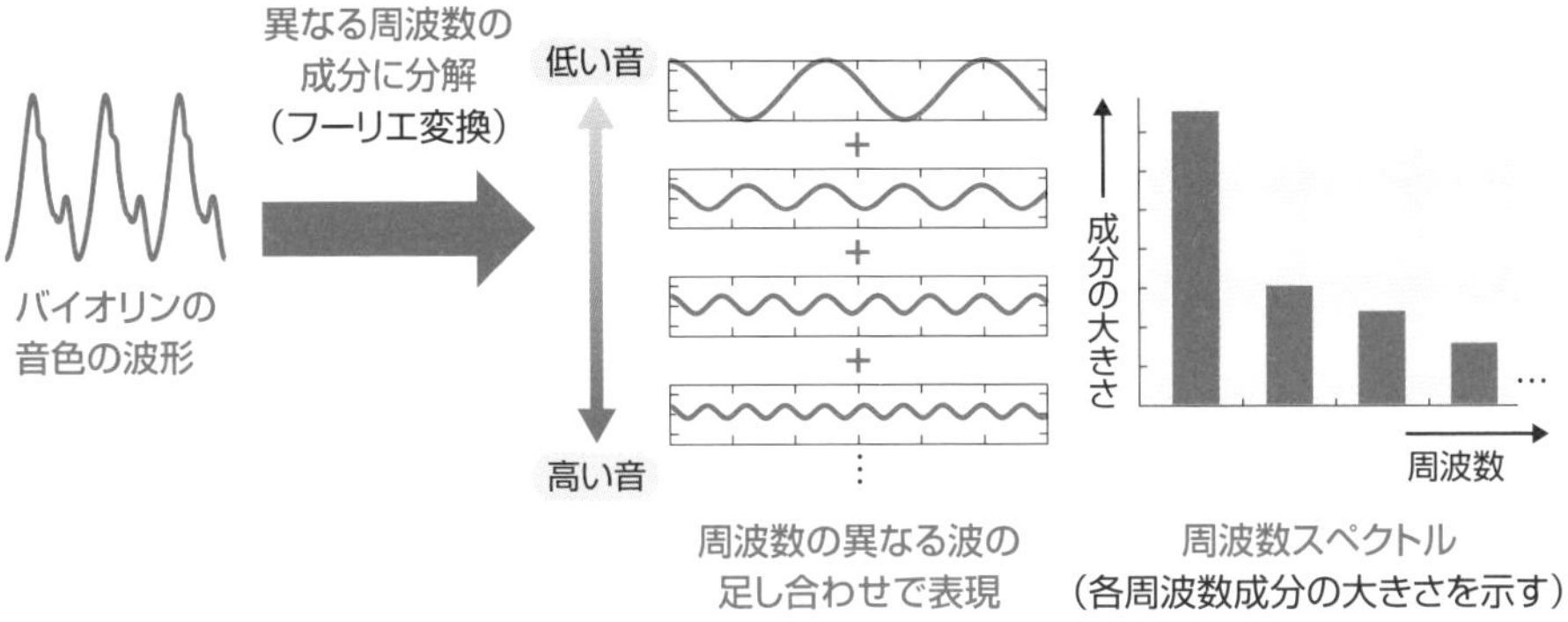

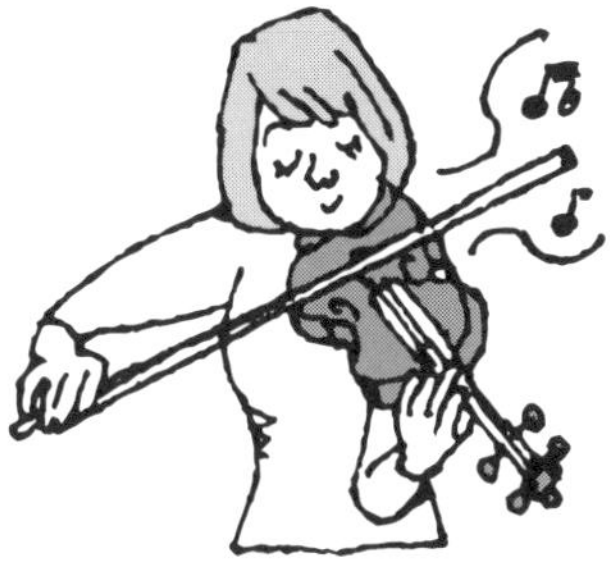

図2 画像の各部位の空間周波数成分の例

11 画像を整えたりパターンを見つけたりする

二次元畳み込み演算

「二次元畳み込み演算」は、その名の通り二次元データ、つまり画像に対して行われます。その中心的な役割は、画像中の「空間周波数」を調整する、空間フィルタ処理です。つまり特定のパターンを強調または抑制することで、画像をどのように見せるかを制御したり、特定のパターンを抽出したりします。

　二次元畳み込み演算では、入力画像の各画素（注目する画素）とその周辺の画素を対象にします。演算の際、「カーネル」（フィルタの性質を決定する係数の集まり）を準備し、対象となる画素とカーネルの係数との間で乗算を行います。その結果をすべて足し合わせて、新しい画素の値を得ます。この操作を画像全体に対して行い、新しい画像を作成します。カーネルの係数を変えることで、画像にさまざまな効果を与えることが可能です。

　例えば、カメラのレンズは完全ではないため、必ず何らかの収差が発生します。これが画像にぼけを生じさせる原因となります。このぼけを補正するために二次元畳み込み演算が用いられます。特定のカーネルを使用すると、収差により弱まってしまった画像の細部を強調し、ぼけた画像を鮮明にすることができます。

　また、画像の中の目立つノイズは、画像の空間周波数が高い成分として現れる場合が多いです。適切なカーネルを使用する二次元畳み込み演算を用いて、これらの成分を減衰させることで、画像からノイズを除去することが可能です。

　他に、二次元畳み込み演算は、画像内の特定の特徴（例えばエッジや模様）を強調したり、抽出したりすることもできます。これは特に画像認識処理において有用であり、目的の特徴を強調することで画像をより効果的に解析するのを助けます。

　このように、二次元畳み込み演算は、画像の調整から画像認識処理まで、幅広く使用されています。

要点BOX

- 二次元畳み込み演算は画像の空間周波数成分を調整
- 係数を変えると色々な特性を実現可能

図1　二次元畳み込み演算の計算手順

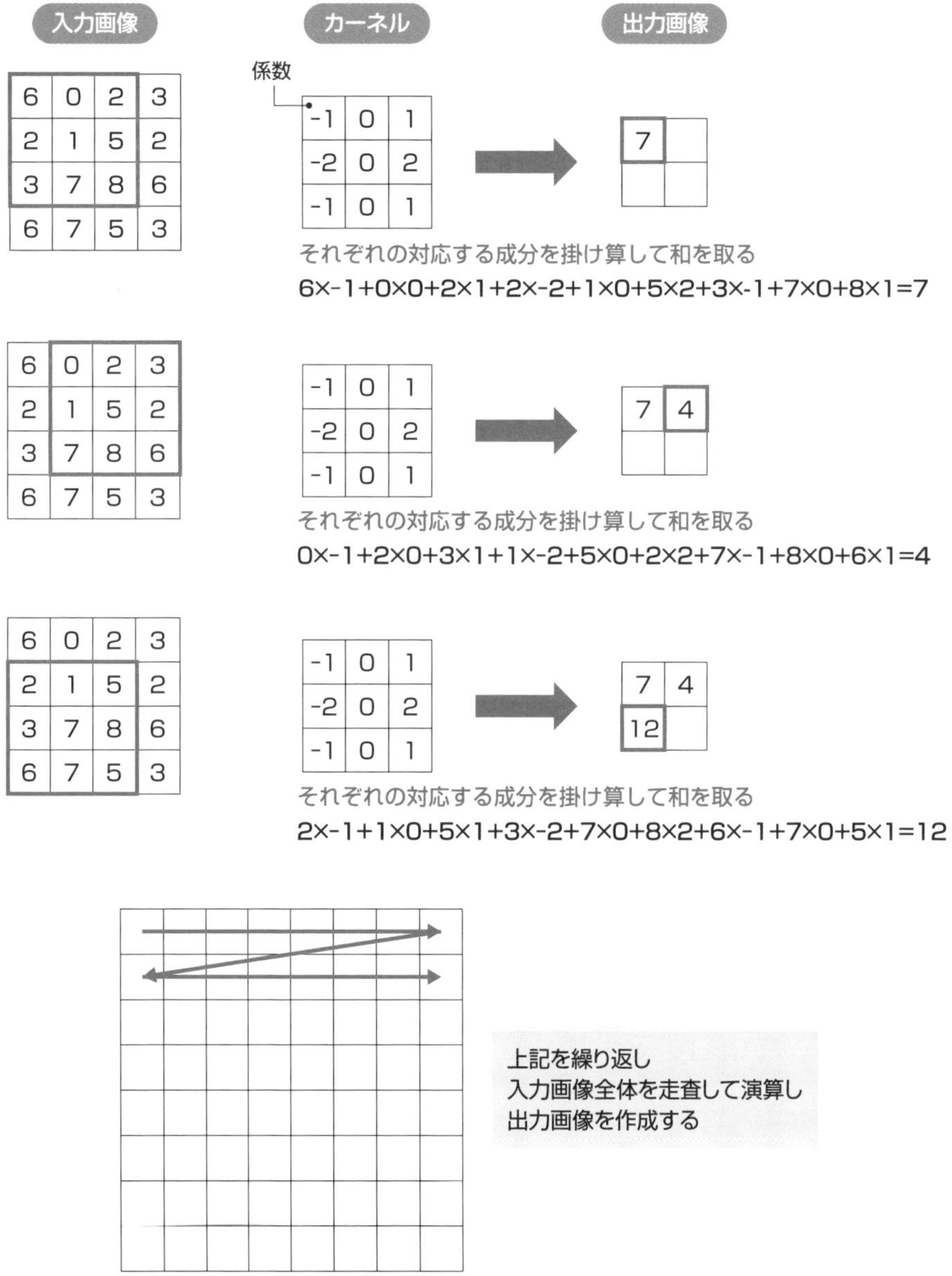

用語解説

カーネル：フィルタ処理に使用される配列。特性を定義し、画像に対する操作を決定する
エッジ：画像中の色や明るさが急激に変化する部分

12 自由自在に画像を変化

フィルタ処理

二次元畳み込み演算（11項）を用いて画像中の任意の周波数成分を抽出したり、調整することができます。このような「フィルタ処理」により、例えば物体と物体の境界を抽出することが可能となり、これが画像認識のための大きな手がかりとなります。

さまざまなフィルタが存在しますが、その中でも代表的なものをいくつか紹介します。最初は、周囲の画素の平均を出力する「移動平均フィルタ」です。これは画像の画素値を平滑化し、低い空間周波数成分（詳細な部分よりも大きな傾向）を取り出す、ローパスフィルタの機能を持ちます。このフィルタは、例えば写真のノイズ除去に使われます。

次に、画像中の高い空間周波数成分（詳細な部分）を強調する「高域強調フィルタ」です。これにより、画像の細かい部分を強調し、ぼやけた画像を補正することが可能です。

さらに、カーネルの係数を調整することで、物体の境界を示している可能性がある、画像中の色や明るさが急激に変化するエッジ成分を抽出する「ソーベルフィルタ」や、縦、横、斜めなど任意の方向のエッジを抽出するフィルタを作成することが可能です。これらのフィルタは、物体検出や模様の解析によく使用されます。このようなフィルタ処理は、画像認識に用いられる機械学習技術の一つである畳み込みニューラルネットワーク（51項）の主要な要素ともなっています。

これらのフィルタ処理を実現する二次元畳み込み演算は、大量の掛け算と足し算が必要になります。また、サイズの大きなカーネルは細かい周波数特性の調整が可能ですが、その分演算量が大きくなります。二次元畳み込み演算の処理装置としては、CPU（Central Processing Unit）よりもＧＰＵ（Graphics Processing Unit）が得意です。現代では、より高度な機能を実現するために、こうした処理に向けた高速な処理装置が開発され続けています。

要点BOX

- ●ローパスフィルタ/高域強調/エッジ抽出など色々なフィルタが存在
- ●エッジは画像認識における手がかり

図1 さまざまなフィルタ処理の例

入力画像

フィルタ処理名	カーネル	出力画像

移動平均フィルタ

画像をぼやけさせる
ノイズを低減する

1/9	1/9	1/9
1/9	1/9	1/9
1/9	1/9	1/9

ぼやける

高域強調フィルタ

高い空間周波数成分
を強調し画像を鮮鋭化する

-1	-1	-1
-1	9	-1
-1	-1	-1

線や輪郭がくっきりする

横方向ソーベルフィルタ

横方向のエッジを抽出する

-1	0	1
-2	0	2
-1	0	1

模様がうき出る

用語解説

CPU(Central Processing Unit): パソコンやスマートフォンなどにおける主な処理装置
GPU(Graphics Processing Unit): 元々三次元のCG描画に用いられていた処理装置だが、画像処理や機械学習も高速に処理可能

13 画像の「ざらざら」を解消

ノイズ除去

私たちがデジタルカメラやスマートフォンで写真を撮る時、暗い場所だと「ざらざら」した画像が出来上がることがあります。この「ざらざら」は「ノイズ」と呼ばれ、画像のクオリティを下げるだけでなく、画像認識の精度も下げる可能性があります。そこでこの項では、このノイズを除去する技術について解説します。

ノイズとは、画像や音声などのデータに含まれる、本来の情報ではない余分な情報のことを指します。特に、画像においてはイメージセンサが光を画像情報に変換する際にランダムに発生します。センサの性能や撮影環境、撮影条件などによりますが、一般に暗い場所で撮影すると、ノイズが目立つ傾向にあります。

まず、ノイズ除去の最も基本的な方法として、「移動平均フィルタ」があります。移動平均フィルタは、画像の各画素をその周囲の画素の平均値に置き換えることで、ノイズを平均化し、目立たなくします。しかし、この方法では画像の細かな部分が失われてしまうという欠点があります。

そこで、次に紹介するのが「メディアンフィルタ」です。メディアンフィルタは、移動平均フィルタと同じく各画素の値をその周囲の画素の値を元に置き換えますが、こちらは平均値ではなく中央値を使用します。これにより、ノイズを除去しつつ、画像の細部を維持することができます。

さらに、複数の画像を撮影し、それらを組み合わせることによりノイズを低減する方法もあります。これは、ノイズがランダムに発生する性質を利用した方法で、同じシーンを複数回撮影し、それらの画像を合成することでノイズを相殺します。

他に、最近では人工的にノイズを加えた画像を入力として機械学習を行い、ノイズ除去を行う方法も提案されています（59項）。ここでは簡単な手法を紹介しましたが、ノイズ除去技術はこれからも進歩を続け画像の品質向上に寄与するでしょう。

要点BOX

- 画像の「ざらざら」はノイズが原因
- ノイズ除去は画像認識の精度向上にも寄与

図1 さまざまなノイズ除去の例

入力画像

ノイズを付加した画像

カーネル　　**ノイズ除去後の画像**

移動平均フィルタ

1/9	1/9	1/9
1/9	1/9	1/9
1/9	1/9	1/9

メディアンフィルタ

周囲3×3画素内の
中央値を出力

その他のアプローチ

何枚も撮影を行い合成

ノイズのパターンは
ランダムなので
毎回異なる

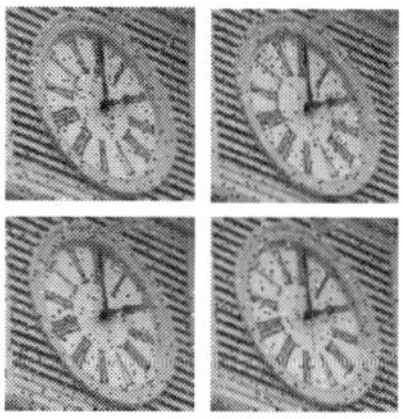

位置を合わせて
重ね合わせる

用語解説

ノイズ：画像や音声などのデータにランダムに発生する、本来のデータにはない余分な情報のこと
イメージセンサ：デジタルカメラやスキャナなどで用いられる、光を電気信号に変換するデバイス
移動平均フィルタ：広く使用されている画像処理フィルタの一つ。画素の値をその周囲の画素の平均値で置き換えることにより、画像全体を滑らかにする
メディアンフィルタ：各ピクセルをその周囲のピクセルの中央値で置き換えることで、ノイズを除去しつつ、画像の細部を維持するフィルタの一つ

14 画像を変形

幾何学的変換

「幾何学的変換」は画像の形状を変える技術です。例えば、斜めから撮影した書類を正面から見たように変換したり、カメラの視点のずれによる物体の変形を補正するなど、色々な用途に利用されます。

では、どのようにして画像を変形するのでしょうか。そのカギを握るのが「変換テーブル」や「変換式」です。これは、変形元と変形後の位置関係を定義した表や式で、このテーブルや式に基づき、元の画像の画素値を新しい位置にコピーします。用いられるテーブルや式は、平行移動、回転、拡大縮小などに対応する基本的なものから、光学的な歪みを補正するためのより複雑なものまでさまざまです。

例えば、斜めから撮影した書類を正面から見たように補正する場合、変換式を使って元の画像を変形します。これにより、文字が斜めに歪んでいる時でも、文字を真っ直ぐに並べるように歪みを補正することが可能になります。書類の文字を認識する場合には、文字が斜めに歪んでいると認識が難しいため、画像認識処理の前に文字を真っ直ぐに並べるように幾何学的変換が行われる場合があります。

車両のカメラでも幾何学的変換が使われる場合があります。車の周囲に取り付けられた複数のカメラの斜めから撮影した画像を組み合わせて、真上から見たような画像をドライバーに表示するシステムがあります。このシステムも、画像を変形するために幾何学的変換の力を借りています。

幾何学的変換は、光学系の収差を補正する場合にも利用されます。例えば、「倍率色収差」は赤、緑、青の色ごとに異なる歪みを引き起こすため、各色に異なった変換テーブルを用いて補正を行います。他にも広角なレンズの歪み補正など、幾何学的変換の応用範囲は広いです。なお、画像のような二次元データだけではなく三次元データの場合にも同様に幾何学的変換を用いて形状の変形が可能です。

要点BOX

- ●幾何学的変換は画像を変形する
- ●光学系の補正や書類の撮影、車両のカメラなどに幅広く応用

図1 幾何学的変換の流れ

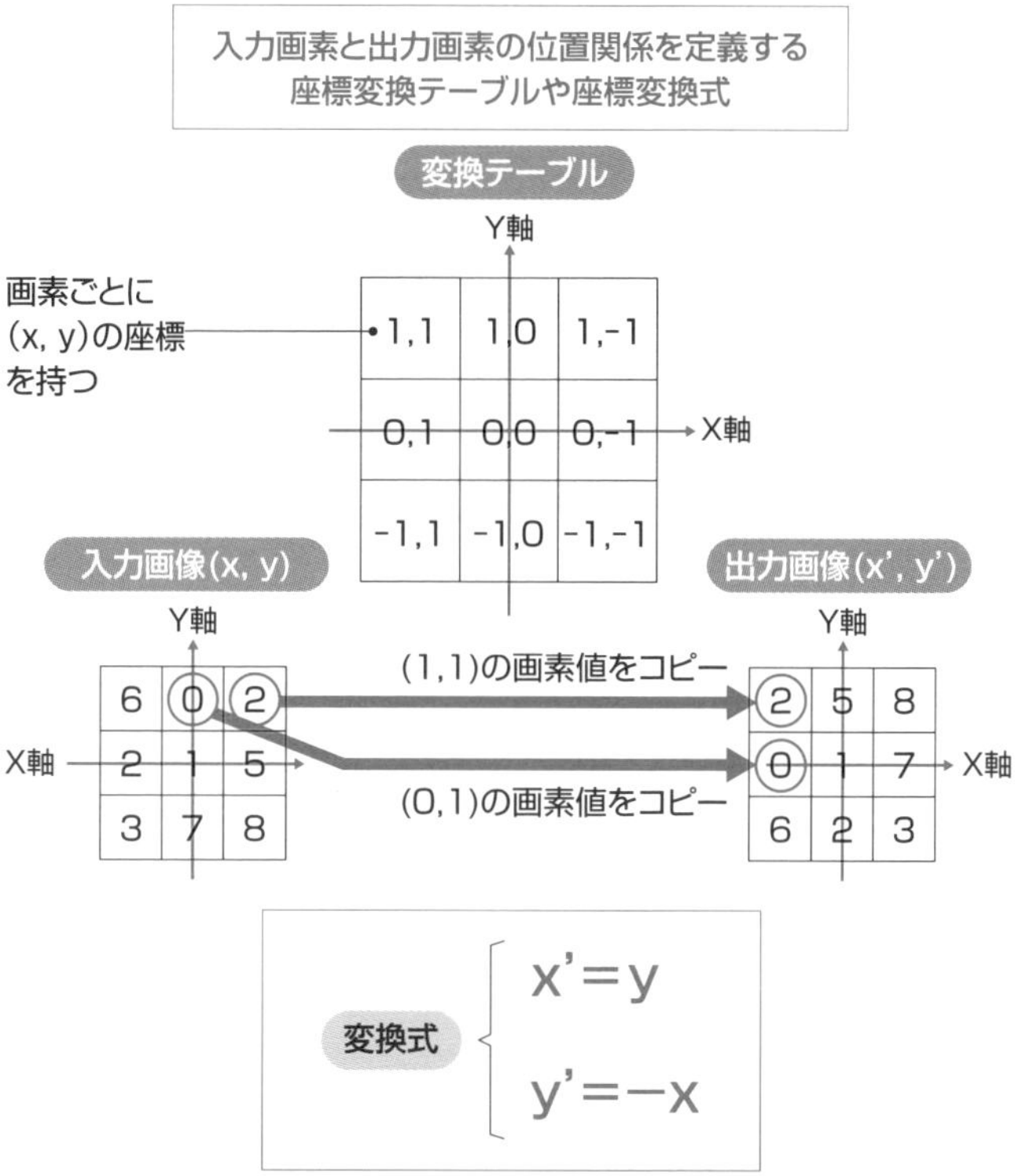

画像を左回りに90度回転させる例

図2 幾何学的変換の応用例

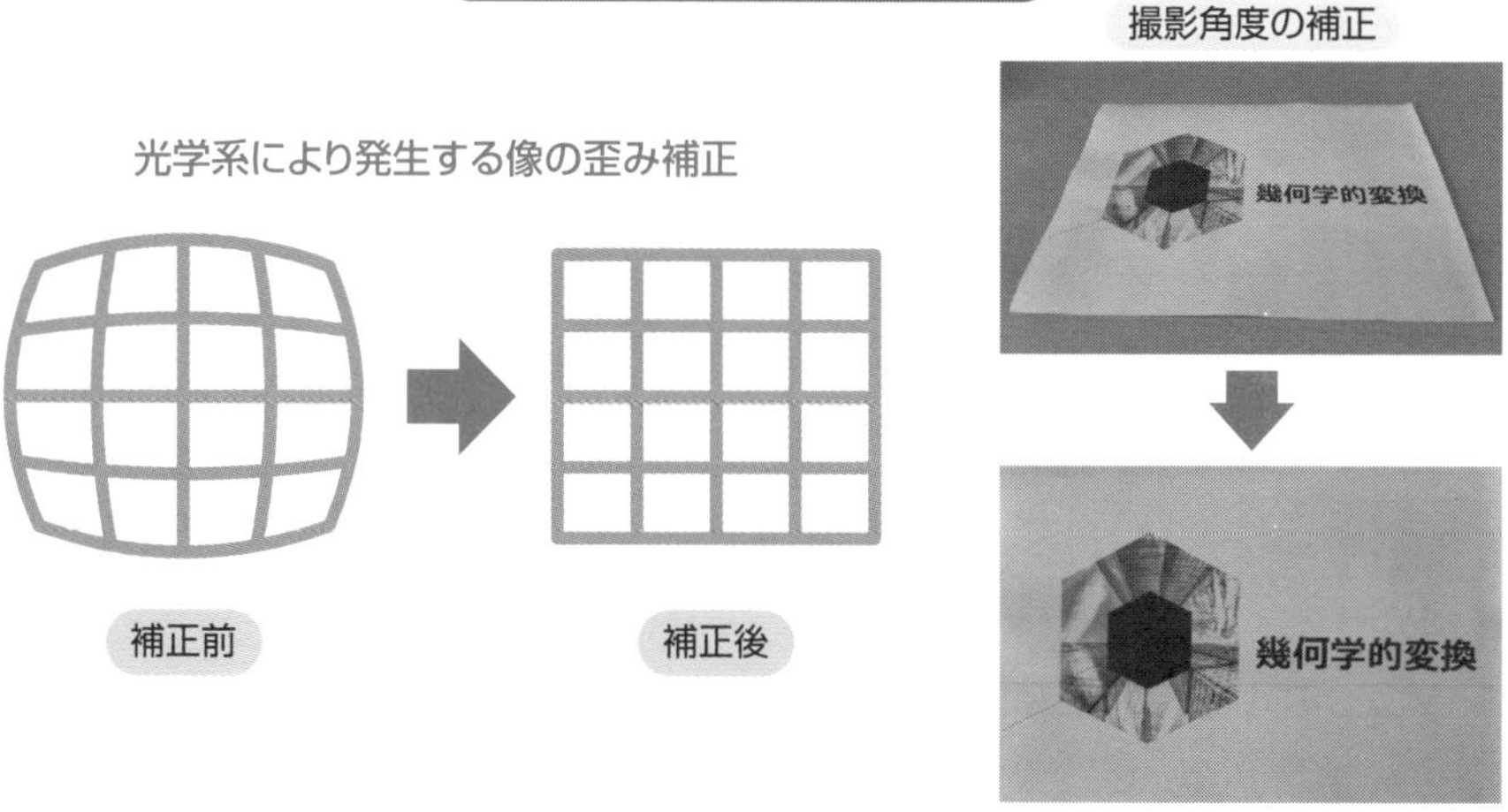

15 大きなデータ量を伝送したい

画像圧縮と動画圧縮の原理

画像や動画は大量のデータを伴います。そのため、これらを保存したり、ネットワークを通じて送信したりする際には、圧縮技術が頻繁に利用されます。ここでは、静止画と動画の圧縮方法の基本を解説します。

まず、圧縮方法には大きく分けて、「可逆圧縮」と「非可逆圧縮」の二つがあります。可逆圧縮はデータを圧縮し、伸張すると完全に元のデータに戻すことができる方法です。この方法では、データパターンの繰り返しを探し、それをより少ない情報量で表現することで圧縮を達成します。例えば、ＺＩＰファイルの圧縮はこの手法を用いています。

可逆圧縮の優れた点は、情報が全く失われないことです。これは文書データなど劣化が許されない分野で重要な要素となります。

一方、非可逆圧縮は、圧縮した後のデータを元に戻すと、元のデータと完全には一致しない方法です。しかし、この手法は圧縮率が高いため、データ量が特に大きい画像や動画の圧縮によく使用されます。非可逆圧縮の代表例として、ＪＰＥＧ形式の画像圧縮があります。ＪＰＥＧ形式では、色情報と輝度情報に分け、人間の視覚特性に基づき、高い空間周波数の色成分の情報の精度を落とします。この方法により、見た目を大きく変えずに、データ量を大幅に削減できます。

動画の圧縮は、構成する静止画の非可逆圧縮に加え次のアプローチを採ります。動画は時系列の静止画、すなわちフレームから構成されます。動画圧縮では、フレーム間で変化の少ない部分は新たな情報を追加せず、変化がある部分のみを記録することで圧縮を達成します。例えば、映画のシーンで背景が動かない場合、その部分は複数のフレームにわたって同じ情報を持つことになります。このような情報の冗長性を利用して、データ量を削減します。

要点BOX

- 可逆圧縮と非可逆圧縮の二つの方法がある
- 非可逆圧縮は視覚特性を利用
- 動画圧縮は時系列変化の情報を用いる

図1 可逆圧縮と非可逆圧縮

図2 人の視覚特性を利用

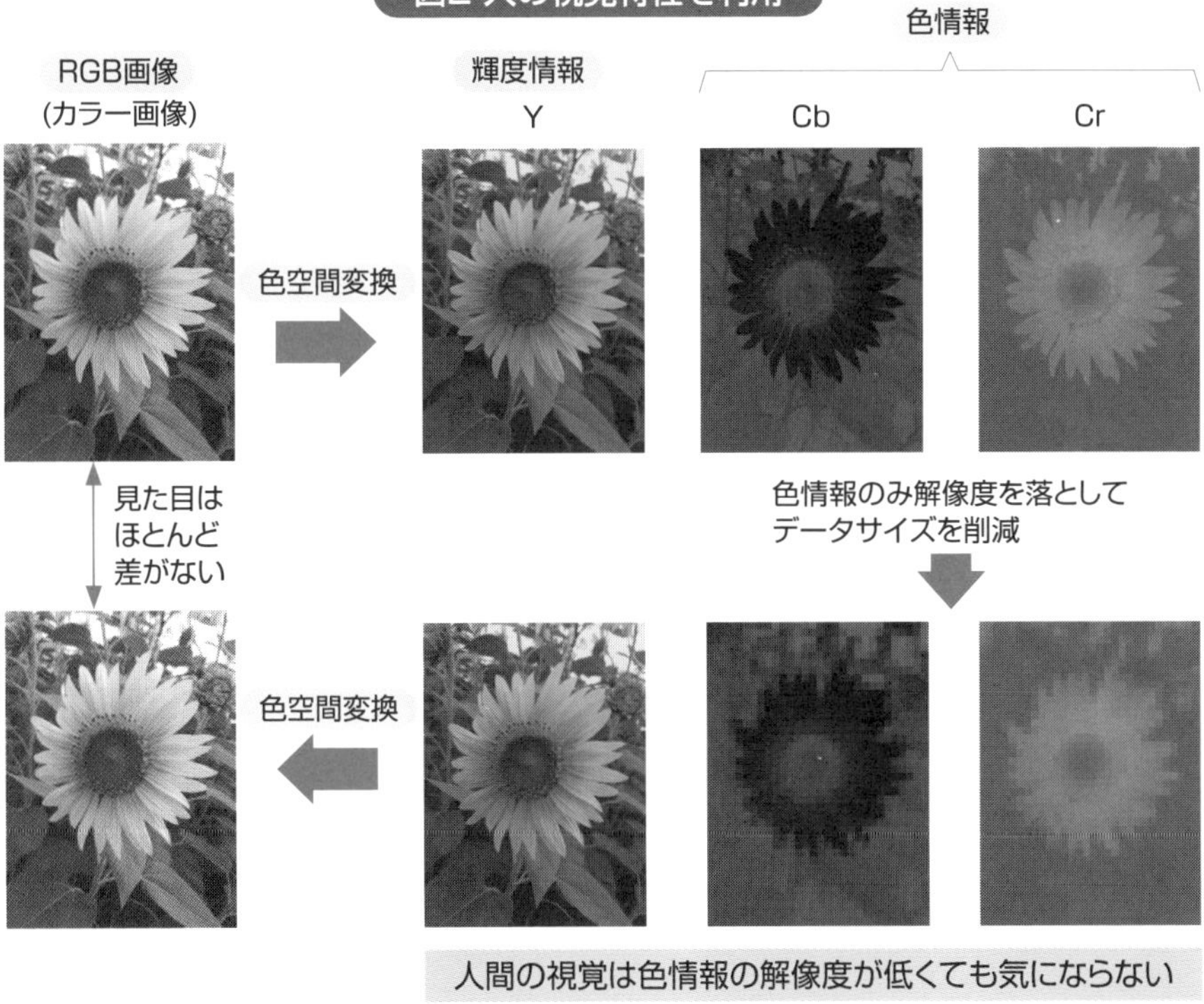

用語解説

空間周波数：画像のパターンの繰り返し度合いを示し、高い空間周波数成分は細かな部分、低い空間周波数成分は大まかな形状を表す

16 三次元形状をどのように表現するか

三次元データの形式

私たちが実際に見ている世界は三次元です。しかし、コンピュータにおける一般的な画像情報は二次元のデータを扱います。そのため、三次元の世界をコンピュータで扱うためには特別な表現が使用されます。

まず、「ボクセル」とは何でしょうか？これは三次元空間を一定の大きさの立方体（ボクセル）で分割し、各ボクセルが特定の情報（例えば、物体の存在有無や色）を持つデータ形式です。しかし、その分データ量は大きくなります。なぜなら、二次元画像では画素数が縦×横だけですが、三次元データでは縦×横×奥行きとなるためです。

次に、「深度画像」とは何でしょうか？これは画像の各画素が物体までの距離を表すデータを含むものです。ようするに、カメラから物体までの距離を各画素で計測したものです。例えば、ToF（Time-of-flight）カメラやステレオカメラなどから取得したデータは、通常の輝度画像に加えて深度画像を持ちます。

また、「点群（ポイントクラウド）」という表現方法もあります。これは、三次元空間内の点の集合で、物体の形状を表現します。各点の情報は位置と色の情報で構成されています。この形式は、例えばLiDARなどで取得したデータを表現する際によく使用されます。

最後に、「メッシュ」とは何でしょうか？これは物体の表面を小さな三角形（ポリゴン）で表現する方法です。各ポリゴンは三つの頂点を持ち、それぞれの頂点は位置と色情報を有しています。また各ポリゴンに画像を貼り付けて色を表現することもできます。メッシュはCG映像の作成などでよく見かける形式で、自然な形状を表現するのに適しています。

これらの表現形式は、使用する機器や目的によって選択され、場合によっては互いの形式に変換しながら使用されます。

要点BOX

- 三次元形状を表現する方法にはボクセル、深度画像、点群、メッシュなどが存在
- 表現方法は用途に応じて使い分ける

図1 さまざまな三次元データの表現

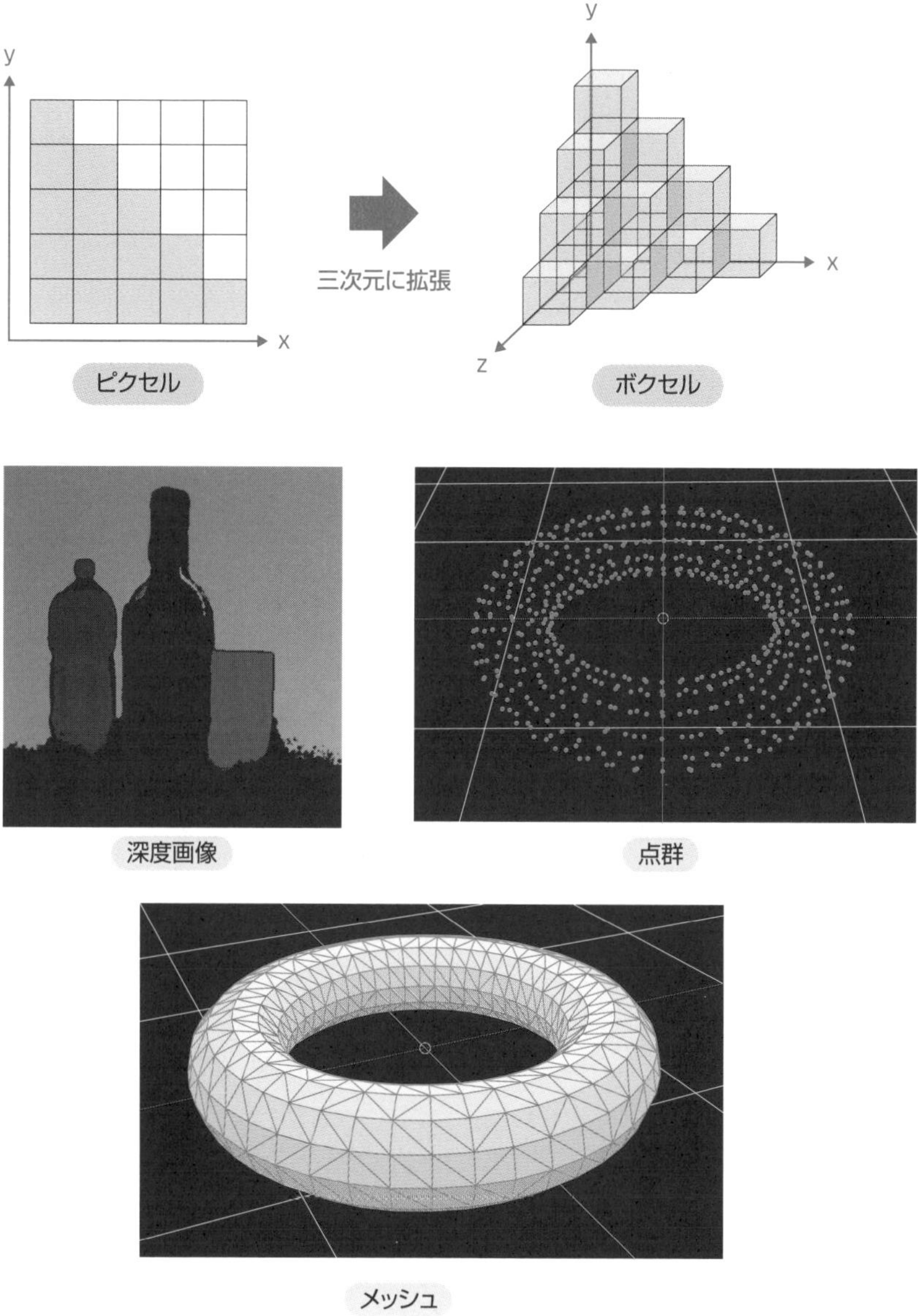

用語解説

LiDAR：「Light Detection And Ranging」の略称で、光を用いて対象物までの距離などを測定する技術。光を物体に向けて放射し、反射した光を受け取ることで物体までの距離を計算する。自動車の自動運転技術や地形の測定など、広範な分野で用いられている

Column

光学系と画像処理の連携

　最近ではスマートフォンに備えられている小さなレンズを持つカメラを用いて、驚くほどきれいな画像が撮影できるようになっています。従来、きれいな画像を撮影するには一眼レフカメラで使用されるような大きくて重いレンズが必要だったことを考えると画期的な進歩です。

　これを実現したのはレンズ設計技術や光学系製造技術の向上、またイメージセンサの改善もありますが、画像処理の力も大きく関わっています。フィルムカメラの時代には、後処理による画像調整が困難だったため、きれいな画像を撮影するには頑張って光学系の性能を上げるしかありませんでした。

　しかし、フィルムカメラの時代と異なり、デジタルカメラでは画像処理を行うことができるデジタルデータとして画像を撮影できる上、処理装置も低価格化が進行し、高度な画像処理にかかるコストが大幅に低減しています。

　そのため、最初から撮影後に画像処理を行う前提で光学系を設計することができるようになりました。例えば、ある収差を光学系で減らすためには、1枚のレンズを追加する必要があるため光学系のサイズが大きくなってしまうという場合があります。そのような時にも、撮影後の画像処理でその収差を補正できるのであれば、その収差を光学系で減らす必要はなく、光学系のサイズは小さいままですみます。

　このように、光学系と画像処理を組み合わせて協調設計すると、画質の改善や小型化などが可能なほか、ピントの合う範囲が広い被写界深度拡大カメラのように通常の光学系のみでは得られない機能を有するカメラを実現することができます。こういった、デジタル処理により画像を生成することを前提とした撮影を「コンピュテーショナルフォトグラフィ」と呼びます。

　近年では、従来の人間がアルゴリズムを設計した画像処理だけではなく機械学習を用いた画像処理も使用されるようになっています。例えば、スマートフォンのカメラにおいて、撮影した画像に対して深層学習を用いた超解像やノイズ除去、夜間撮影画像の高画質化などが実施されている場合があり、搭載するカメラのサイズからは考えられないような画像が得られるようになってきています。このあたりの処理内容は59項で少し紹介しています。

第2章

画像認識に使われる画像処理

17 画像認識に向けた手がかり

エッジ、コーナー、空間周波数成分

画像を「見て」理解するためには、その中にある手がかりを見つけ出すことが重要です。画像を解析する上での大きな手がかりとなるのが「エッジ」、「コーナー」、そして「空間周波数成分」です。

エッジとは、画像中で明確に色や明るさが変わる場所を指します。これは物体の境界や形状を表すもので、例えば物体と背景の境界などがこれにあたります。エッジは特別なフィルタを使って見つけ出すことができます。これらのフィルタは、特定の方向あるいは方向性なくエッジを抽出するように作られています。その中でも代表的なものに「微分フィルタ」、「ラプラシアンフィルタ」、「ソーベルフィルタ」などがあります。そして、フィルタによって抽出されたエッジを正確に検出するための手法として、「キャニー法」などが存在します。

次にコーナーですが、これは画像中で角のような部分を指します。コーナーは画像の特徴的な部分である「特徴点」を見つけるための重要な手がかりとなります。例えば、同じ明るさの部分ばかりが写っている画像では物体の手がかりを見つけるのは難しいですが、コーナーがある場所では物体の手がかりを見つけやすくなります。コーナー検出には、「ハリスのコーナー検出アルゴリズム」などが用いられます。

そして最後に空間周波数成分とは、画像の「パターン」や「テクスチャ」を理解するための手がかりです。パターンとは、画像内で繰り返し現れる色や明るさの配置を指し、テクスチャとは物体表面の粗さや滑らかさ、細かな模様などを示します。「ガボールフィルタ」は、これらの情報を抽出するためのフィルタで、異なる方向や空間周波数の成分を抽出することができます。

以上の三つの要素、エッジ、コーナー、空間周波数成分は、画像認識の基本的な手がかりとなります。これらを上手に活用することで、画像認識の性能を大きく向上させることが可能です。

要点BOX

- ●エッジは大きく明るさが変わる場所
- ●コーナーは特徴的な形状の一つ
- ●空間周波数成分の解析によりパターンを理解

図1 エッジ検出とコーナー検出結果例

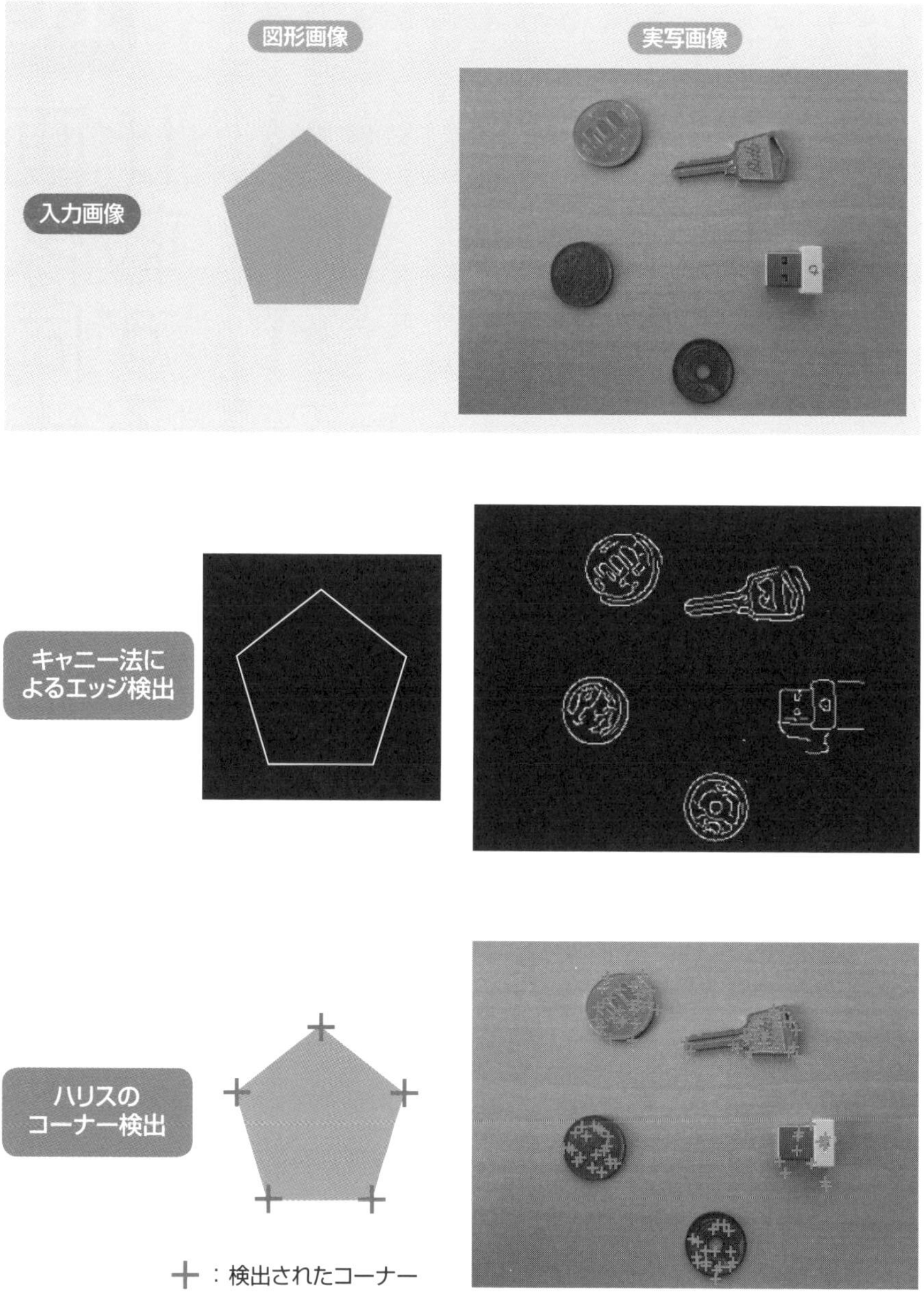

18 画像同士を比較する

画像の類似度とテンプレートマッチング

画像同士がどれくらい似ているかを判断するには、画像内の明るさや色の配列を比較することで、画像間の「類似度」を算出することが一般的です。

最も基本的な類似度の算出方法は「ＳＡＤ（Sum of Absolute Difference）」と呼ばれ、二つの画像の同じ位置の明るさや色の差を絶対値にし、その総和をとります。大きな値は画像間の差異が大きいことを示し、0は二つの画像が完全に一致していることを示します。

他にも、差の絶対値ではなく二乗した値の総和を使う「SSD（Sum of Squared Difference）」、相互相関を使う「ＮＣＣ（Normalized Cross-Correlation）」、照明の変化にも影響を受けにくい「ZNCC（Zero-mean Normalized Cross-Correlation）」などが存在します。

これらの類似度を利用した、「テンプレートマッチング」という技術があります。テンプレートとは探す対象となる小さな画像のことで、これを大きな画像上で少しずつ移動させながら、その位置での類似度を計算します。この一連のプロセスを「スライディングウィンドウ」と呼びます。類似度が高い場所が見つかれば、その場所にテンプレートと同じパターンが存在するとみなします。

ただし、これらの類似度は単純に明るさや色を比較しているため、形状や角度の変化、背景の影響に弱いです。そのため、テンプレートマッチングは対象物の形、大きさ、角度がテンプレートとぴったり一致しており、背景が単一色で撮影できる工場での部品検査などに適しています。それに対して、自然の背景の中からさまざまな形状や姿勢を持つ物体を見つけ出すような場合には、他の手法が用いられる場合も多いです。

要点BOX

- ●画像類似度は比較のための基準
- ●テンプレートマッチングは画像内の特定パターンを検出する

図1 スライディングウィンドウ

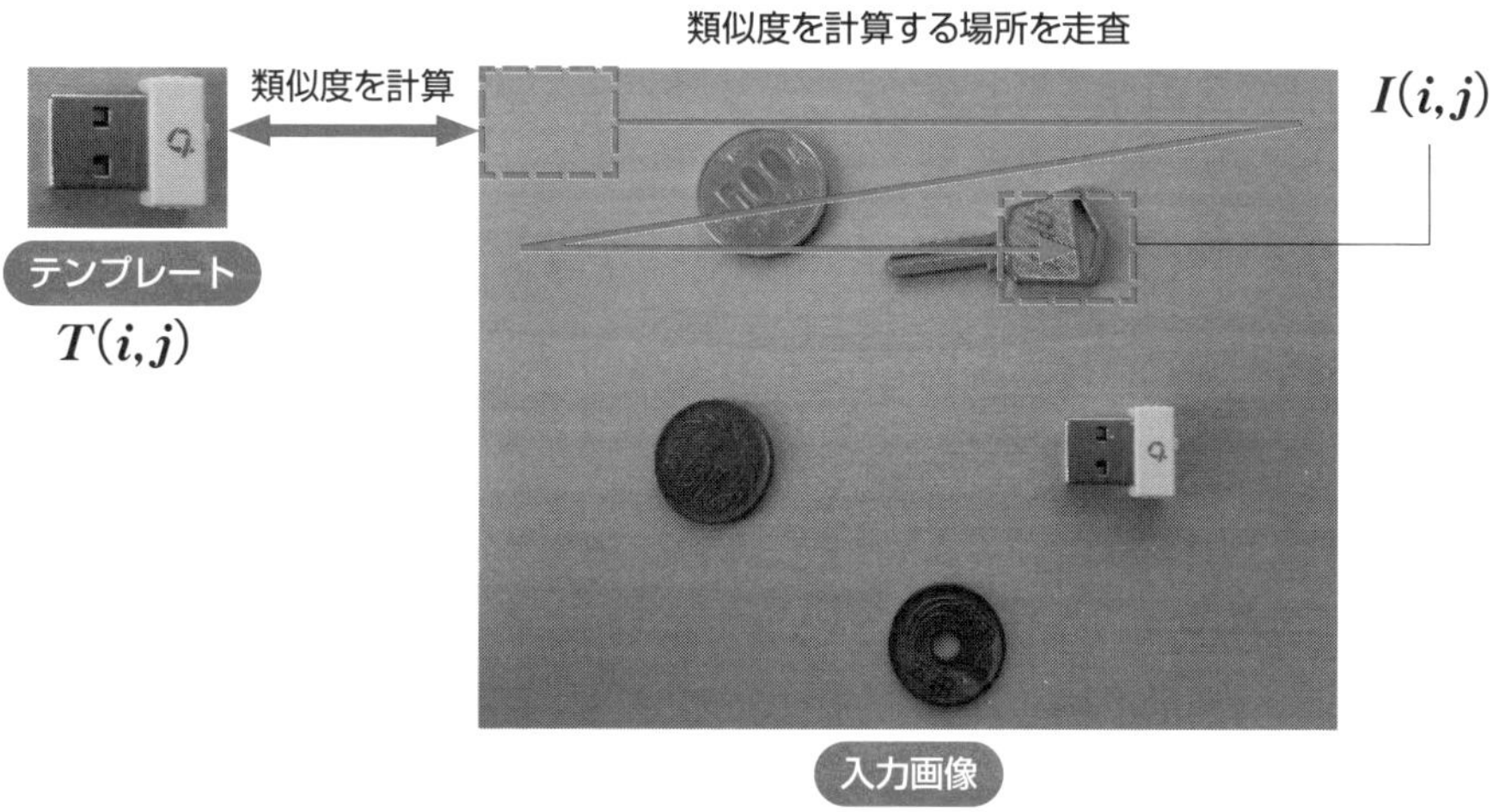

図2 テンプレートマッチング

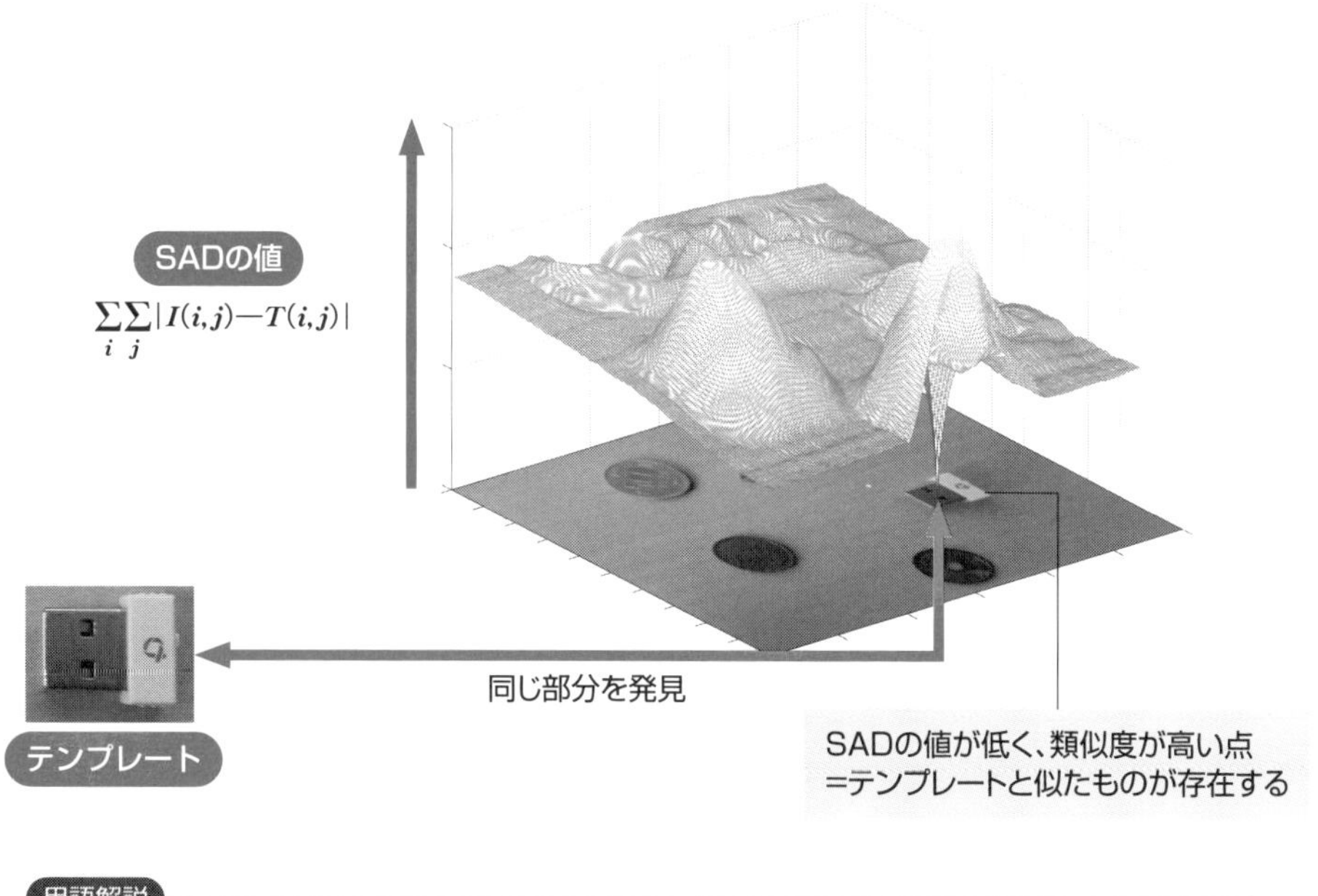

用語解説

テンプレート：探す対象の小さな画像やパターンを指し、このテンプレートをもとに大きな画像から対象の位置を検出する

19 二つの画像の位置を一致させる

「画像レジストレーション」は、二つの画像の位置を一致させる技術です。例えば、過去の空撮画像と現在の空撮画像を比較し、建造物の変化を観察したい場合にこの技術が使われます。全く同じ視点で画像を撮影するのは難しいため、この技術が必要となります。

画像レジストレーションは基準の画像と位置合わせする画像の二枚の画像のずれを算出し、位置合わせする画像のずれを直すように幾何学的変換（14項）を行うことにより実現します。

画像が単純に上下左右にずれている場合、基準の画像と位置合わせする画像を上下左右にずらして、SAD（18項）などの類似度を元に最も似ている位置を見つけます。そして、その位置に合わせて位置合わせする画像を移動します。この場合、二枚のずれ量の算出は縦と横の移動量を見つければ解決します。

しかし、実際には画像が単純に上下左右にずれただけではなく、回転や拡大縮小などにより複雑な差異が含まれることがあります。この場合、「アフィン変換」などが使用されます。アフィン変換では、回転や拡大縮小も考慮に入れた変換式を用いて、六つのパラメータを調整することで、さまざまな変形に対応することができます。

画像レジストレーションは画像の比較に非常に有用です。例えば、ある地域の衛星画像を時間経過で比較することで、その地域の環境変化や都市化の進行を観察することができます。また、医療分野では、患者のMRIスキャンを時間経過で比較することで、治療の効果を評価したり、病気の進行を追跡したりすることができます。

他に、画像レジストレーションは、複数の画像を接合して一つの大きな画像を作るのにも使用されます。各画像が異なる視点から撮影されたものであっても、重なっている部分を見つけて一致させることで、それらをシームレスに結合することができます。

要点BOX

- ●画像同士のずれに応じて位置を合わせる
- ●医療画像や衛星画像などさまざまな用途で活用

図1 画像レジストレーション

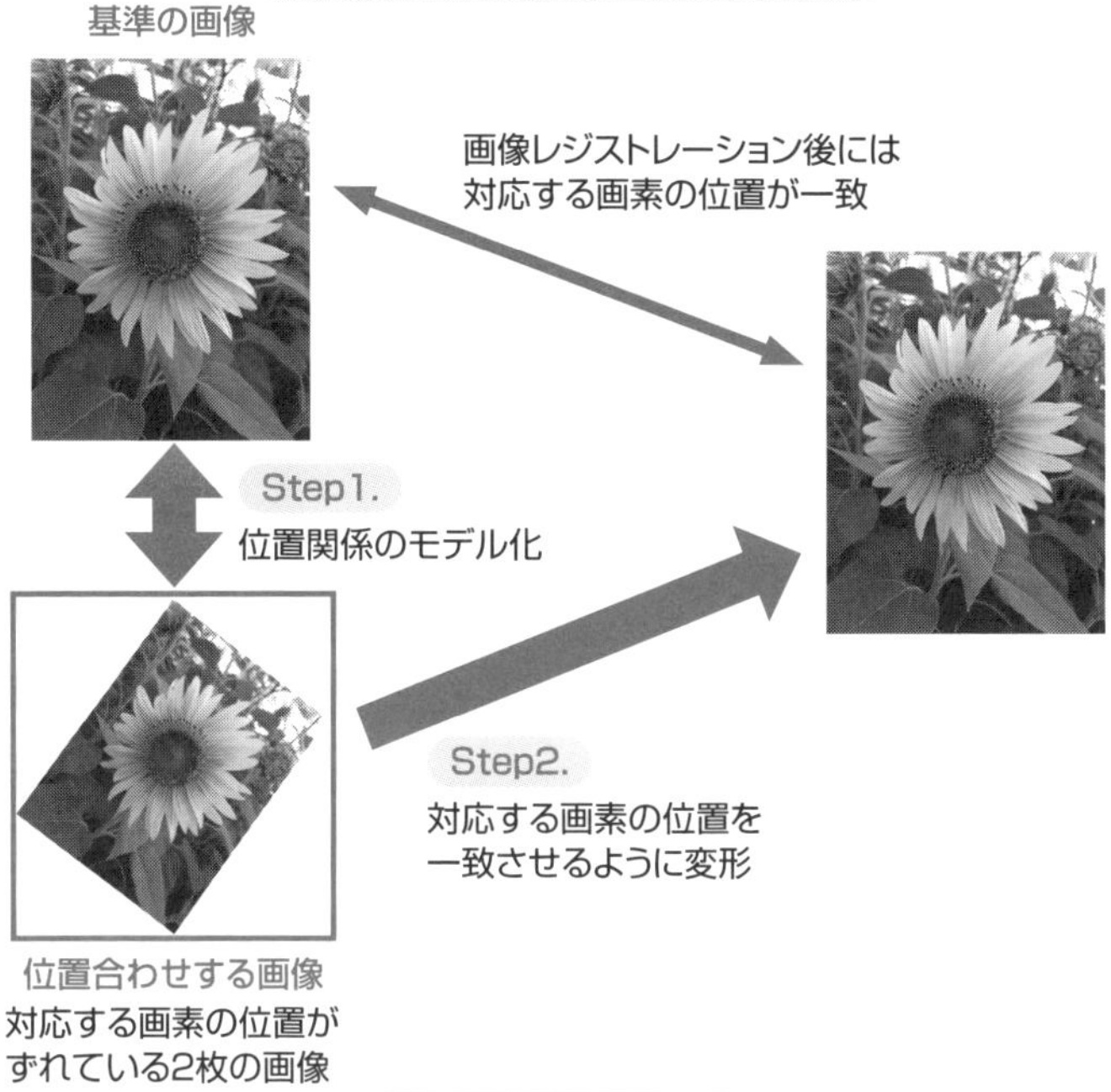

図2 アフィン変換

変換後の座標　変形を定義する6つのパラメータ　変換前の座標

$$\begin{pmatrix} x' \\ y' \\ 1 \end{pmatrix} = \begin{bmatrix} a_{11} & a_{12} & a_{13} \\ a_{21} & a_{22} & a_{23} \\ 0 & 0 & 1 \end{bmatrix} \begin{pmatrix} x \\ y \\ 1 \end{pmatrix}$$

パラメータを調整するとこのような変形が可能

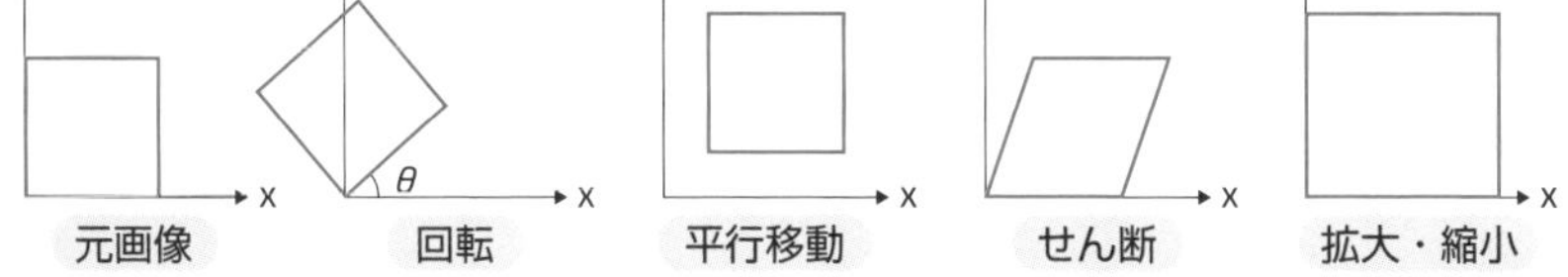

用語解説

アフィン変換：画像の変形に用いる変換方法の一つ。位置だけでなく、回転やサイズについても調整できるため、画像の位置合わせに広く用いられている

20 見える世界を白と黒で捉える

画像の2値化

私たちが普段目にする画像は多彩な色合いを含んでいますが、それらを単純な白と黒だけで表現することができるでしょうか？ さまざまな色合いを含む画像を白と黒だけで表現するように変換することを「2値化」と呼びます。なぜこんなことをするのかというと、白黒の世界であれば、重要な部分に絞り込んだより少ない情報量で画像を表現でき、処理も軽くなるためです。例えば、文字認識のようなタスクでは、2値化によって不要な色情報を排除し、注目すべき部分だけを強調できます。

しかし、ここで一つ問題があります。色の情報を全てなくすことは、詳細な色調の情報も失うことを意味します。例えば、黒と暗いグレーは元の画像では区別できますが、2値化された画像ではどちらも黒になってしまう場合があります。だからこそ、2値化の手法選びは重要です。どの部分を白にし、どの部分を黒にするかを決めるための「しきい値」の設定が、その鍵を握ります。

しきい値を変えてみると、2値化の結果がどのように変わるかが図1から見て取れます。しきい値が2値化における大切な設定項目であることが分かります。

それでは、どうやって適切なしきい値を決めるのでしょうか。そのための一つの手法として、画像の画素値ヒストグラムが利用されます。これは、画像の明るさの分布を表したグラフです。ヒストグラムの形状を見ることで、画像の白い領域と黒い領域を分ける適切なしきい値を見つけることができます。このような考え方を使ったしきい値設定を自動的に求めるアルゴリズムが各種提案されています。

また、2値画像は、中間の明るさを表現することができませんが、画素値のばらつきを用いて一見すると中間調を表現できるように見せる技術もあります。それが「ディザリング」です。ディザリングはプリンタで写真を印刷する際などに使われています。

要点BOX

- 白と黒の二つの値を持った画像への変換が2値化
- 白と黒のしきい値設定が重要

図1 2値化におけるしきい値の差

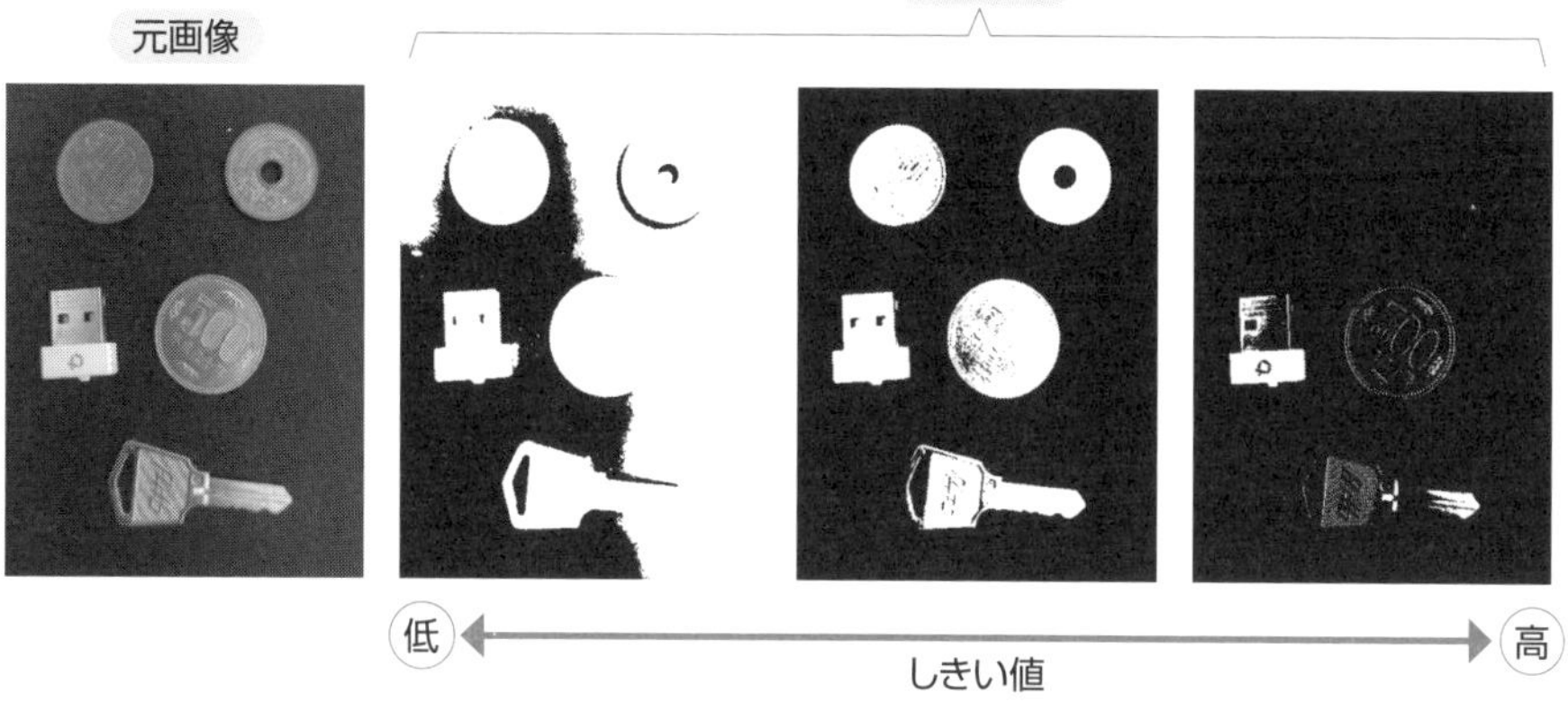

図2 ヒストグラムとしきい値の調整

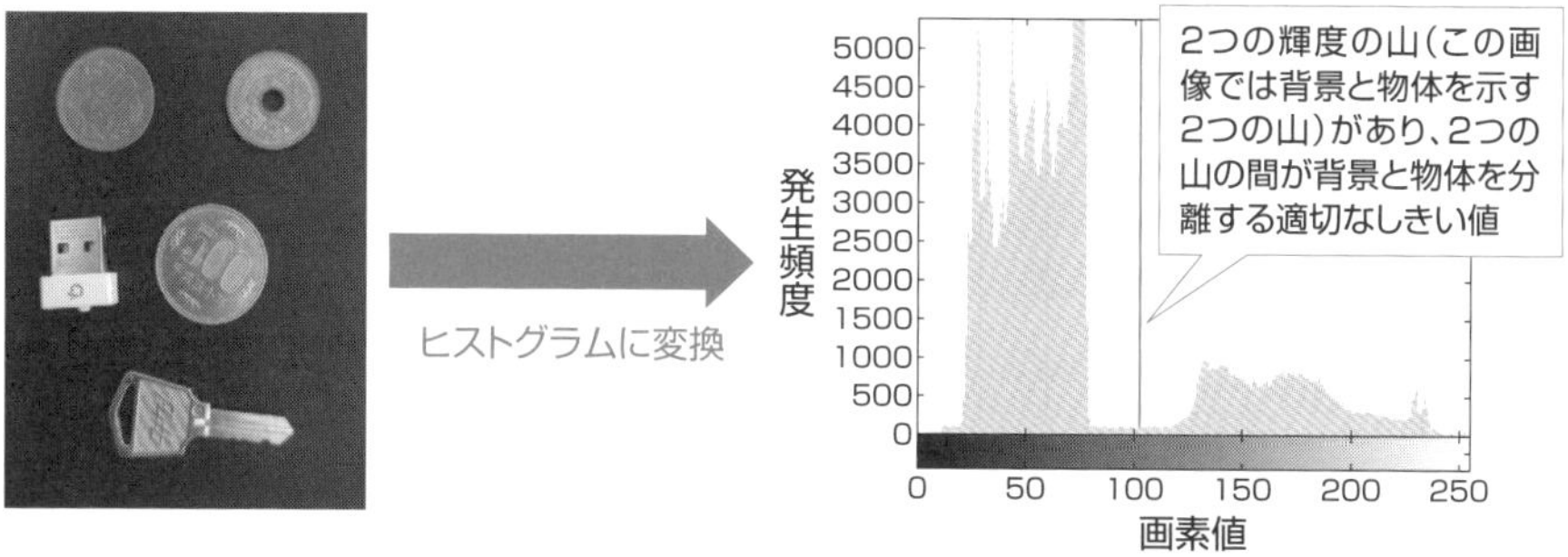

図3 ディザリング

擬似的に画素のばらつきを用いて
中間調を表現

用語解説

しきい値：2値化において、画像のどの画素値を白に、どの画素値を黒にするかを決める値。例えば、画素値が100以上の画素を白、それより小さい画素を黒とする時、しきい値は100となる

21 図形を操作

モルフォロジー演算

「モルフォロジー演算」は、主に2値画像に対して行われ、画像上の図形を変形したり、調整するための処理です。

モルフォロジー演算には「膨張」「収縮」「オープニング」「クロージング」などの種類があります。

膨張処理とは、近隣画素に1（白）の画素が一つでもあれば、その画素も1（白）にする処理です。これにより、画像上の線を太くすることや、小さな穴を埋めることが可能です。一方、収縮処理はその逆で、近隣画素に0（黒）が一つでもあれば、その画素も0（黒）にします。これにより、線を細くすることができます。

また、オープニングとクロージングは膨張と収縮を組み合わせた処理です。オープニングは、収縮した後に膨張させることで、ノイズ（小さい白点）を消去します。クロージングは逆に、膨張した後に収縮させることで、物体内の穴（小さい黒い点）を埋めることができます。

モルフォロジー演算は、これらの操作を行うために画面全体を走査して処理を行います。また、同じ操作を複数回行うと、より強く効果を発揮させられます。

なお、モルフォロジー演算が連続して適用される場合、その回数や順番によっても結果は変わります。例えば、オープニングは収縮後に膨張を行いますが、これを逆に膨張後に収縮を行うとクロージングとなり、全く異なる効果を得ることができます。そのため、どのような順番でモルフォロジー演算を適用するかは、求める結果によって適切に選択する必要があります。

このように、モルフォロジー演算を使用すると、画像のノイズ除去や物体内の黒点の消去などが可能となります。例えば、製品の外観検査で傷を検出する際には、オープニングやクロージングを適用することで、画像上の点や小さな穴など細かい部分を除去し、その結果と元の画像とを比較することで、小さな傷や欠陥を検出することが可能です。

要点BOX

- ●主に2値画像を調整するために使用される
- ●線を太くしたり、細くしたり、ノイズを低減したり、穴を埋めることができる

図1 さまざまなモルフォロジー演算

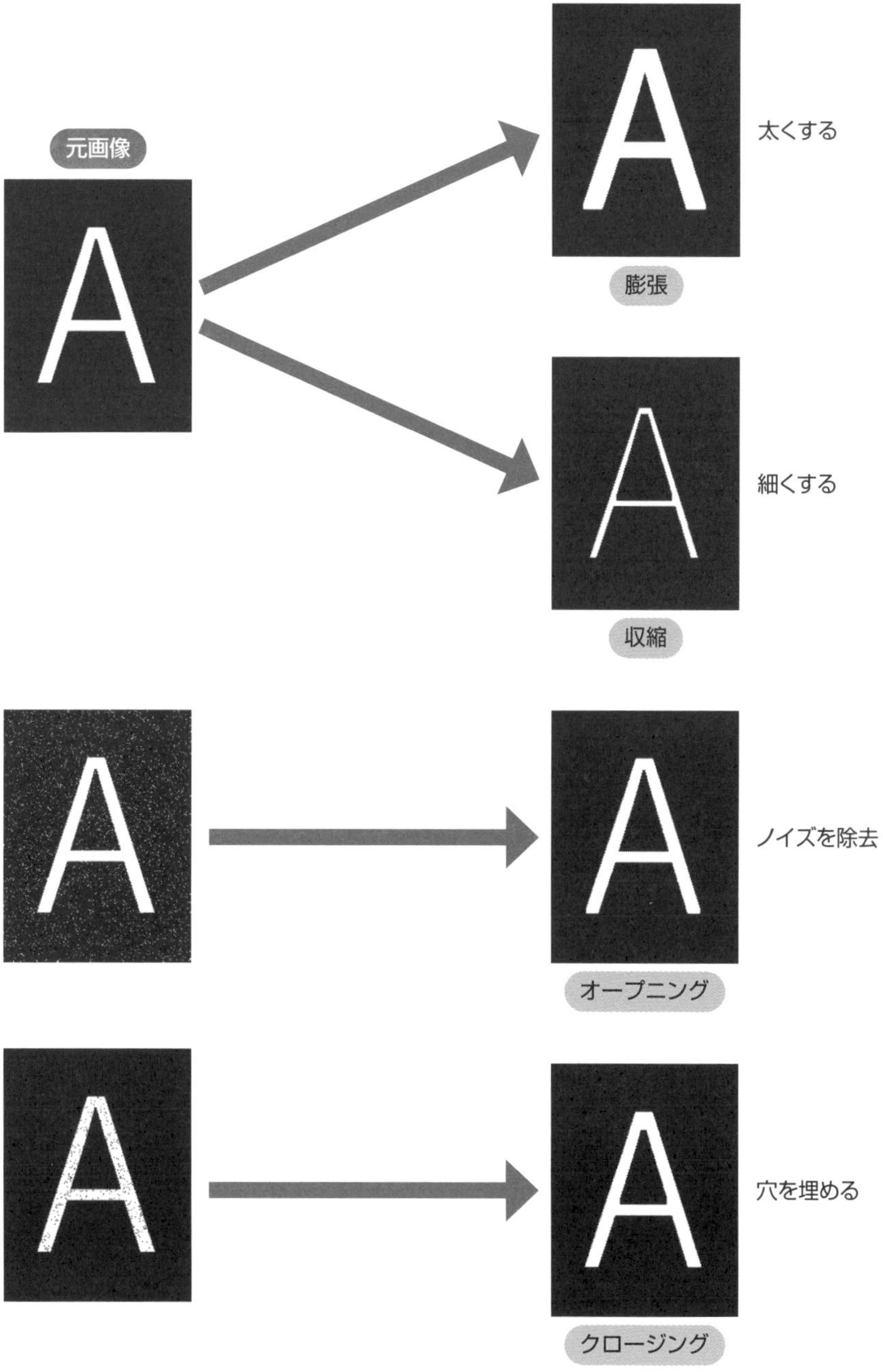

22 対象物を取り出す

ラベリングとブロブ解析

画像中の対象物を特定し、その特性を解析するための方法に「ラベリング」と「ブロブ解析」があります。「ブロブ」は、2値画像中の塊を表す言葉です。これらのブロブの形状や大きさなどの特性を分析するのが「ブロブ解析」です。

ラベリングは、ブロブを見つけ、それぞれに番号をつけるプロセスです。例えば、白い画素の物体に対してラベリング処理を行うと、画像上を走査して隣接した白い画素の塊を探し出し、それらを同一のブロブとして識別します。

ブロブ解析の精度を高めるためには、ラベリング処理の精度が重要な役割を果たします。対象物の特性をうまく捉えるためには、ブロブが対象物を正確に表現していることが不可欠です。しかし、実際の画像データは、画素のノイズや照明の変動など、多くの課題が存在します。これらはブロブの抽出精度を下げる要因となります。そのため、ラベリング処理の前段階で、モルフォロジー演算（21項）などの前処理を行うことで、画像のノイズを低減し、ラベリング処理の精度を向上させることが求められます。

ブロブ解析では、ラベリングで得られた各ブロブの大きさ（縦サイズや横サイズ）、面積、重心、アスペクト比（縦横の大きさ比）などの特性を計算します。これらの特性を手がかりにして、対象物を認識したり、不良品を検出したりします。

例えば、丸い形状の物体を認識し、その数を数えたいとします。この場合、ラベリングで得られたブロブから、形状特徴に合うものを選び出します。さらに、面積や重心などを用いて条件を絞り込むことで、目的の物体だけを抽出することが可能です。

ブロブ解析は、単純な形状認識から複雑な物体認識まで幅広い用途で活用されています。例えば、部品の外観検査では、ブロブ解析を用いて部品の形状や寸法を検査し、製造過程での欠陥を発見します。

要点BOX

- 2値画像中の塊（ブロブ）を見つけるのがラベリング
- ブロブ解析は形状から情報を抽出する

図1 ラベリング処理

図2 ブロブ解析

23 直線や円を検出

ハフ変換

自動車の車載システムの中には、走行中の車両がレーンから逸脱しそうになった時にドライバーに警告を発するものがあります。そのためには、カメラで取得した画像中から道路の白線を正確に認識する必要があります。しかし、存在する可能性のある白線を総当りで当てはめてみて、合致する白線を探す方法では膨大な計算時間を要します。

では、どのようにすれば効率よく直線を認識できるのでしょうか。それには、「ハフ変換」という画像認識技術が役立ちます。ハフ変換は、複雑な画像からでも特定の形状（この場合は直線）を抽出するためのアルゴリズムです。直線がある可能性のある全ての位置と角度を試すのではなく、画像の各画素が存在する可能性のある直線を「ハフ空間」と呼ばれる特殊な空間で「投票」します。

この方法によって、計算時間を大幅に削減しつつ、直線が途中で一部途切れたり、ノイズがあったりしても確実に白線を認識することが可能となります。

具体的には、ハフ変換は2値画像（画素が白か黒のみの画像）に対し、白画素が存在する場所について、その位置を通る可能性のあるすべての直線に「1票」を与えていきます。これを全ての白画素に対して行うことで、多数の「票」を集めた直線が画像中に存在する直線と判断されます。

直線の特定は、その直線に引いた法線の長さρと角度θによって行われます。それぞれの白画素が存在する可能性のある全ての直線が、ハフ空間上でρとθというパラメータによって表されます。そして、多くの画素から「票」を得たρとθが、存在する直線を示すことになります。

さらに、この技術は円形の抽出にも応用することができます。その際のハフ空間は円の中心位置と半径で定義されます。また、一般化ハフ変換を用いることで、任意の形状の抽出にも対応可能です。

要点BOX

●直線や円を抽出するアルゴリズムがハフ変換
●拡張すると任意の形状を抽出することも可能

図1 ハフ空間における投票の例

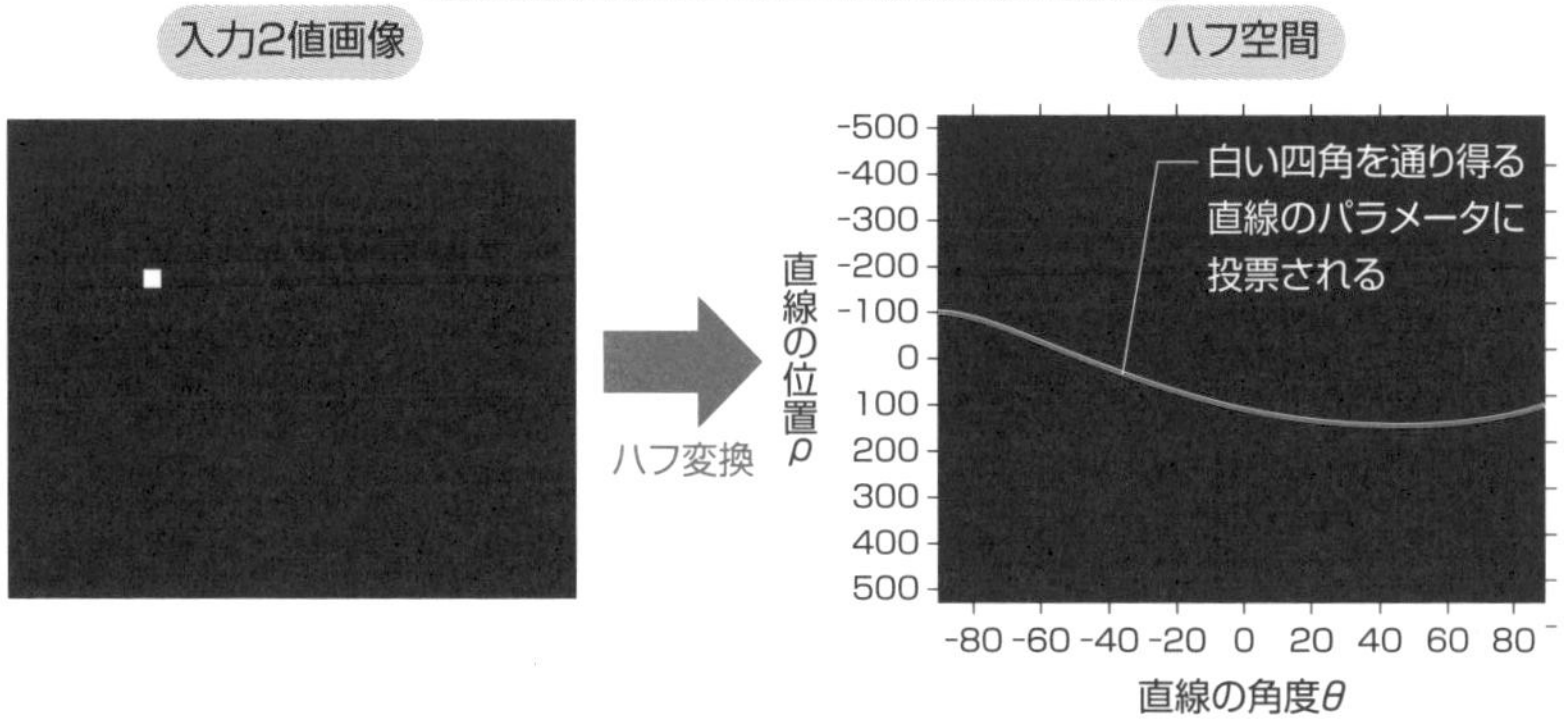

図2 ハフ変換による直線抽出の例

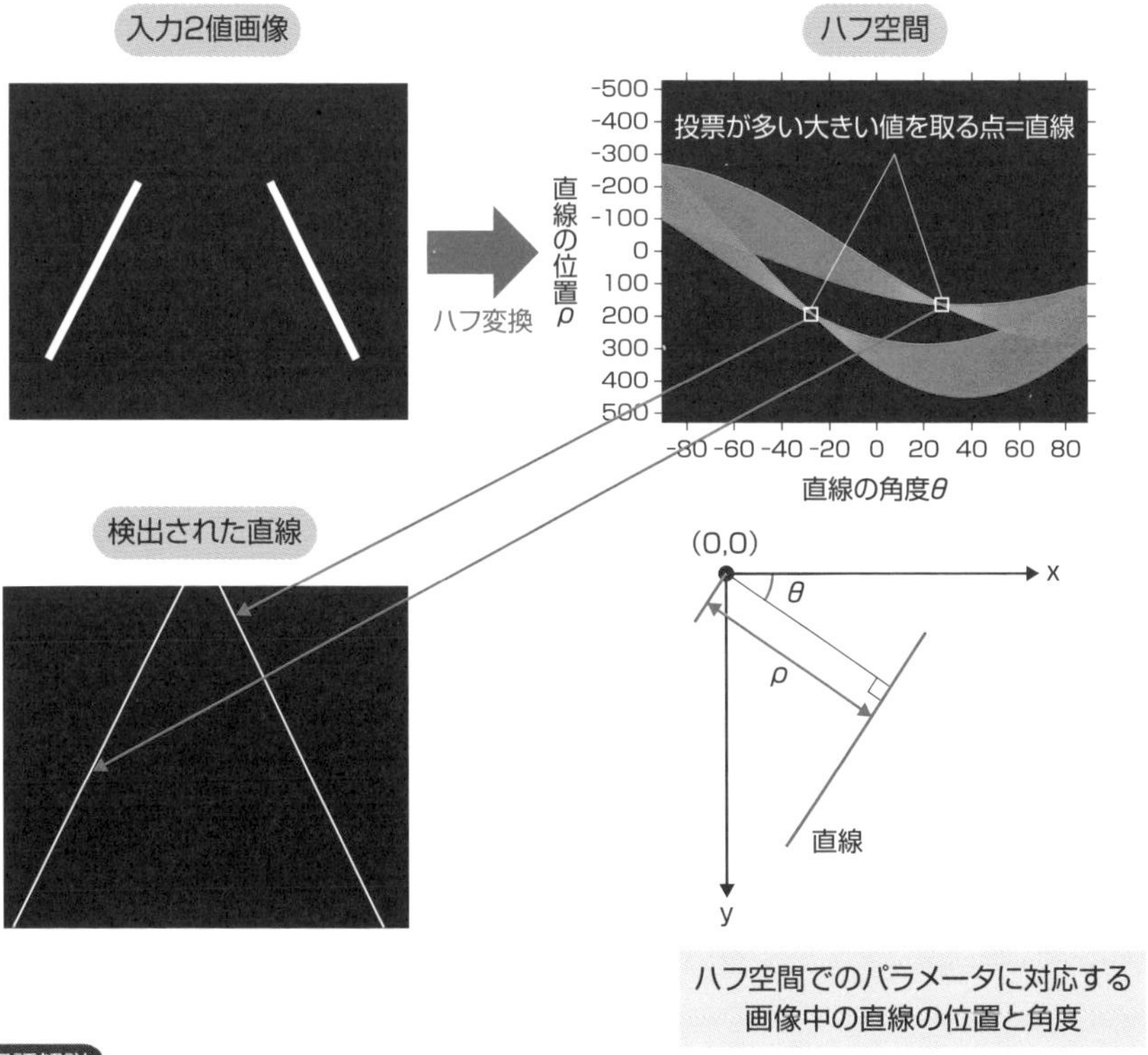

ハフ空間でのパラメータに対応する
画像中の直線の位置と角度

用語解説

投票：ハフ変換では、各画素が存在する可能性のある形状（直線や円）に対応するハフ空間上すべての位置の値を+1することを「投票」と呼ぶ。例えば、直線の可能性がある位置と角度に各画素が「投票」を行い、その投票数が多いほど実際にその形状が存在する可能性が高いとする。これにより、複雑な画像からも形状を効率よく抽出することが可能になる

24 画像を領域に分割する

画像セグメンテーション

「画像セグメンテーション」とは、画像を意味のある領域に分割する技術のことを指します。例えば、衛星画像から土地利用のパターンを抽出する場合、道路や建物、森林などの領域を識別するセグメンテーションが求められます。また、医療画像分析では、MRIやCTなどの画像から特定の器官や病変部分を抽出するためにセグメンテーションが用いられます。

一番基本的なアプローチは、色情報をもとに画素ごとに分類する方法です。青い色の部分は空、緑の部分は葉などと人がしきい値を設定し、それぞれの画素がどの領域に対応するかを分類します。しかし、現実の画像では色情報だけでなく、位置情報も重要となります。それに加え、もっと切り分けたい領域の種類が増えれば増えるほど、一つ一つのしきい値を人が設定するのは困難です。そのため、自動的に分類を行うアルゴリズムが必要となります。

その一つが「k-means法」というクラスタリングのアルゴリズムを用いる手法です。この方法では、画素値が近いものをグループ化することで、画像を複数の領域に分けます。モノクロ画像に対してk-means法を適用すると、画素値が近い画素をk個のグループに分けることができます。このk個のグループがそれぞれ一つの領域となります。さらに、色情報や画素の位置情報も考慮に入れることで、より精緻なセグメンテーションが可能になります。

また、セグメンテーションにおいて、「スーパーピクセル」という単位を使用することもあります。これは、色や模様が似ている隣接する画素群をひとまとめにしたもので、これを用いることで大量の画素を一度に扱うことが可能となり、効率的に処理を行うことができます。

画像セグメンテーションの方法は、紹介したk-means法を用いた方法だけではなく、深層学習を利用した手法など他にも色々なものが存在します。

要点BOX
- ●画像をある基準で複数の領域に分割する
- ●k-means法をはじめとして色々なアルゴリズムが使われている

図1 k-means法

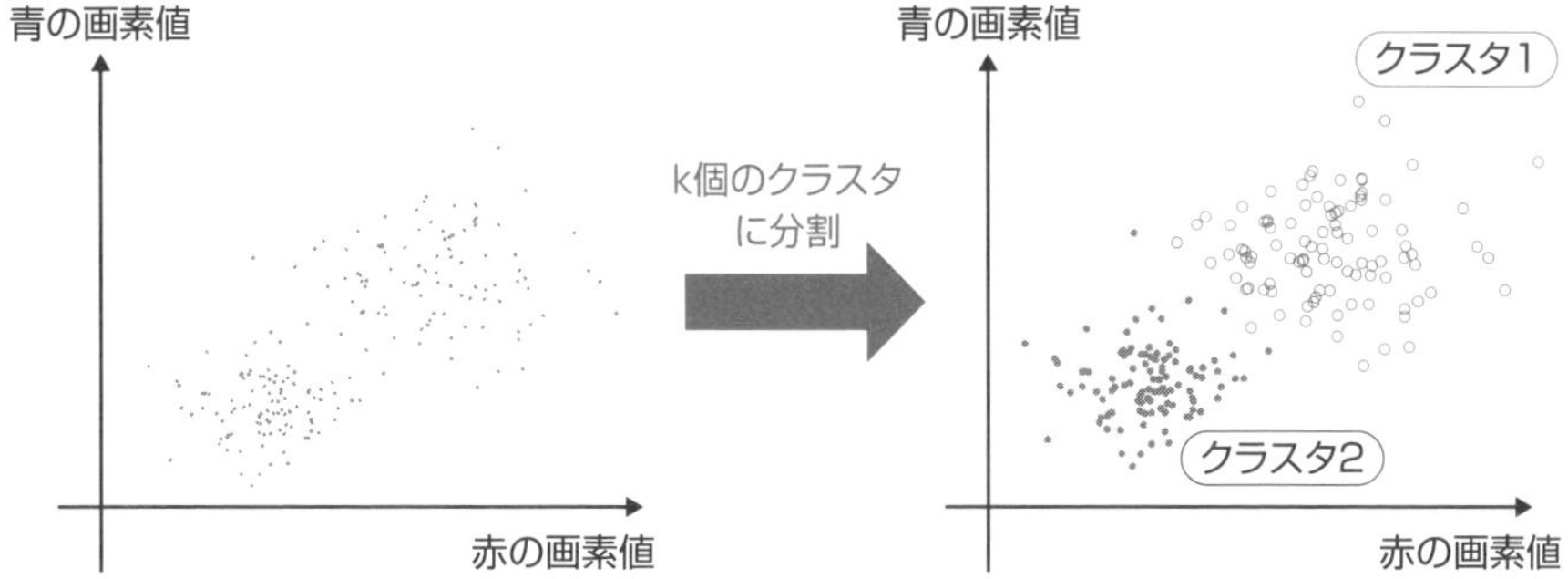

入力の分布
（例えば、画像の赤の画素値と
青の画素値の分布）

**k=2として
2個のクラスタに分割した例**
(画素を2種類に分類できる)

図2 画像セグメンテーションの例

赤、緑、青の画素値を入力として
k-means法を用いて領域に分割

用語解説

クラスタリング：データ分析において、似た特性を持つデータのグループ（クラスタ）を自動的に見つけ出す手法

25 画像の背景を除去

背景除去と背景差分

オンライン会議で自分の背景を別の画像に変えたことはありますか?この仕組みは「背景除去」と呼ばれ、画像から特定の領域を抽出する技術の一つです。

背景除去は、画像の前景（注目したい部分）と背景を分ける手法であり、多くの場所で用いられています。

簡単な背景除去の一つの手法として、色情報に基づくものもあります。例えば、グリーンスクリーンと呼ばれる一色の背景を使うと、その色を容易に検出して背景を除去することができます。これは映画製作などでよく用いられる技術です。

そういった背景を準備できない場合でも、距離情報が取得できるカメラ（5項）を用いて撮影した画像であれば、単純に距離が近い画素値のみを取り出して背景を除去できる場合があります。しかし、一般的なカメラで撮影した画像には距離情報がありません。そこで、色や輝度などの情報をもとに、セグメンテーション（24項）を用いて画像の一部を前景として切り出す手法や、人の顔など前景となる対象物を認識して、それ以外を背景として除去することで背景除去を実現する方法などが用いられています。

一方、「背景差分」とは、背景との差分を取ることによって、背景に存在しない物体を抽出する方法です。事前に背景だけの画像を用意し、その後の画像と比較することで、新たに現れた物体を抽出できます。例えば、道路の画像に車が現れた場合、車は背景画像には存在しないので、背景差分により抽出することができます。

しかし、この方法は簡単ですが完全ではありません。屋外では太陽の角度や風による木々の揺れなどにより背景が刻々と変化し、その背景の微妙な変化が誤りを引き起こすことがあります。そこで、一枚の背景画像との差分を取るのではなく、時間経過による背景の変動範囲を計算しておき、その範囲を超えた変動を物体と判断する方法も提案されています。

要点BOX

- ●背景除去は残したい前景から背景を除去する
- ●背景差分は背景に存在しない物体を抽出する

図1 背景除去

前景のみを取り出す

図2 背景差分

入力画像から背景画像を差し引く

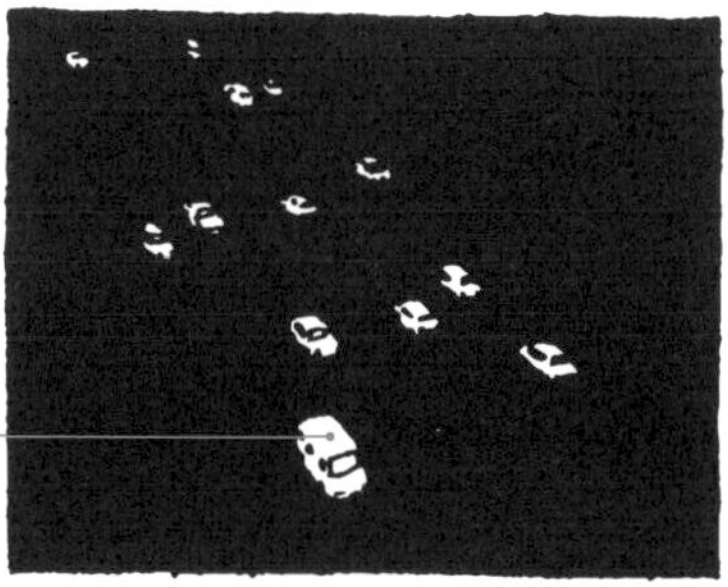

差し引いた結果の絶対値が一定以上となる画素

26 物体を追いかける

物体追跡アルゴリズム

デジタルカメラがあなたの移動する顔を認識し続け、ピントを合わせ続けてくれる。街頭の監視カメラが通行人を追跡し、その動きを記録する。これらの背後には「物体追跡アルゴリズム」が働いています。

動画は複数の静止画の連なりで構成されており、動画中の一枚の静止画をフレームと呼びます。物体追跡アルゴリズムでは、追跡対象の物体に関して前のフレームから今のフレームまでどのように移動したかを推定します。

物体追跡は決して簡単なものではありません。複数の監視カメラを用いて人物の追跡を行う場合には、それぞれ異なるカメラで撮影された画像の中を移動する同一人物を特定して追跡する必要があります。

さらには、追跡している人物は柱の影に隠れて一時的に視界から消えることもあります。それでも物体追跡アルゴリズムは、次にその物体がどこに現れたかを追跡し続ける必要があります。

初歩的な追跡方法は、各フレームにおいて全領域を対象物体が存在するかどうか調べ、前フレームの物体と位置が近いものを同一物体と認識するものです。しかし、この方法では全領域を検出しなければならないため、演算時間が長くなってしまいます。

そこで、一つの解決策として、「物体は1フレームの間に大きく移動しない」という前提を設け、前フレームの物体の近くを重点的に調べる方法が考えられます。これにより演算時間が大幅に削減できます。

しかし、それだけでは完璧ではありません。特に、複数の物体が動いている場合、物体同士が交差したりすれ違ったりすると、追跡すべき対象が入れ替わってしまうことがあります。

そのため、位置のみで同一物体と判断するのではなく、例えば、最初に物体を検出した際にその物体の色ヒストグラムなど特徴を記録しておき、近い特徴を持つものを同一の物体とする方法などがあります。

要点BOX

- ●対象物が動画の各フレームでどのように移動したかを推定する
- ●同一の物体を追跡するのは工夫が必要

図1 物体追跡

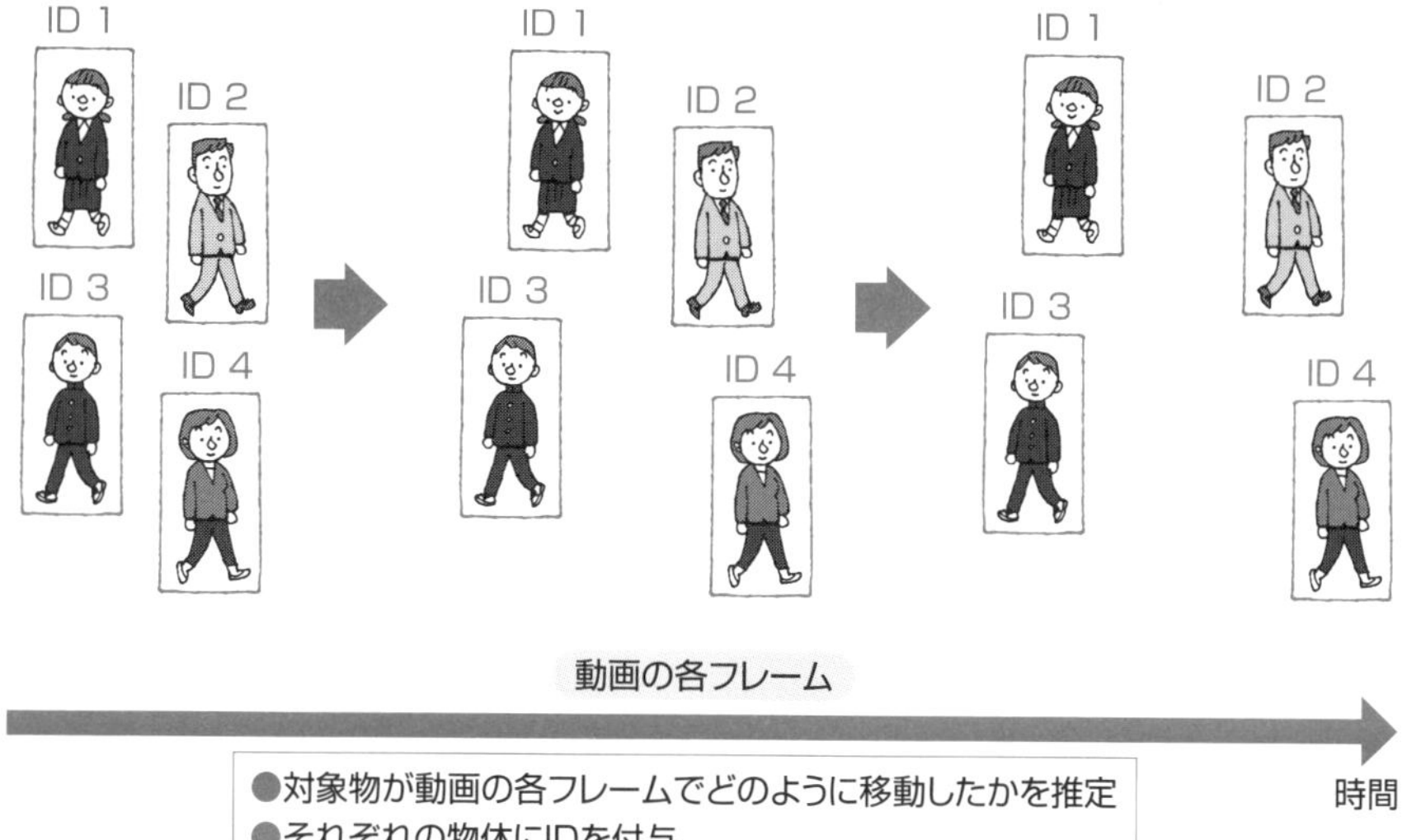

●対象物が動画の各フレームでどのように移動したかを推定
●それぞれの物体にIDを付与

図2 物体追跡方法の例

●前フレームで存在した周囲を重点的に検出する
●前フレームと位置の近い検出物を同一物体とする

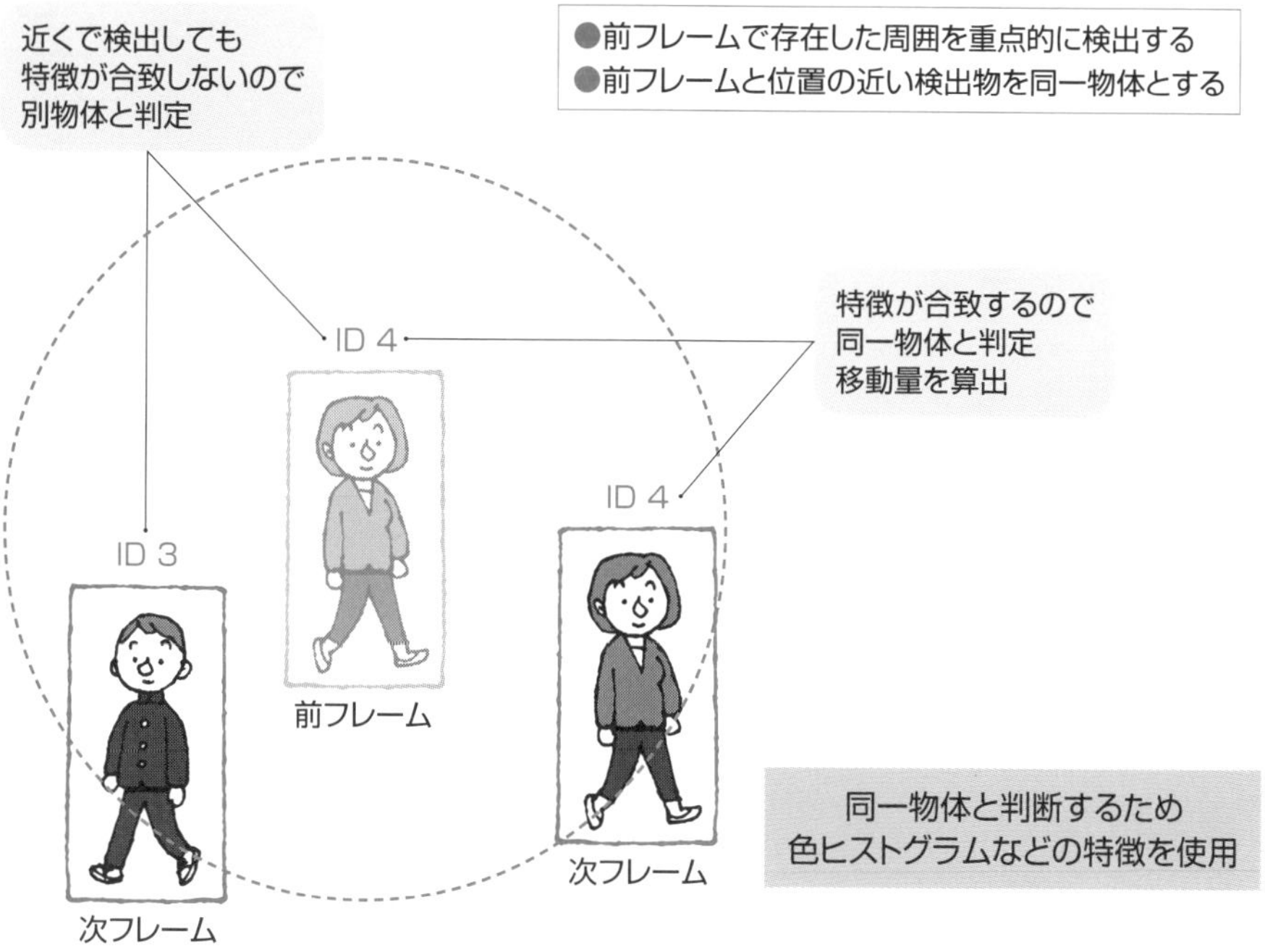

27 画像間の対応する部分を見つける

特徴点マッチング

画像認識技術における重要な要素の一つに、二枚の画像間での特徴的な対応点を見つける「特徴点マッチング」があります。この技術は、元画像と比較画像の間で対応する部分を見つけるために使用されます。単純に同じ画像であればテンプレートマッチング（18項）で十分ですが、物体の大きさ、回転角度、明るさなどが異なる場合には、特徴点マッチングがその力を発揮します。

特徴点マッチングの処理は主に三つのステップに分けられます。一つ目は「特徴点検出」、画像の中で特徴的な場所を見つけます。次に「特徴量の記述」で、その特徴点の情報を数値化します。最後に「特徴量マッチング」で、特徴量が類似する点を比較画像から探し出します。

特徴点マッチングのアルゴリズムの代表例として、「ＳＩＦＴ」（Scale-Invariant Feature Transform）というアルゴリズムがあります。ＳＩＦＴは特徴点の大きさや明るさ、回転角度が互いの画像で異なっていても、対応する場所を見つけることができます。これにより、元画像の物体が比較画像中のどの部分に対応するのかを検出することが可能になります。例えば、部分的に隠れている物体でも、複数の対応点から物体全体を検出することができます。

特徴点マッチングの応用例の一つに、パノラマ画像の作成があります。これは一連の画像を繋ぎ合わせて、より広い視野を表現するものです。パノラマ画像を作成する際には、異なる画像の間で正確に対応点を見つける必要があります。ここで特徴点マッチングが役立ちます。複数の画像における特徴点の対応関係を求めることで、画像を滑らかにつなげることができます。他にも、複数の異なる視点の二次元画像から三次元構造を推定する「ＳｆＭ」（Structure from Motion）など、画像にまつわる広範なアプリケーションで特徴点マッチングは使われています。

要点BOX

- ●大きさや明るさ、回転によらずに対応する部分を検出する
- ●SIFTなどのアルゴリズムが使用される

図1 特徴点マッチング

特徴点検出

元画像

比較画像

一つ一つの円が特徴点を示す

特徴量マッチング

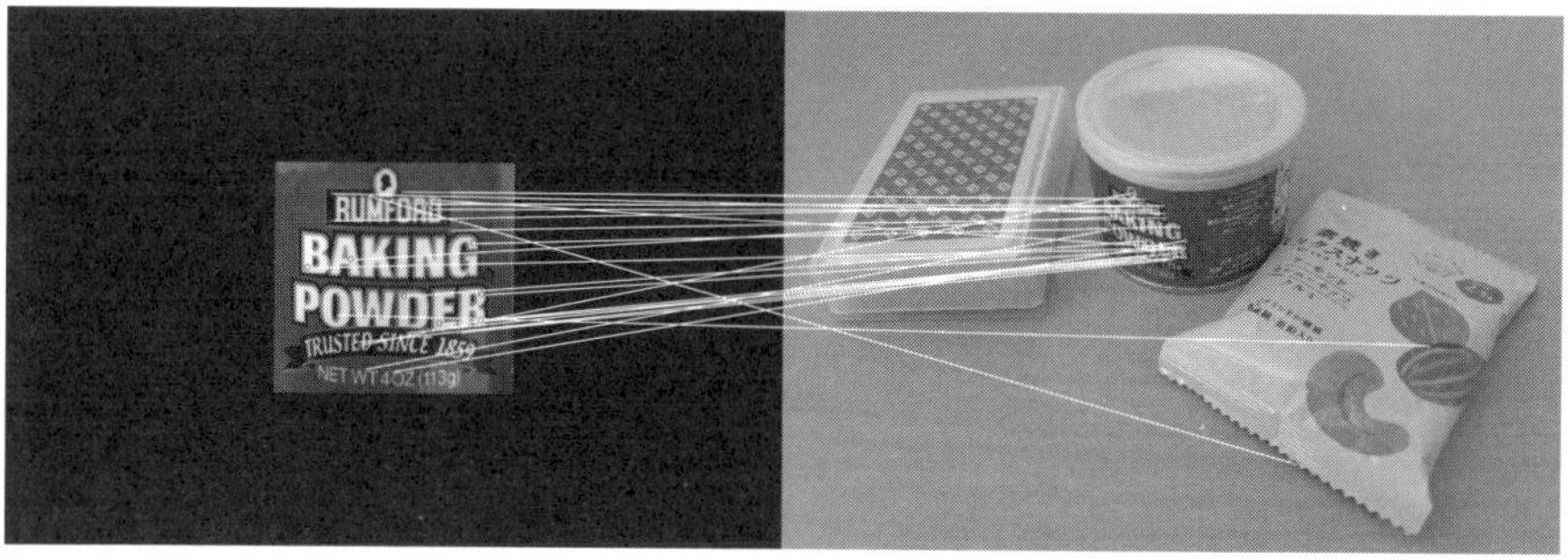

近い特徴量を持つ対応する特徴点を対応させる

物体検出

対応する特徴点を用いて
元画像と同じ物体を検出

- 元画像と大きさが異なっていたり回転していたり、明るさが違っていても検出可能
- 一部隠れていても検出可能

28 多彩な処理の組み合わせ

ここまでさまざまな画像認識に使う処理を紹介してきました。これらの処理を組み合わせることで、必要な画像認識処理を作ることができます。ここではいくつか例を挙げてみましょう。

まずは画像中のある物体の数を数える画像認識を考えてみます。画像中の色々な種類のコインのうち、10円玉だけを抽出して、その数を数えることを考えます。この問題を解くためには、次のような手順が考えられます。

1. 画像を2値化処理（20項）し、対象となる物体を白、背景を黒にする
2. ノイズ除去のために、モルフォロジー演算（21項）のオープニング処理を行う
3. ラベリング処理（22項）で、物体と考えられる部分（ブロブ）を抽出する
4. ブロブ解析（22項）を行い、各ブロブの大きさや縦横比、重心を算出する
5. 10円玉の特徴に近いブロブのみを選び、残りを削除する
6. 最終的に残ったブロブの数を数える

次に重なったコインの数を数える課題を考えてみます。単純なラベリング処理では重なったコインを分離することは難しいため、別のアプローチが必要となります。

1. 入力画像からキャニー法（17項）を用いてエッジ（物体の境界線）を検出する
2. ハフ変換（23項）を用いて円形の物体を検出する（ハフ変換は途中で一部途切れていても円を抽出することができるため、重なったコインの外形も抽出することが可能）
3. 最後に検出された円の数を数えることで、画像内のコインの数を認識する

これらは簡単な画像認識処理の例ですが、このように各種の手法を組み合わせることで、さまざまな課題に対応することが可能となります。

要点BOX

●複数の処理を合わせて画像認識処理を実現
●複雑な処理内容も手順の組み合わせ

図1 10円玉の数を数える画像認識処理の例

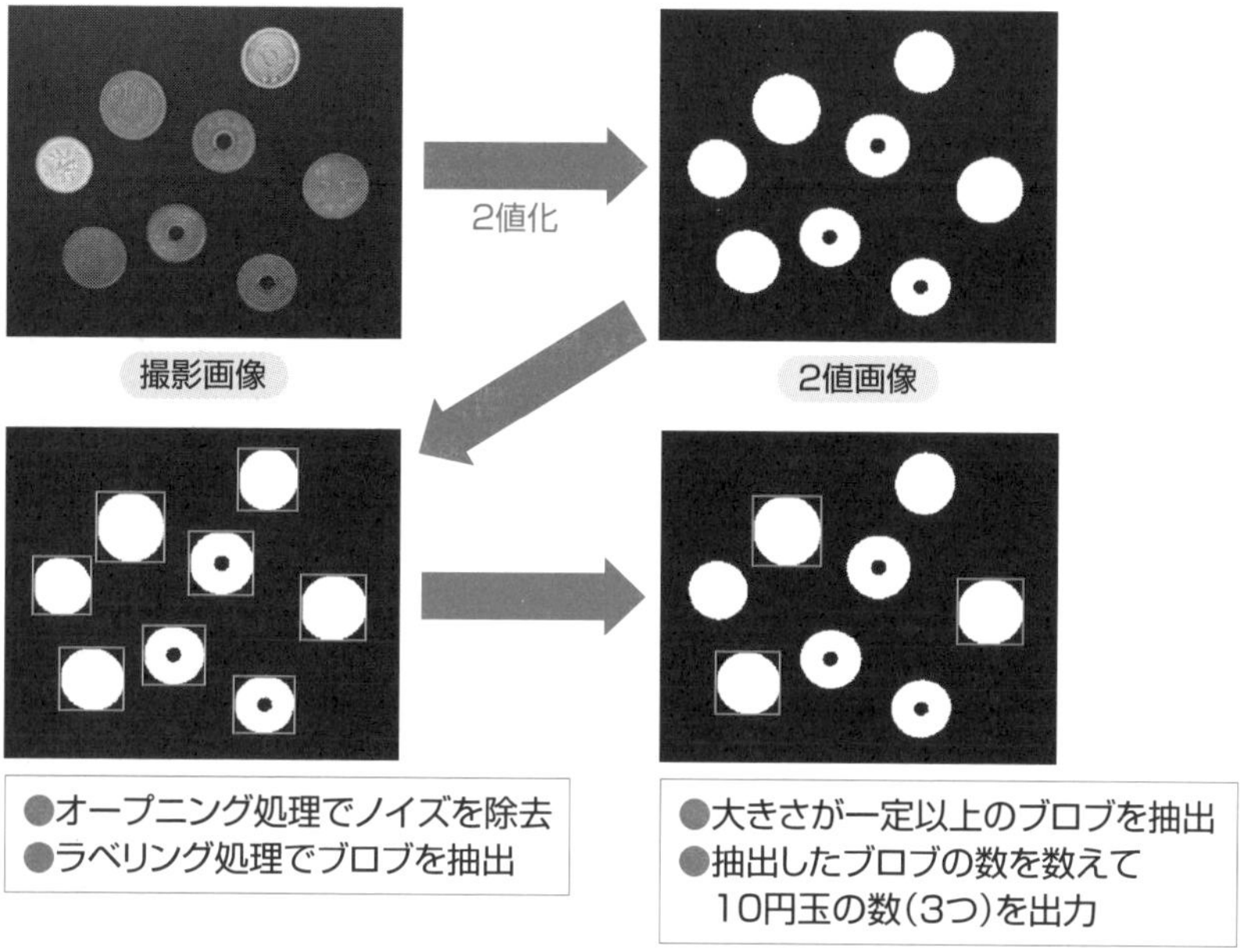
2値化
撮影画像
2値画像
●オープニング処理でノイズを除去
●ラベリング処理でブロブを抽出
●大きさが一定以上のブロブを抽出
●抽出したブロブの数を数えて
10円玉の数(3つ)を出力

図2 重なったコインの数を数える画像認識処理の例

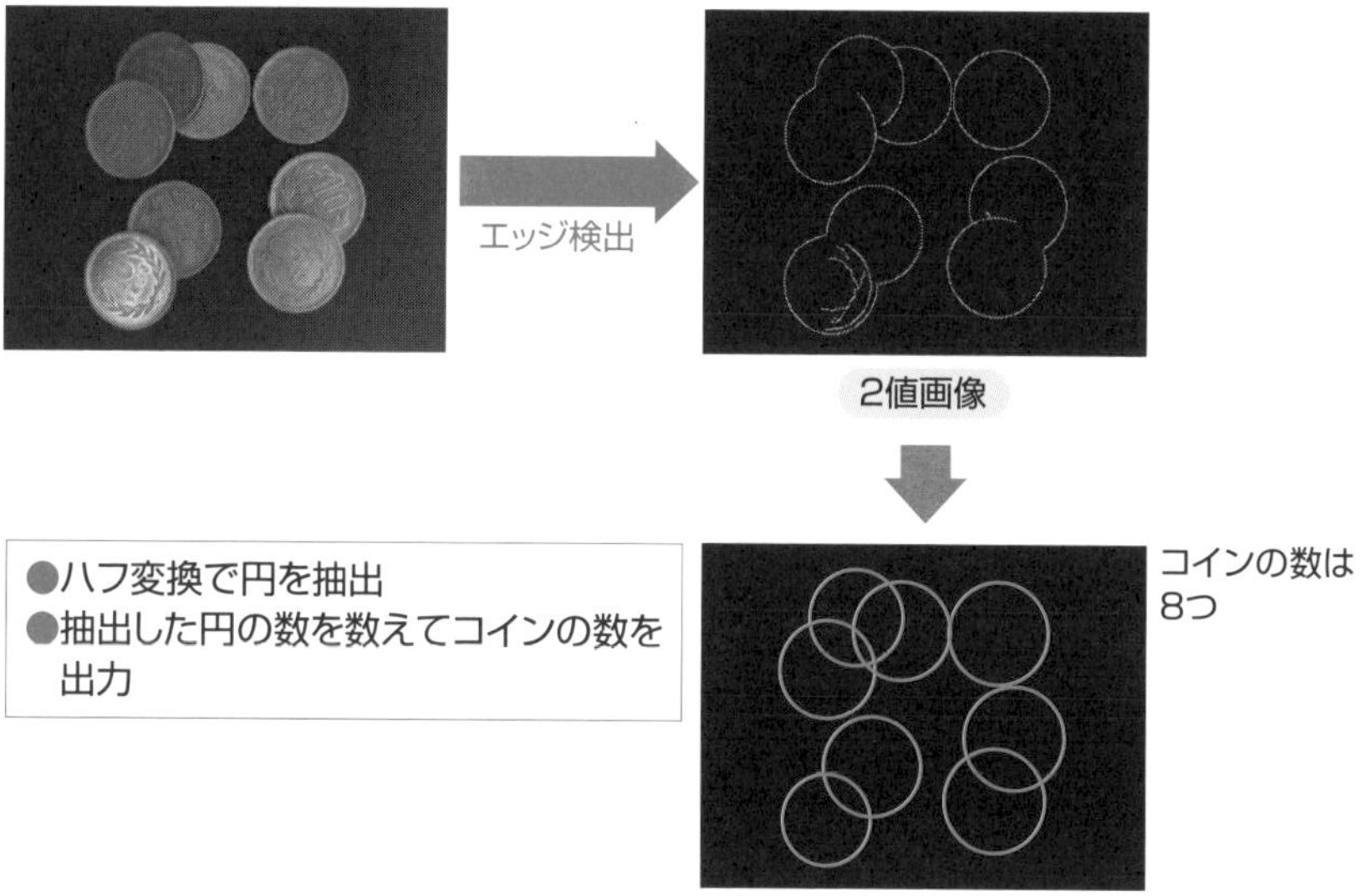
エッジ検出
2値画像
●ハフ変換で円を抽出
●抽出した円の数を数えてコインの数を
出力
コインの数は
8つ

用語解説

キャニー法：エッジ検出（物体の境界線を見つける）のための代表的な手法の一つ

Column

触って試す画像認識

画像認識や機械学習に関してインターネット上に触って試してみることが可能なさまざまなwebサイトが存在しています。これらのwebサイトでは、入力やパラメータを変えながら画像認識や機械学習を実際に実行したり、アルゴリズムの動作を体感したりすることができます。これらを体験することで本書の内容の理解も深まると思います。ぜひご活用ください。

https://teachablemachine.withgoogle.com/ では、カメラで撮影した画像や、あらかじめ用意した画像ファイルを入力することで、画像分類（63項）や姿勢推定（62項）に関して学習から予測まで簡単に試すことが可能です。

---

https://playground.tensorflow.org/ では、ニューラルネットワークの学習に関して、層数や活性化関数、学習率、学習データの量などさまざまなハイパーパラメータを変更しながら、学習過程とその結果を視覚的に確認することが可能です。

---

https://poloclub.github.io/cnn-explainer/ では、畳み込みニューラルネットワーク（51項）を用いた画像分類の実際の動きを、畳み込み層、プーリング層、全結合層など層ごとにグラフィカルに、かつインタラクティブに確認することが可能です。

---

https://thispersondoesnotexist.com/ ではＧＡＮ（56項）による現実の顔と区別がつかないレベルの実在しない人の顔画像生成結果を表示できます。リロードするたびに、ＧＡＮにより新たな顔画像が生成されます。

最後に、自分で画像認識処理を開発したい方は、はじめにGoogle Colaboratory（https://colab.research.google.com/）を利用すると便利です。ブラウザ上でPythonのプログラムを記述、クラウド上で実行できるため、自身のPCに開発環境を整備する必要がありません。処理装置としてGPU（69項）を利用することも可能です。

第3章

画像認識に用いる機械学習技術

29 画像認識と機械学習の関係

機械学習の概念と画像認識への応用

従来、画像認識処理は専門家が特定の課題に対応するアルゴリズムを作成する必要がありました。しかし、近年では大量のデータを用いた「機械学習」がその役割を果たすようになっています。この機械学習の利点は、特定の課題に対するアルゴリズムの設計が不要で、十分な学習データの量があれば、人間が作成したアルゴリズムよりも高い認識精度が期待できることです。

機械学習の概念図を図1に示します。機械学習の一つの例として、犬と猫の画像を分類するモデルを考えてみましょう。このような問題は2クラス分類問題と呼ばれ、それぞれの画像（データ）とその画像が犬か猫かを示す「正解ラベル」を使用して、予測モデルを構築します。このモデルは新しい画像が与えられた時、それが犬の画像なのか、猫の画像なのかを予測することができます。

このように、データを分類する予測モデルを「分類モデル」と呼びます。例えば、画像認識だけでなく、気温や湿度のデータから天気を予測するモデルも同様に構築できます。気温や湿度のデータと、その時の天気が雨か雪かを示す正解ラベルから学習データを作り、それをもとに「決定境界」を引きます。新しい気温と湿度のデータを入力すると、モデルはそれが雨と雪のどちらに対応するデータなのかを予測します。

これらの予測の手がかりとなるデータ、この場合は気温や湿度、あるいは画像の特徴などを「特徴量」と呼びます。これらの特徴量を組み合わせたものを「特徴ベクトル」と呼び、それを入力データとして学習や予測を行います。この特徴ベクトルが張る空間を「特徴空間」と呼び、その中で決定境界を求めることが、学習時に行っていることです。

以上のように、機械学習を用いることで適切なデータと正解ラベルをもとにさまざまな問題に対する予測モデルを構築することが可能となります。

要点BOX

- ●機械学習が画像認識の性能を向上
- ●データと正解ラベルから学習して予測モデルを構築

図1 機械学習の概念図

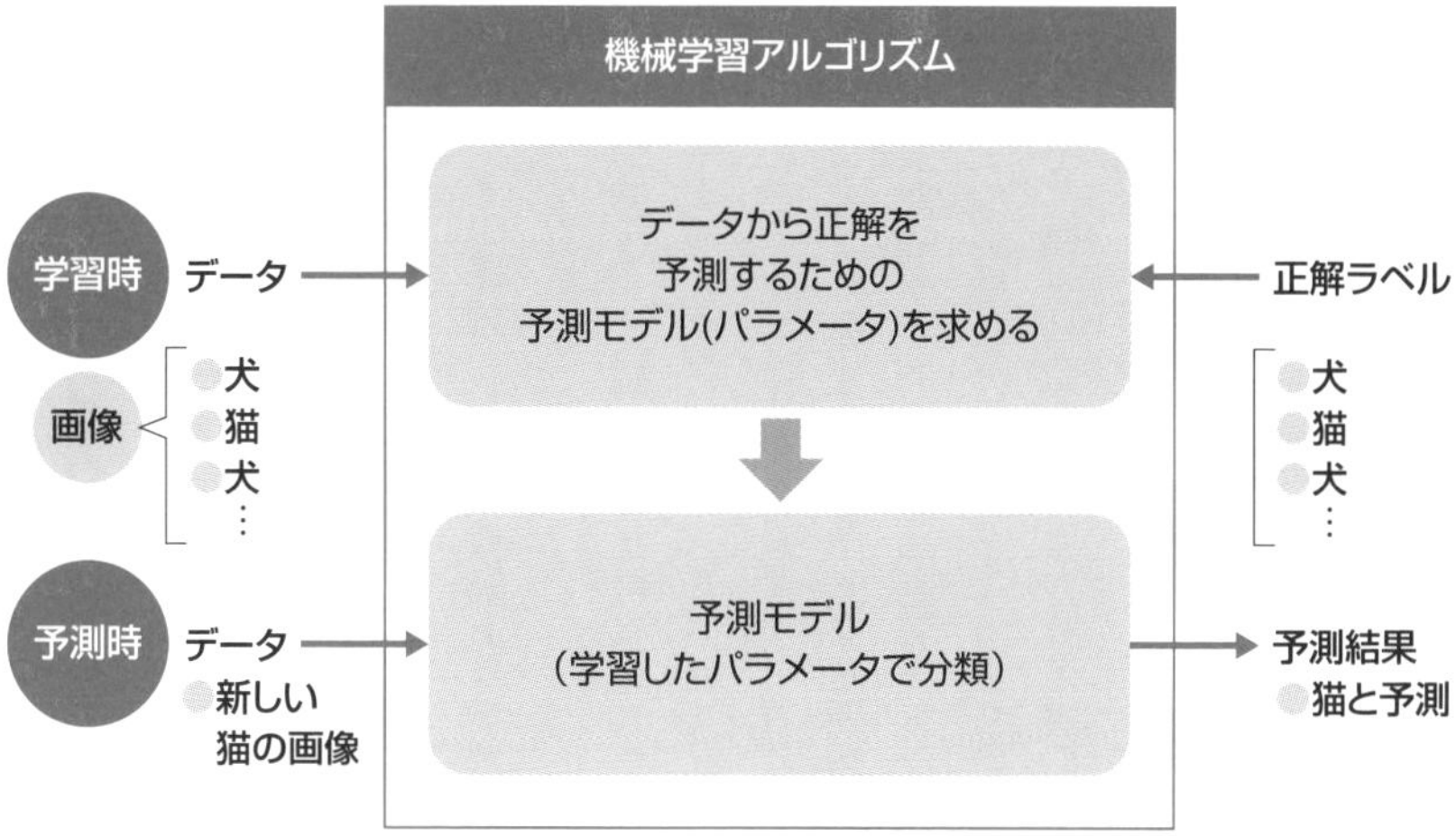

機械学習アルゴリズムはさまざまな種類が提案されている

図2 分類モデルの学習例

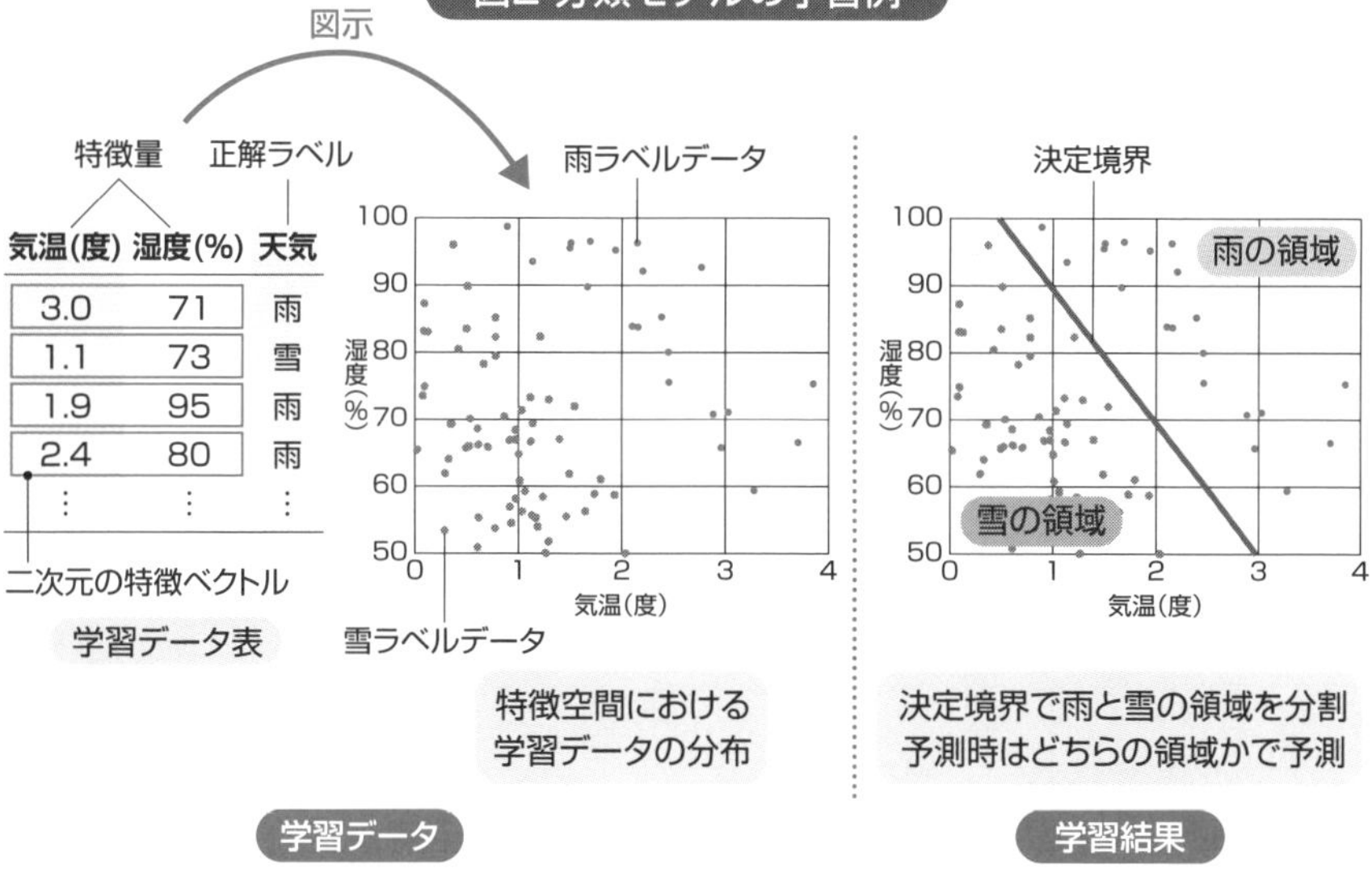

用語解説

クラス：犬、あるいは猫のような集合
分類モデル：データを分類する予測モデル
特徴量：予測の手がかりとなるデータ
特徴ベクトル：特徴量を組み合わせたデータ
特徴空間：特徴ベクトルが張る空間
決定境界：特徴空間におけるクラス間の境界線

30 機械学習の種類

学習データの種類と予測出力の種類による分類

機械学習は、学習データを用いてパターンを学び、そのパターンを用いて新しいデータに対する予測を行う手法です。その種類として、「教師あり学習」と「教師なし学習」があります。

教師あり学習は、正解ラベルが付与された学習データを用いてモデルを学習します。これには「分類問題」と「回帰問題」の二つのタイプがあります。分類問題は、データがどのクラスに属するかを予測する問題で、例えば画像が犬か猫かを判断する問題がこれに当たります。一方、回帰問題は、あるデータから数値を予測する問題で、例えば気象データから未来の気温を予測する問題がこれに当たります。

教師なし学習は、正解ラベルのない学習データから、データのパターンや構造を見つけ出す手法です。例えば、k-means法（24項）はデータのクラスタリングによく用いられる教師なし学習の一例です。この手法では、データの似ているグループを見つけ出すことができます。

また、教師なし学習の一つである次元削減は、データの情報を維持しつつ、より少ない特徴量の数に減らすことでデータの視覚化や解析を容易にします。

「教師なし異常検知」は、学習データとして「正常」なクラスのデータのみを扱い、その基準から逸脱した「異常」なデータを見つけ出す技術です。例えば、工場における製品の外観検査を考えてみましょう。ここでは、良品のみを写した画像を学習データとし、このデータを用いて学習を行います。この学習を経た後、予測時には新たに入力される製品画像が、学習データである良品の画像にどれだけ近いかを判断します。それにより、良品の基準から大きく逸脱した製品を不良品として特定できます。一般に工場では、良品と比べて不良品の数は極めて少なく、その結果、不良品のデータを集めること自体が困難であることが多いです。そのため、このような状況下で教師なし異常検知が有効に活用されます。

要点BOX

- 教師あり学習と教師なし学習が存在
- クラスへの分類は分類問題
- 予測出力が数値の場合は回帰問題

図1 機械学習の種類

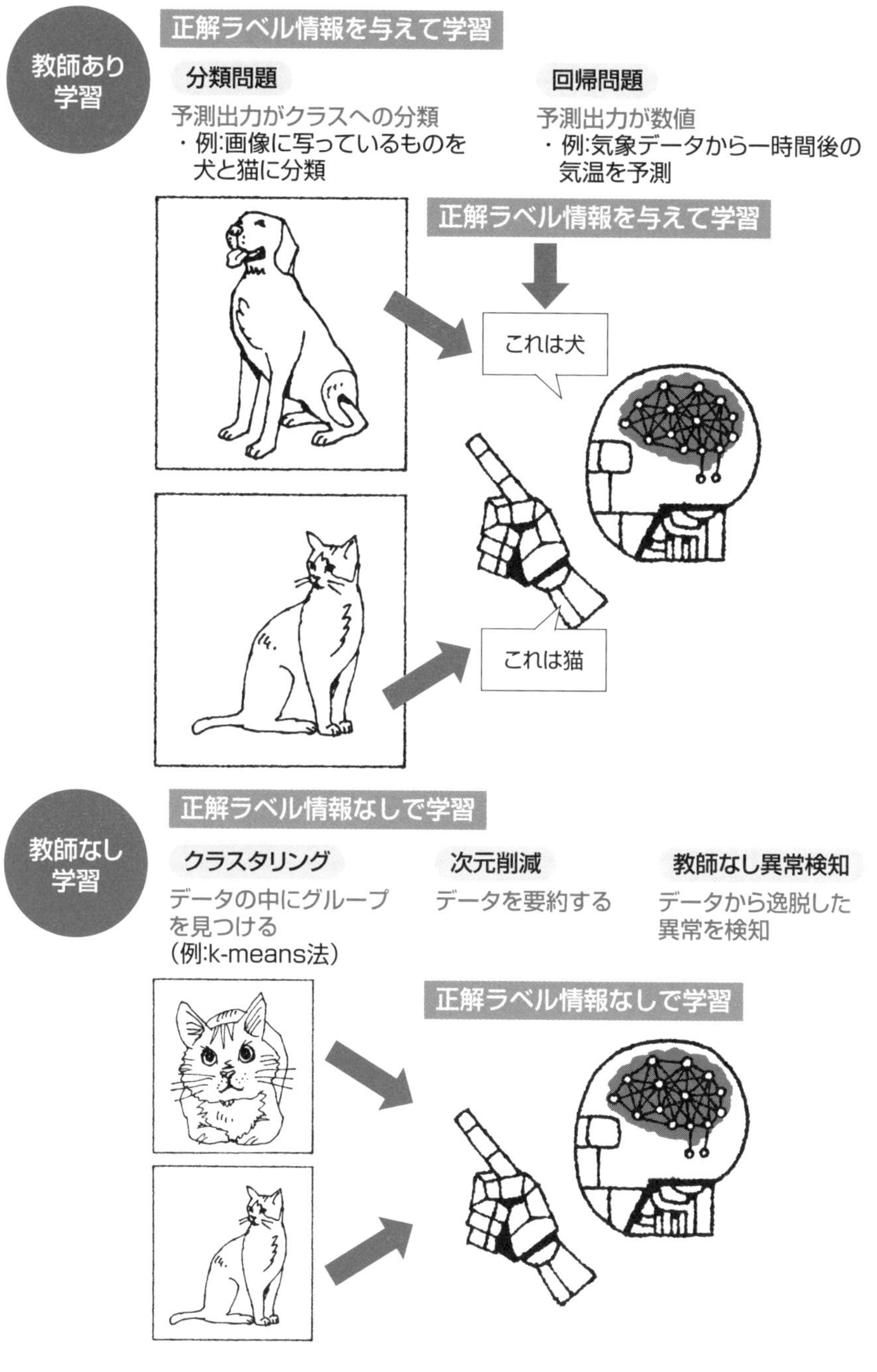
教師あり学習
正解ラベル情報を与えて学習
分類問題
予測出力がクラスへの分類
・例:画像に写っているものを犬と猫に分類
回帰問題
予測出力が数値
・例:気象データから一時間後の気温を予測
正解ラベル情報を与えて学習
これは犬
これは猫
教師なし学習
正解ラベル情報なしで学習
クラスタリング
データの中にグループを見つける
(例:k-means法)
次元削減
データを要約する
教師なし異常検知
データから逸脱した異常を検知
正解ラベル情報なしで学習

31 画像認識にどう使うのか？

機械学習を用いた画像分類処理の流れ

機械学習を活用した画像認識は、特徴抽出と決定境界の学習という二つの主要なステップから成り立ちます。例えば、図1に示されているような車両とそれ以外の画像を分類する場合を考えてみましょう。最初に、機械学習のための学習データとして、車両が写っている画像とその他の画像を多数用意します。次に、これらの画像を特徴量という数値に変換します。このステップを特徴抽出（35項）と呼び、画像の特徴を示す特徴ベクトルを生成します。

特徴抽出では、画像の色、模様、形状といった要素から特徴量を作成します。特徴抽出の手法は多岐にわたり、伝統的な手法から深層学習による特徴抽出まで、問題の性質やデータの量によって選択します。特徴ベクトルは、特徴量を組み合わせて画像内の物体の形状や色などの特徴を数値化したもので、画像データを特徴ベクトルに変換することにより機械学習アルゴリズムが扱える形となります。画像データにおける一つ一つの画素値をそのまま特徴量とするのでは、特徴量の数が多すぎるため、機械学習で適切な決定境界を求めるのは困難です。そこで、画像を少ない特徴量の数で適切に表現できるように、特徴抽出が行われます。

次に、決定境界の学習というステップが続きます。特徴ベクトルを入力として、機械学習アルゴリズムが車両とそれ以外のクラスを分ける決定境界を求めます。決定境界とは、分類問題において、異なるクラスを分離するための境界線のことを指します。以上の流れにより、機械学習を用いた画像分類が実現されます。特徴抽出で物体の特性を浮き立たせ、決定境界の学習で分類の基準を設けることで、未知の画像がどのクラスに属するのかを予測することが可能となります。

ここで紹介した車両の分類は一例で、例えば、製品の外観検査では、問いを「良品か不良品か」とすることで、同様の手法が使えます。

要点BOX

- ●特徴抽出で画像から分類のための良い特徴をとらえる
- ●機械学習は特徴ベクトルの決定境界を求める

図1　一般的な機械学習を用いた画像分類処理の流れ

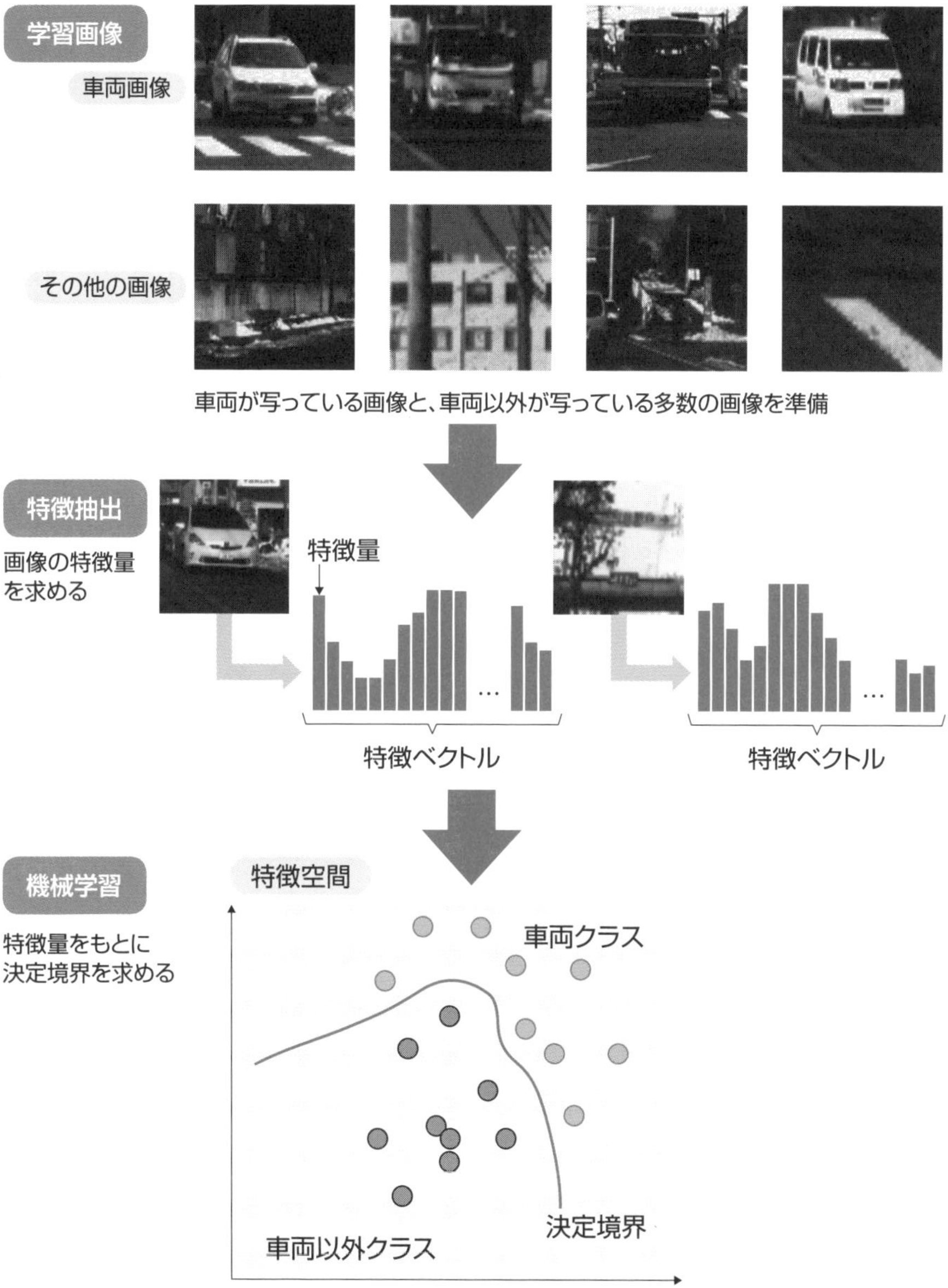

用語解説

特徴量：データの特性を数値化したもの。画像の場合、色や形、模様といった要素が特徴量となり得る
特徴ベクトル：特徴量を組み合わせたベクトル。機械学習の入力として使用される
決定境界：分類問題において、異なるクラスを分ける境界線のこと

32 機械学習に必要な画像データ

データの質と量、そしてラベル付け

機械学習を活用し、画像認識を行う場合、重要となるのが、機械学習に使用する「データ」の質と量です。また、それらのデータに対して正確な「ラベル付け」を行うことも大切です。

「ラベル付け」とは、画像に対して正解のラベルを付ける作業のことで、これにより機械学習モデルは何を学習すべきかを理解します。ただし、この作業は人間が行うため、見逃しや基準のずれによる誤りが生じやすいものです。それを防ぐためには、事前に統一した基準を設け、作業者間での十分な調整が必要です。このラベル付け作業は「アノテーション」とも呼ばれます。

機械学習モデルの性能を高めるためには、大量のデータが必要となります。しかし、データの準備は、画像の撮影やラベル付けといった作業が必要で、これらは思わぬコストと時間を要することがあります。また、対象によっては、十分な量のデータを集めることが困難な場合もあります。

ここで注意が必要なのが、データの「質」です。質の高いデータとは、実世界の多様性を反映した、バラエティ豊かでバランスの取れた、誤りのないデータのことを指します。例えば、工場の生産ラインで良品と不良品を分類する場合、不良品は良品に比べて少なく、データの偏りが生じやすいです。このような偏ったデータからそのまま学習すると、モデルは不適切な認識を行う可能性があります。

また、モデルの性能を評価するためには、学習に使用するデータとは別に「テストデータ」も必要となります。

最後に、「過学習」について触れておきましょう。過学習とは、機械学習モデルが学習データに過度に最適化し、新しいデータに対する予測性能が低下する現象を指します。これを防ぐためには、学習データの量の確保が重要となります。

要点BOX

- ●機械学習に使用するデータは「質」も「量」も重要
- ●ラベル付けには統一基準が必要

図1　学習用データ収集の課題

正確なラベル付け

高い精度を出すためには正確なラベル付けが必要

- ラベル付けの際の見逃し
- 複数人でのラベル付けの際の基準ずれ

大量データの準備

高い精度を出すためには、表現力の高い大規模な機械学習モデルを使いたいが、そのためには大量の学習データが必要

- 大量の学習データの作成には大きなコストがかかる
- 対象によっては大量にデータを集めることが難しい

良品が多く、不良品は少ない
不良品のデータが不足しがち

用語解説

過学習：機械学習モデルが学習データに過度に最適化し、新しいデータに対する性能が低下する現象

33 データの品質を向上させる

機械学習に向けたさまざまなデータ前処理

機械学習におけるデータの前処理は、効果的な学習結果を得るための重要なステップです。この過程の一つを「データクレンジング」と呼びます。これにより精度の高い学習結果が得られます。データクレンジングでは、欠損値の補完、外れ値の削除または補正、表記揺れや重複データの削除など、データの信頼性と整合性を保つための作業を行います。

画像認識に向けた学習に用いる画像データに対しては、例えば対象物が画像中に部分的にしか映っていない、明るさや色味が過度に歪んでいるといった適切でない画像の除去が推奨されます。

また、誤ったラベルが付けられているデータの修正も重要です。ラベル付けのミスは混乱を招き、誤った学習を促す可能性があるためです。

さらにデータの前処理においては、「リーケージ」と呼ばれる問題にも注意を払う必要があります。リーケージとは、学習データに本来含めてはいけない情報が含まれてしまう現象のことを指します。

これはモデルが本来学習すべき内容とは異なる情報を学習してしまう可能性があるため、重大な問題となり得ます。例えば、画像を用いて良品と不良品を分ける課題において、不良品画像のみ「不良品」のシールが見えている場合などがこれに該当します。このような場合、そのシールを見て良否を判断できるため、モデルは実際の製品の良否ではなく、シールの有無を学習してしまいます。

また、データ中のクラスごとの数が大きく異なる「不均衡データ」も考慮しなければなりません。この状態では、データ量の多いクラスに対する学習が主導的になり、少ないクラスについては適切に学習されにくくなります。これを解決するためには、例えば少ないクラスのデータを増やす「オーバーサンプリング」や多いクラスのデータを減らす「アンダーサンプリング」といった手法があります。

要点BOX

- ●データクレンジングによりデータ品質を向上
- ●リーケージに注意
- ●不均衡データは調整が必要

図1　データクレンジングとリーケージ

データクレンジング

データの品質を上げる

- 欠損値、外れ値、表記揺れ、重複データなどの対応
- 適切でないデータの除去
- 誤っているラベルの修正　など

リーケージに注意

リーケージとは
学習データに本来含めてはいけない情報が入ること

図2　不均衡データの取り扱い

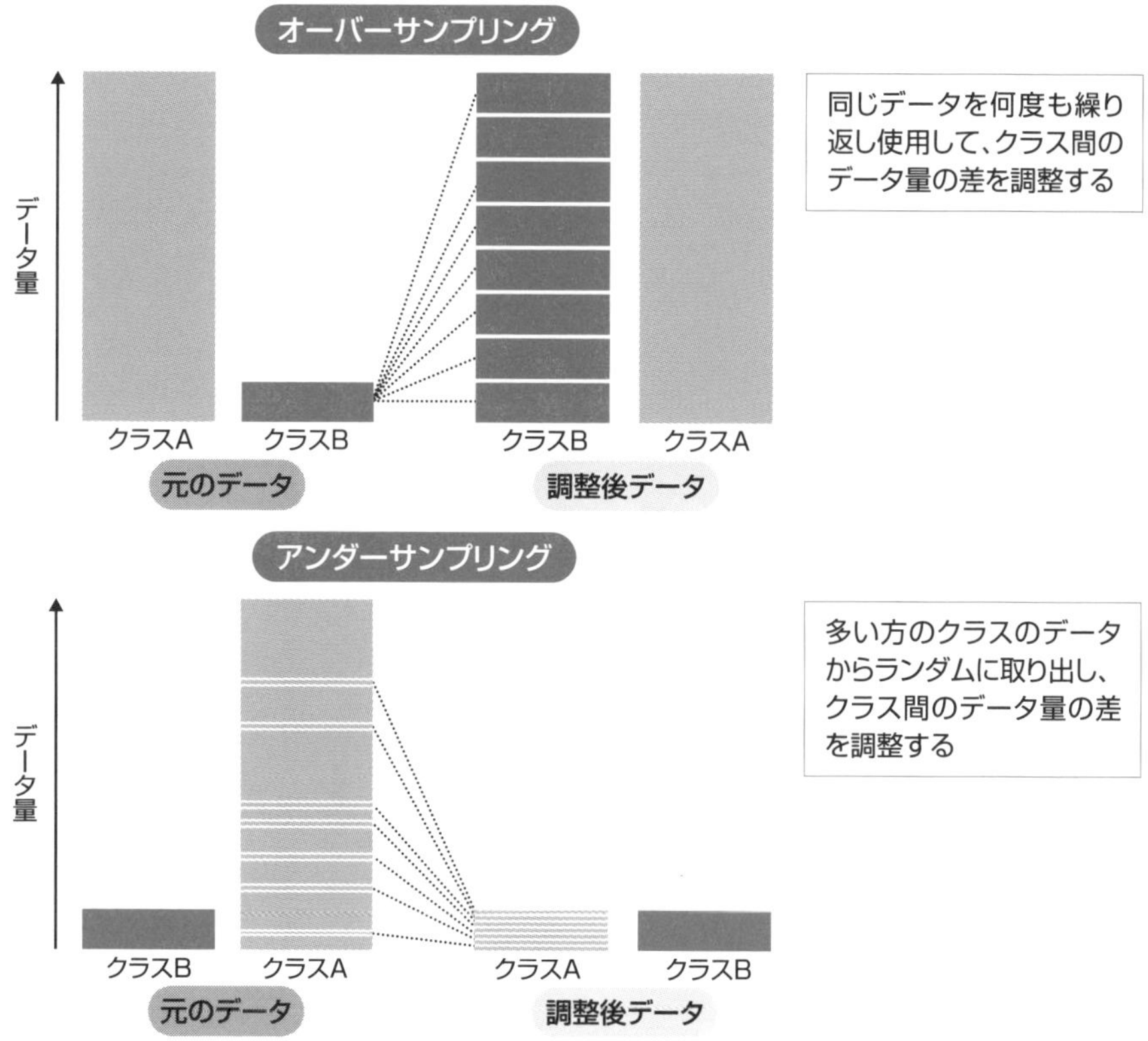

用語解説

欠損値：データが欠けている状態
外れ値：他のデータから大きく離れた値
表記揺れ：同じクラスのデータが異なるラベルで表現されている状態

34 学習データのテクニック

データの拡張や効率の良いラベル付け方法

機械学習を用いた画像認識の分野では、多数の画像データが必要とされます。これらの画像データは、アルゴリズムが特徴を学習し、新たなデータに対する予測を行う基盤となります。しかし、大量の画像データを取得、収集し、それぞれに適切なラベルを付ける作業は、膨大な時間とコストを必要とします。

そこで登場するのが、「データ拡張」です。データ拡張とは、既存の画像データに対して平行移動、拡大／縮小、回転などの処理を施すことで、新たな学習データを作り出す手法のことを指します。これにより、限られた元のデータから多角的に学習することが可能となり、結果として機械学習モデルの未知のデータに対する予測能力が向上します。

ただし、データ拡張には限界も存在します。この手法は既存のデータから擬似的に新たなデータを作り出すものであるため、対象物の形状や特徴自体のバリエーションが増えるわけではありません。

また、ラベル付けの作業を効率化するための手法として、「アクティブラーニング」があります。分類問題における機械学習では、データがどのクラスに属するのかを決定する境界（決定境界）を見つけることが重要となります。そのため、この決定境界に近い、つまり分類が曖昧になりやすいデータに対してラベル付けを優先的に行うことが推奨されます。

具体的な手法としては、はじめに一部のラベル付けされた学習データを使用して初期のモデルを学習します。その後、この初期モデルを使用して全体のデータを分類し、分類結果が曖昧となったデータを選択してラベル付けを行います。次に新たにラベル付けしたデータも使用して再度モデルの学習を行います。このプロセスを繰り返すことで、効率的なラベル付けが可能になります。

こうした方法を活用することで、データの収集とラベル付けのコストを削減することが可能です。

要点BOX

- 同一画像から新たな学習データを作成
- アクティブラーニングは重要なデータに焦点を当てた効率的なラベル付け

図1　データ拡張

擬似的にデータを増やす
●並行移動
●拡大縮小
●回転
●反転
●輝度変更
など
元画像
反転
拡大
輝度変更

図2　アクティブラーニング

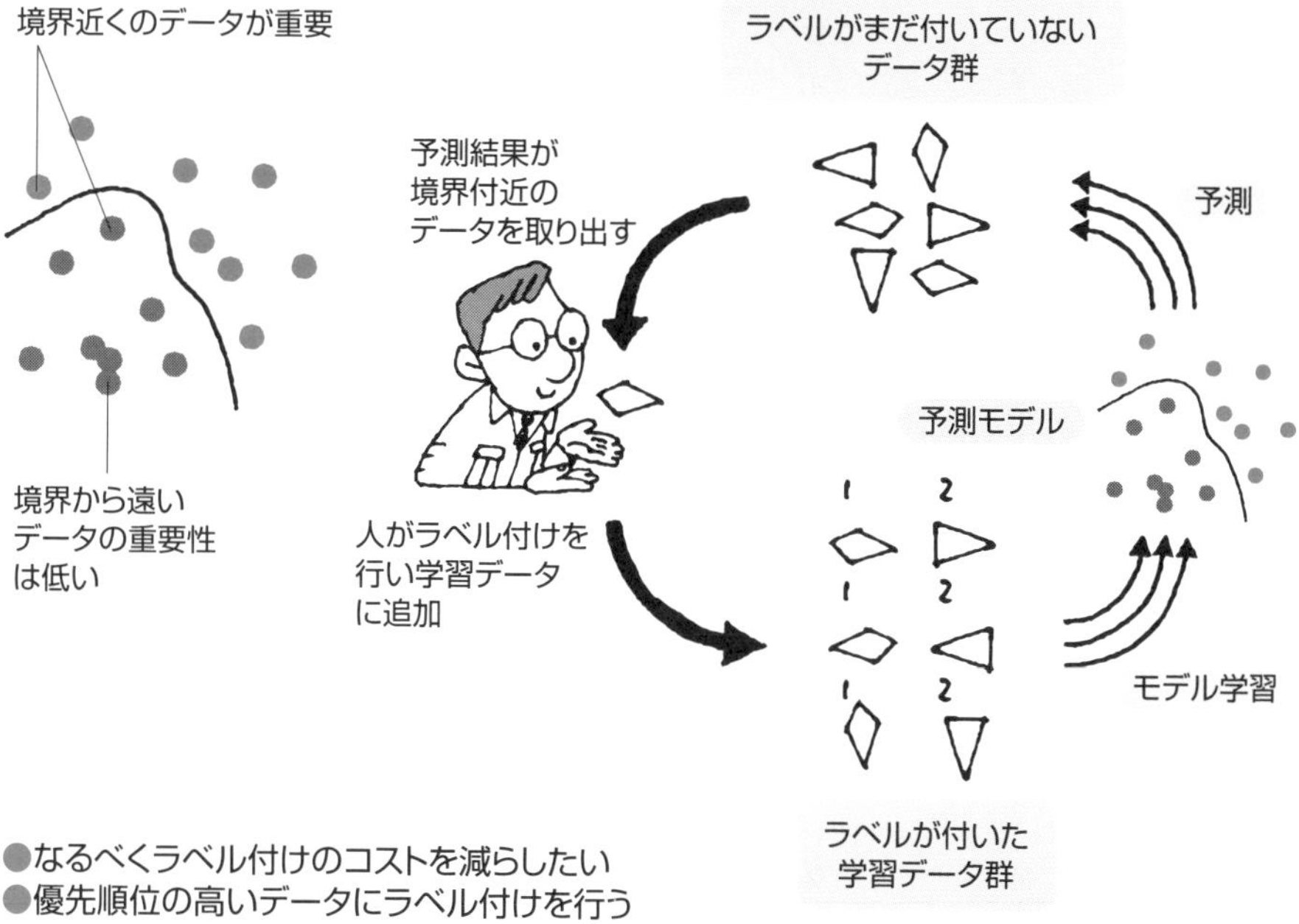
境界近くのデータが重要
境界から遠いデータの重要性は低い
予測結果が境界付近のデータを取り出す
人がラベル付けを行い学習データに追加
ラベルがまだ付いていないデータ群
予測
予測モデル
モデル学習
ラベルが付いた学習データ群
●なるべくラベル付けのコストを減らしたい
●優先順位の高いデータにラベル付けを行う

35 画像を読み解く鍵

特徴抽出

画像認識において重要な技術の一つが「特徴抽出」です。画像データは、大量の画素情報から成り立っています。この大量の画素を全て一つ一つの特徴量として扱うと、データの特徴量の数が非常に多くなります。しかし、特徴量の数が増えると、学習時にうまく「決定境界」を機械学習で求めるのが難しくなります。そのため、特徴抽出が重要となります。

特徴抽出とは、無数の画素の中から、それが何を示しているかを説明するために重要な情報を見つけ出し、その情報を表現するための数値（特徴量）を抽出することを言います。例えば、猫と鳥の画像を分ける場合、単純に画像のある一画素の値ではなく、羽があるかどうかといった特徴を利用したほうが良いのは直感的に分かると思います。これは有効な手がかりとなる適切な「特徴量」の例です。

画像用の特徴量は色々なものが提案されており、「HOG（Histogram of Oriented Gradients）特徴」や「Haar-like特徴」（61項）などがあります。

HOG特徴は、画像の形状情報を捉える特徴量です。具体的には、画像を一定の大きさの領域に分割し、その中の勾配方向のヒストグラムをもとに特徴ベクトルを求めます。この方法により、物体の形状を少ない特徴量の数で上手く抽出できます。

図2にHOG特徴の概念図を示します。図から分かるように、HOG特徴は、元の画像の詳細は保っていませんが、大まかな物体の形状という大切な情報は保存されています。これにより、形状に関する情報が必要な画像認識の課題に適しています。例えば、人検出（62項）などの課題では、人の形状を特定することが重要なため、HOG特徴はとても有用です。

一方、深層学習（4章）では、特徴抽出の過程自体も学習します。それには大量の学習データが必要ですが、これにより特定の問題に対して最適な特徴抽出の方法を自動的に見つけることが可能となります。

要点BOX

- 必要な情報を抽出して少ない数の特徴量で表すのが特徴抽出
- HOG特徴は画像の形状概要を記述

図1　特徴抽出

うまく対象を認識するための特徴を取り出す ➡ 特徴抽出

特徴抽出に求められる点

- 課題の解決に必要な特徴を抽出
- 外乱の影響を低減
- データ表現に必要な特徴量の数を削減

図2　HOG特徴

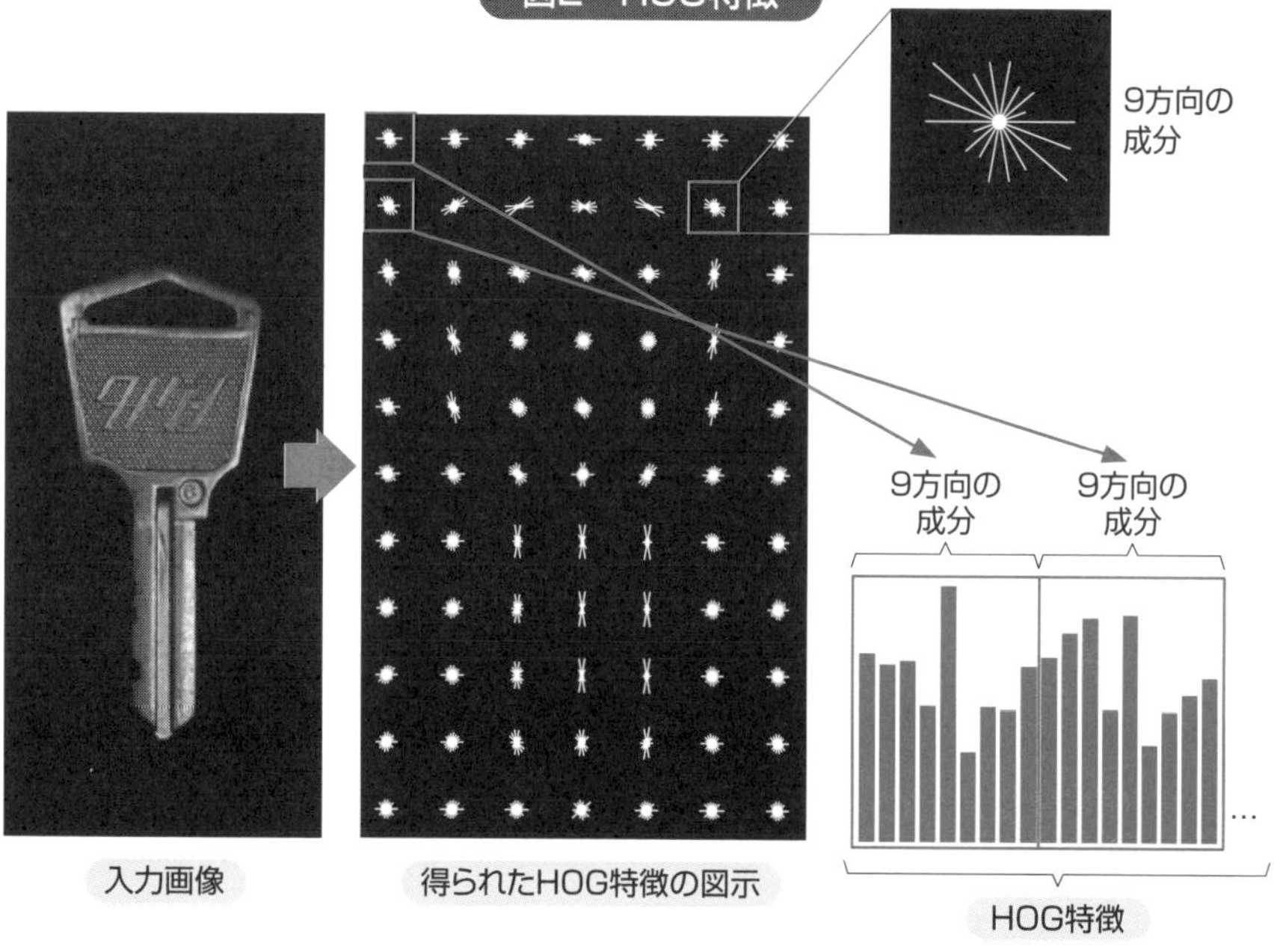

36 機械学習アルゴリズム

多様な手法とその選択基準

機械学習アルゴリズムとは何か、どのように機能するのかを理解することは、機械学習を効果的に利用するために重要です。

機械学習アルゴリズムは多種多様で、それぞれが異なる特性や適用範囲を持ちます。深層学習（4章）のほかにもk近傍法（37項）、サポートベクターマシン（38項）、決定木（39項）、ランダムフォレスト（39項）など、多くのアルゴリズムが存在し、それぞれに有用な場面があります。

一般に、深層学習は高精度な予測を行うことが可能ですが、大量のデータが必要であり、また学習結果の解釈が難しいという課題があります。さらに、必要な計算量が大きいという特性も持ちます。そのため、深層学習が全ての状況で最適な選択とは限りません。

具体的な選択基準としては、学習に必要なデータ量、学習・予測速度、汎化性能（未知のデータに対するモデルの予測性能）、学習結果の解釈可否などが考慮されます。

学習結果が単純なものは「ホワイトボックス型ＡＩ」とも呼ばれ、人間が学習された結果を解釈することができますが、複雑なモデルは「ブラックボックス型ＡＩ」と呼ばれ、学習された結果を人間が簡単には解釈できません。そのため、予測結果の根拠が必要な場合、予測性能が劣っていても単純なモデルが使われる場合もあります。

また、モデルの複雑さと汎化性能の関係について理解することも重要です。一般に、パラメータ数が多い複雑なモデルは、学習データに対する誤差を小さくすることが可能です。しかし、その反面、新たなデータに対する予測性能が低下する、過学習という問題が生じやすいです。これに対して、パラメータ数が少ない単純なモデルは、学習データに対する適合度は低いものの、過学習を起こしにくいという特性があります。

要点BOX

●さまざまな機械学習のアルゴリズムが存在
●課題により使い分けることが望ましい

図1　機械学習アルゴリズムの一例

k近傍法

サポート
ベクターマシン

決定木

ランダムフォレスト

深層学習
(ニューラルネットワーク)

ほかにも
さまざま存在

課題や条件に応じて適切なものを選択
(必要なデータ量、速度、汎化性能 など)

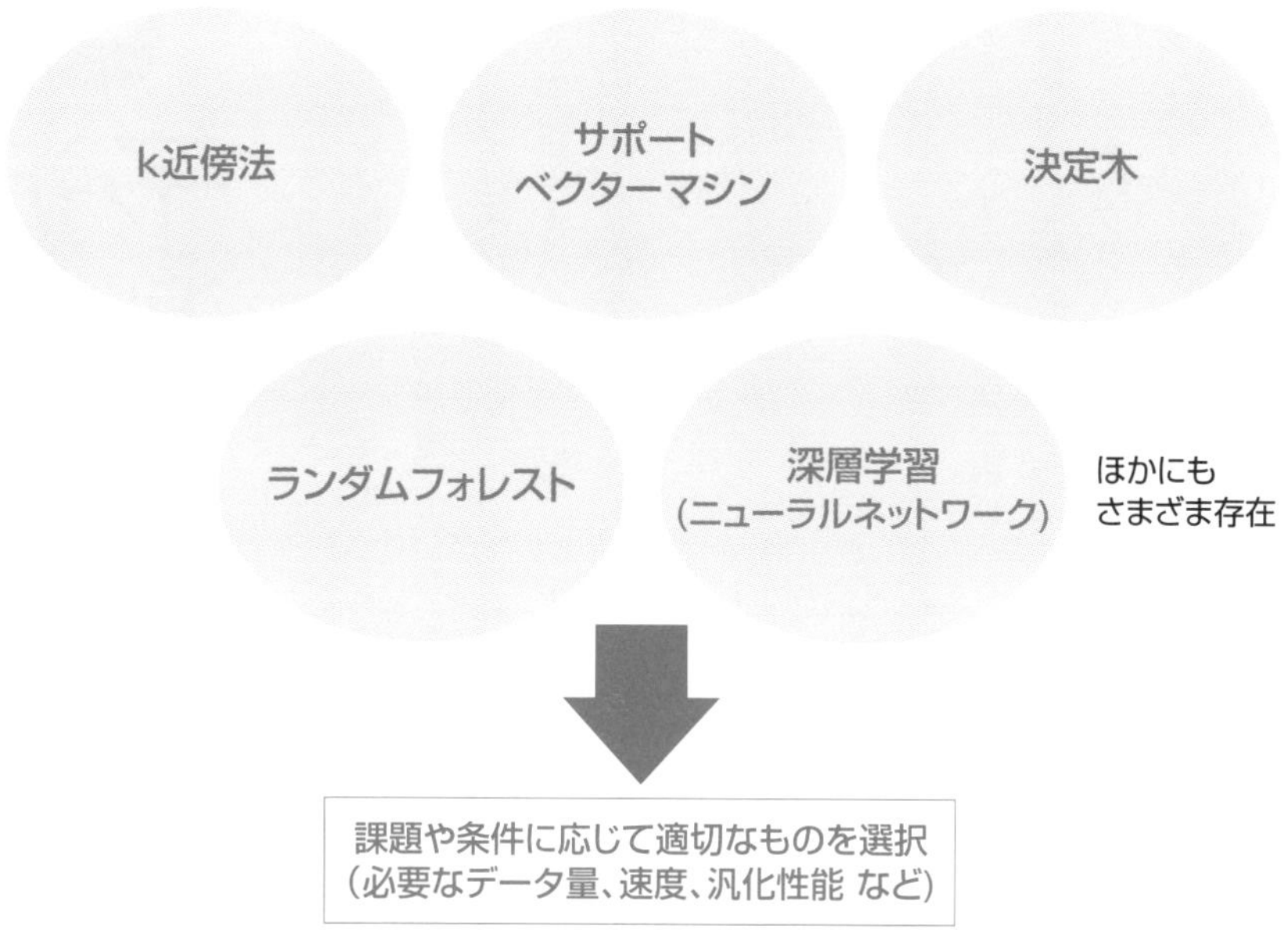

図2　大規模モデルと小規模モデルの特性

大規模
モデル

複雑な関係を学習できる反面、学習されるパラメータ数
が多く過学習しやすい傾向

一般的に大量のデータがある場合に適する

小規模
モデル

複雑な関係は学習できないが、学習されるパラメータ数
が少なく過学習しにくい傾向

人間が学習結果を理解しやすい

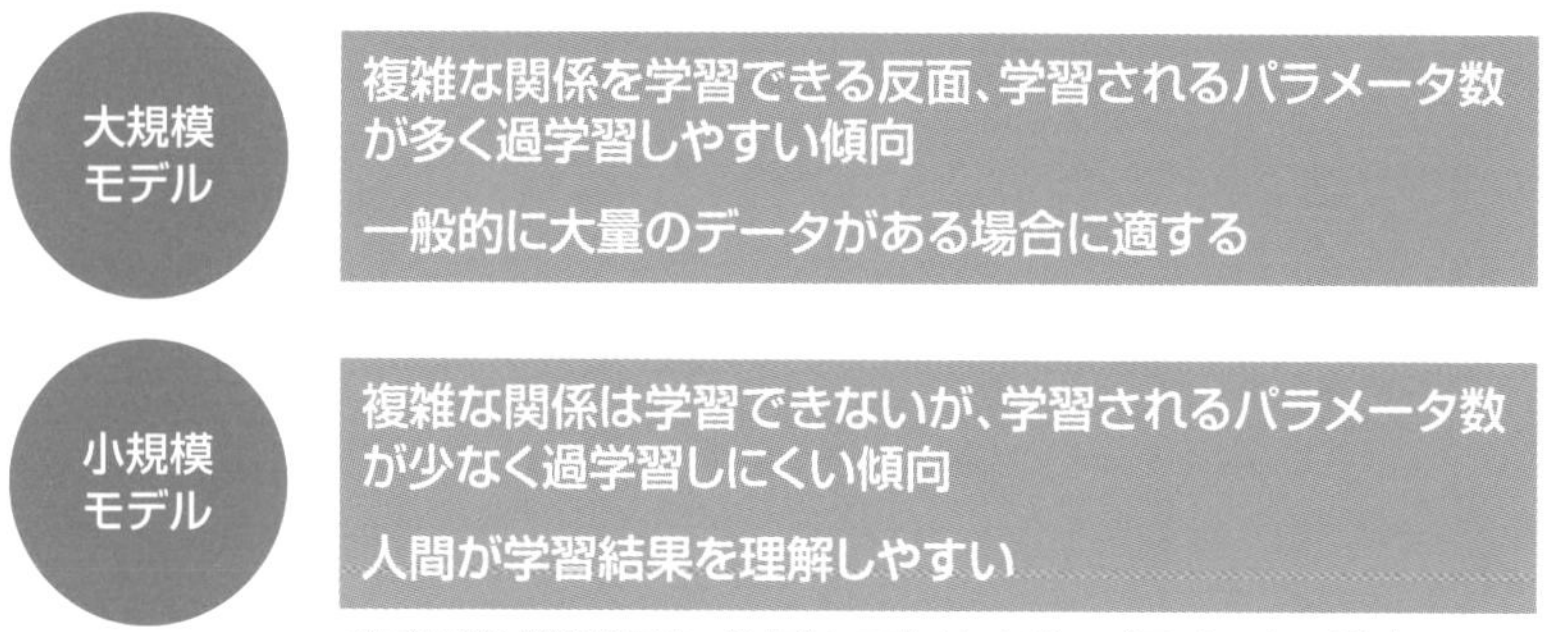

※同じ機械学習アルゴリズムでもハイパーパラメータの設定で
モデルの規模が調整可能な場合もある

用語解説

汎化性能：未知のデータに対するモデルの予測性能
ハイパーパラメータ：機械学習アルゴリズム自体のパラメータ

37 近いデータから予測する

「k近傍法（k-Nearest Neighbor）」は、原理が分かりやすい機械学習分類モデルの一つです。その理由は、人間がデータを分類する際の思考に近い挙動を持つからです。この方法では、新しいデータを分類する際に、既存の学習データの中から「近傍」のデータを探し出し、そのデータが属するクラスをもとに予測を行います。

考え方を具体的に理解するために、図1の二次元の特徴空間で表現される二つのクラスを見てみましょう。ここでは、学習データの二つのクラスをそれぞれ、●と■で示しています。課題は新たなデータ▲のクラスを予測することです。k近傍法を用いると、新たなデータ▲に最も近いk個のデータを調べ、その中で最も多いクラスを▲のクラスと予測します。これを「多数決」と言います。

例えば、k＝3の場合、▲に最も近い三つのデータが●二つ、■一つならば、▲はクラス●に分類されます。つまり、予測は近傍データの「多数決」によって行われます。

特別なケースとして、kが1の場合は「最近傍法」と呼ばれ、最も近い一つの学習データと同じクラスと予測されます。また、同票で判定が難しい場合を避けるため、kは通常奇数が選ばれます。これは、奇数ならば投票で同数になることがなく、明確な「勝者」が必ず出るからです。

しかし、k近傍法にはいくつかの注意点があります。一つは、全ての学習データと予測するデータとの距離を計算する必要があるため、学習データの量が多い場合、計算時間が大幅に増えることです。また、すべての学習データを保持する必要があるため、メモリ容量も必要となります。

k近傍法は単なる分類問題だけでなく、近傍データとの距離をもとにした異常検知にも応用可能です。

要点BOX

●k近傍法は直感的な分類アルゴリズム
●近い学習データと同じクラスを出力する

図1　k近傍法

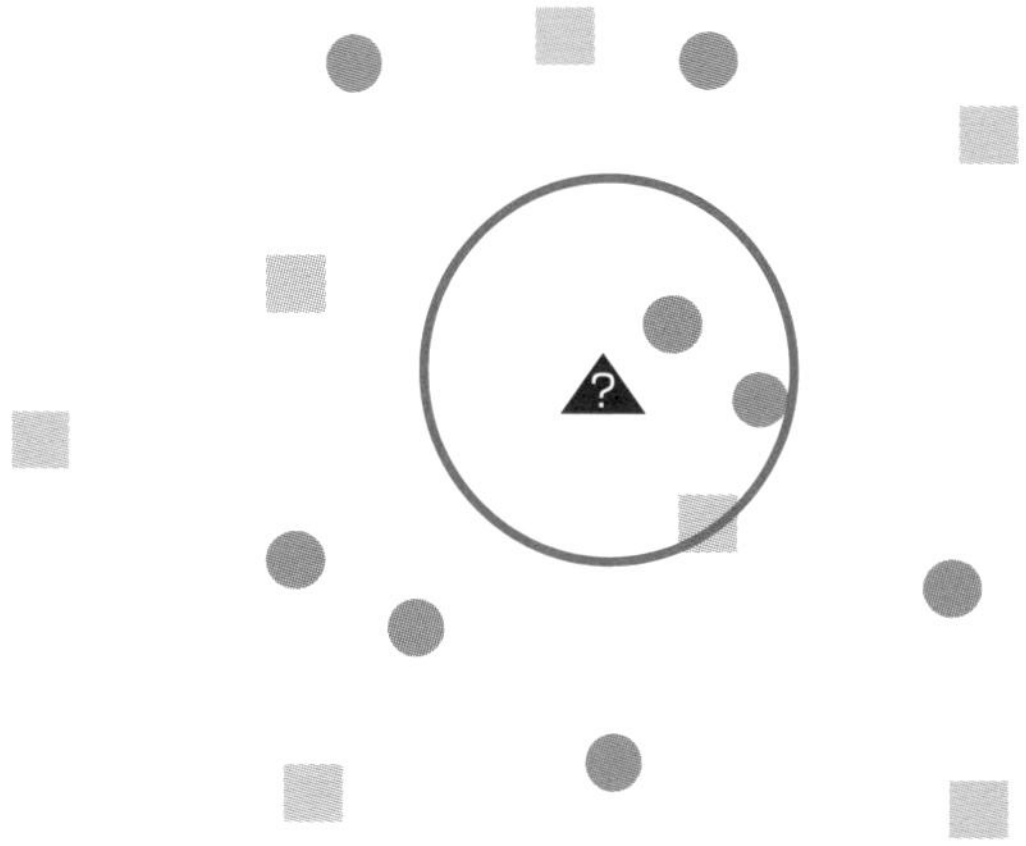

最近傍法では▲に一番近いのは●なので
▲の予測は●となる

k=3の近傍法では最も近い3つは
●2つ、■が1つなので
▲の予測は多数決で●となる

図2　k近傍法の特徴

●原理が分かりやすい機械学習分類モデルの一つ

●最近傍法（k近傍法においてk=1の場合）
特徴空間で入力データと最も近い学習データの正解ラベルを予測とする

●k近傍法
入力データに近い方からk個の学習データの正解ラベルのうち、
多数決の結果を予測として出力

38 余裕を持つように境界線を引く

サポートベクターマシン

データをどのクラスに分類するかを予測する問題を「分類問題」と呼びますが、この分類問題に対して、機械学習のアルゴリズム「サポートベクターマシン」(SVM)は一つの解決策となります。その特徴は、「マージン最大化」の考え方に集約されます。

「マージン最大化」とは何か、具体的な例を用いて説明しましょう。図1は二つのクラスを持つ学習データに対する決定境界を示しています。AとBの二つの引き方があるとして、どちらが良い決定境界でしょうか?学習データの●と■に対しては、どちらの決定境界でも二つのクラスの学習データは完全に分離できています。

しかし、決定境界Aでは、もし入力データ▲が少しでも右側に存在した場合、データXに近い位置にあるのに、誤ってデータYと同じクラスと判定してしまいます。そのため、予測の誤りが少なくなるもっと上手な決定境界の引き方がありそうです。対して、クラスの境目にあるデータXとデータYの中間あたりを通る決定境界Bでは、多少入力データ▲の位置が変化しても結果が変わらず、より安定した予測ができそうです。

サポートベクターマシンはこのような観察に基づき、決定境界と最も近いデータ点(サポートベクター)との距離、つまり「マージン」を最大化するように学習します。これにより、未知のデータの位置が少しずれたとしても、予測結果が変わらず安定した予測を得ることができます。

また、サポートベクターマシンでよく使われる「カーネル法」は、データの形状が複雑で直線の決定境界ではうまく分類できない時、特徴空間を別な空間に変換し、その空間で決定境界を引くことで、決定境界を直線以外の複雑な形状とすることを可能にします。

要点BOX

- ●マージンが最大となるように決定境界を引く
- ●未知のデータに対しても性能を確保

図1 サポートベクターマシンにおける決定境界

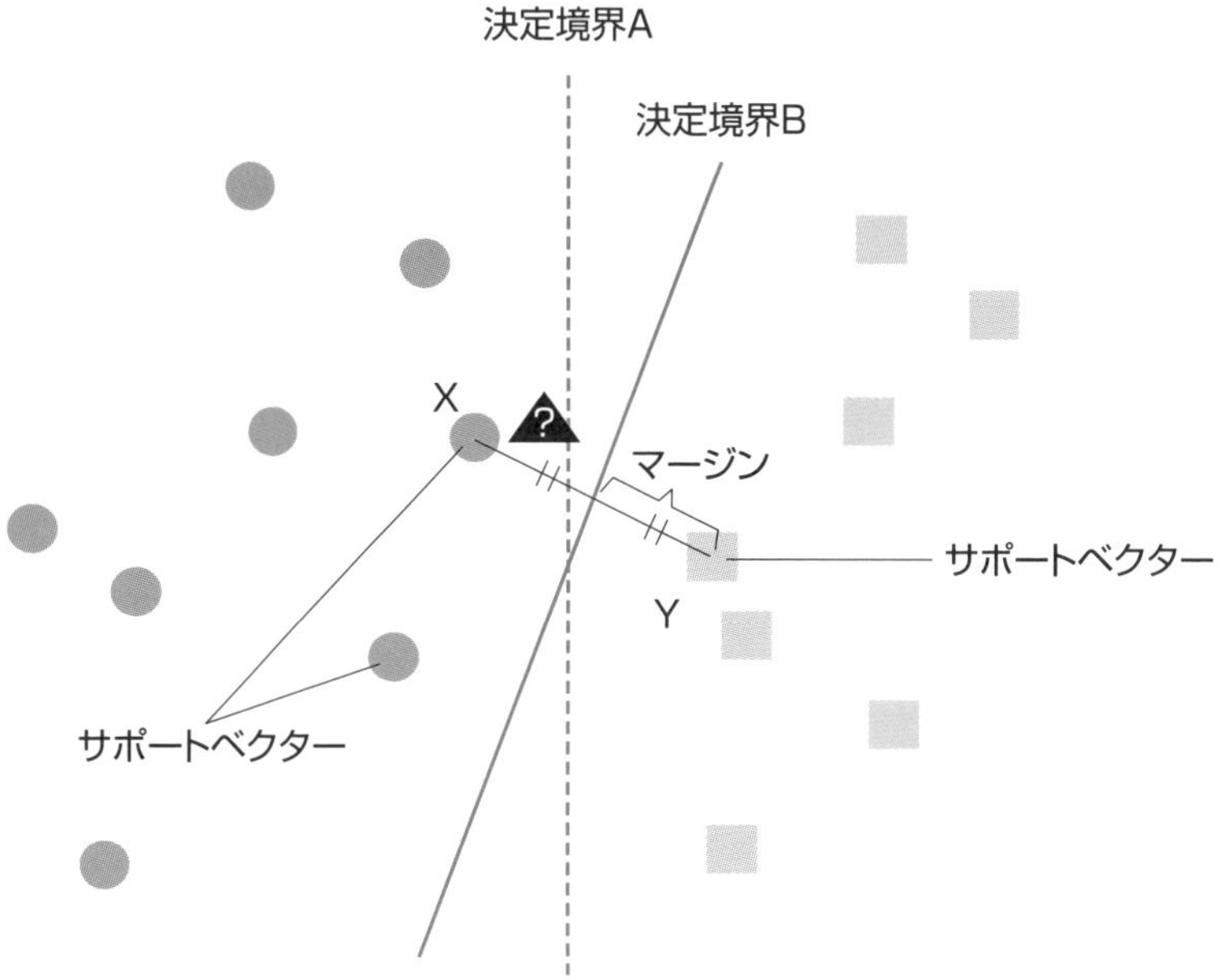

図2 サポートベクターマシンの特徴

- サポートベクターを分離するためのマージンが最大となるところに決定境界を引く
- 汎化性能に優れた予測モデルを得られる
- カーネル法を用いることで曲面の決定境界も作れる

39 樹形図で予測する

決定木

「決定木」とは、特徴量に基づいた条件で分岐を行い、その結果から予測を導く機械学習モデルの一種です。この分岐は樹形図により可視化可能であり、それぞれの特徴量がどのように予測に寄与しているのかが明確になります。この透明性が決定木の大きな魅力です。

具体的な例を挙げてみましょう。気象予測の決定木を考えてみます。この予測では気圧、温度、湿度が特徴量として使われます。図1の決定木では、最初に気圧が９８０hpaより小さいか否かを確認し、その結果が「Ｙｅｓ」であれば、次の質問、すなわち温度が０度より小さいか否かを確認します。その質問が「Ｎｏ」であれば最終的に「雨」を予測します。

決定木の学習では、どの特徴量をどの分岐で使用するか、そしてそれぞれの分岐における条件分岐のしきい値を決定します。しかし、決定木一本での予測は過学習に陥りやすく、汎化性能が高くないという課題があります。そこで、この課題を解決するための手法として、「アンサンブル学習」があります。

アンサンブル学習は、複数の「弱学習器」（単体では精度が低いモデル）を組み合わせることで全体としての予測性能を向上させる方法です。個々の決定木が持つ偏りや過学習の問題を複数の学習器で補い合い、より一般化された強い学習器を形成します。

人間でも多彩な考えの人の意見をもとに、多数決を取った意見は全体から見て正しい場合が多いのと同じような考えです。

アンサンブル学習を用いた決定木モデルである「ランダムフォレスト」では使用する学習データや特徴量の選択にランダムさを持たせた状態で複数の決定木を学習することにより、異なる複数の決定木を得ます。予測時にはそれら複数の決定木の出力に関して多数決をとり、全体の予測結果とします。ランダムフォレストは決定木単体より予測性能が高いほか、計算速度が比較的高速なためさまざまな用途に使用されます。

要点BOX

- ●樹形図で予測するのが決定木
- ●分岐で使う特徴量としきい値が学習結果
- ●アンサンブル学習により予測性能が向上

図1 決定木

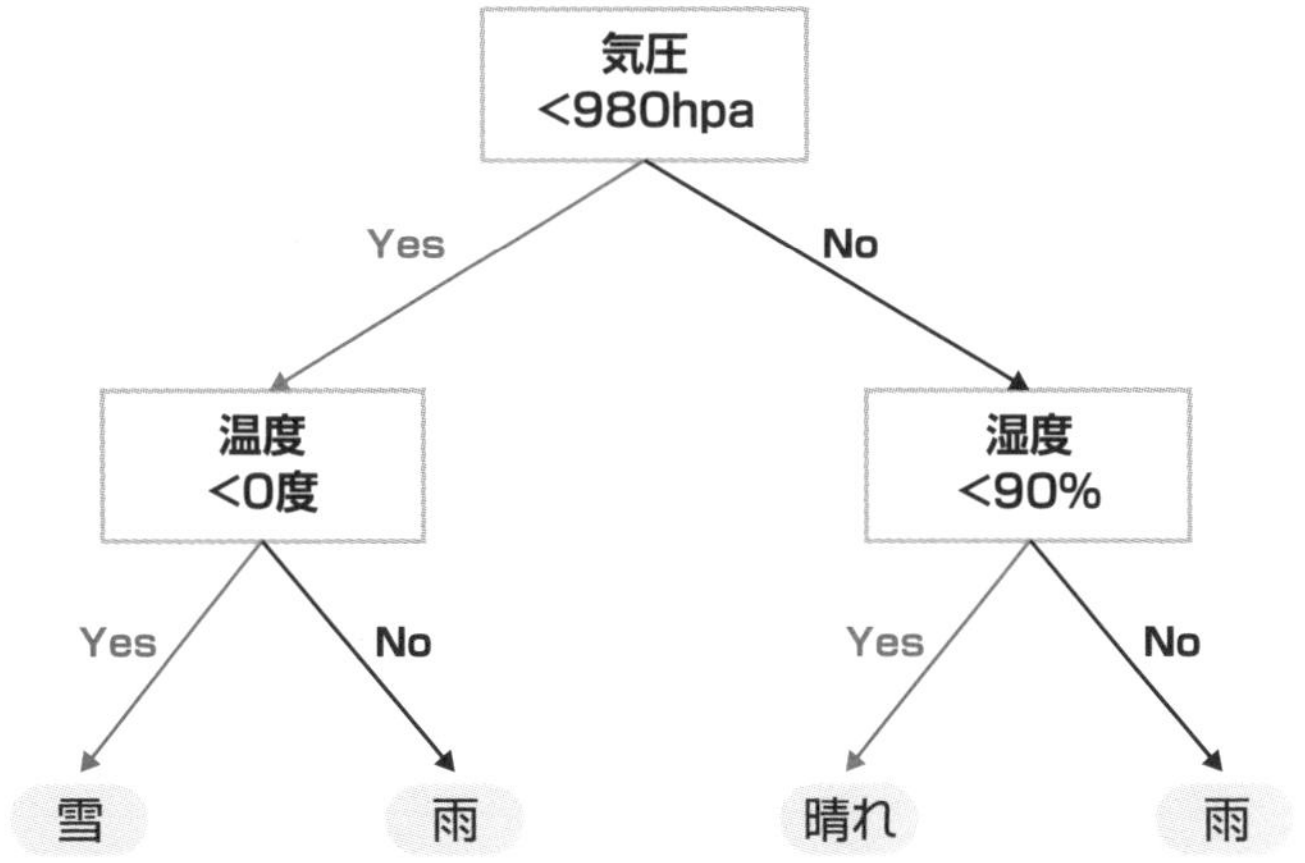

- 学習結果を人間が解釈しやすい
- 汎化性能が低く、実問題に対して精度が出にくい

図2 ランダムフォレスト

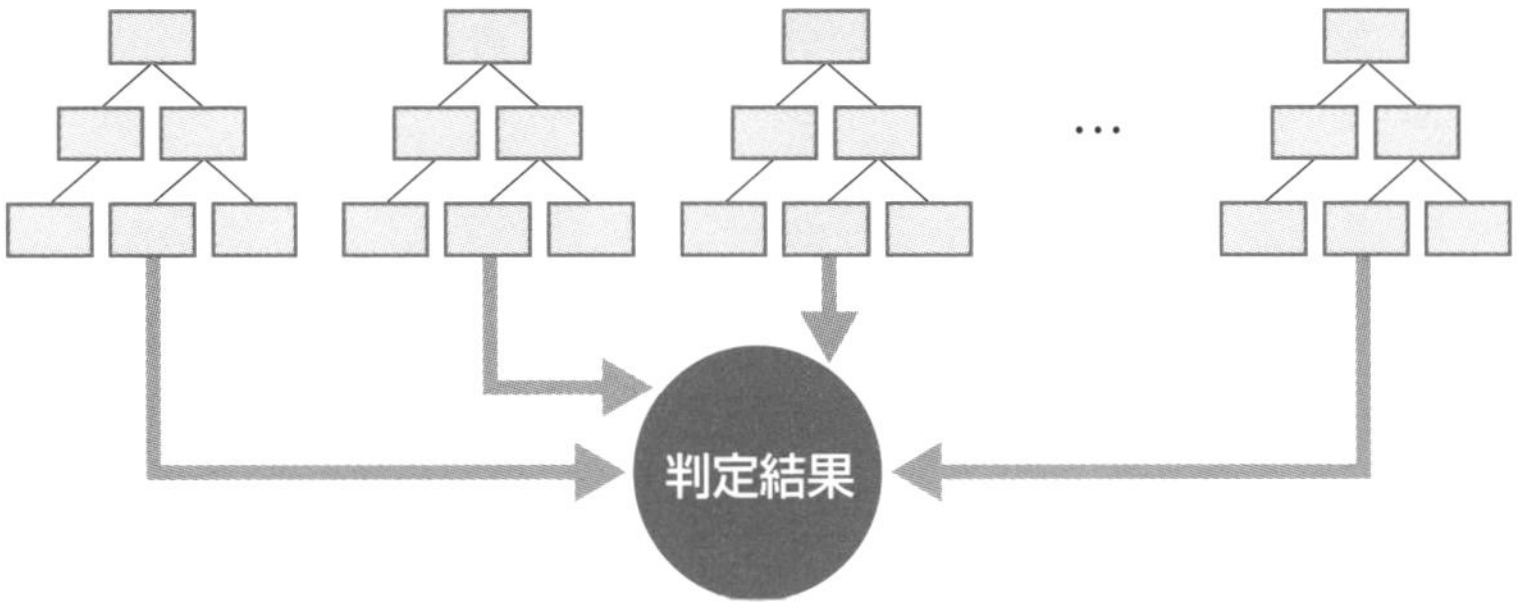

- 複数の決定木を組み合わせて予測を行う
- 一つの決定木よりも予測性能が高い

40 異常を見つける

工場の画像を用いた製品検査の場面を考えてみましょう。ここでの課題は、製品が良品か不良品かを判断することです。これは「教師あり学習」（30項）を用いた画像認識を用いることが可能です。良品と不良品の画像があれば、これらのデータを用いて機械学習により、新たな製品が良品か不良品かを判断させることができます。

ただし、教師あり学習を行うには十分な量の不良品データが必要です。しかし、製造過程で生じる不良品の種類は多岐にわたります。学習データとして用意した不良品の種類と異なる新たな種類の不良品が出現した場合、その不良品は学習データに含まれる良品に近い特徴を持つかもしれません。その結果、教師あり学習のモデルはその不良品を誤って良品と判断する可能性があります。

ここで「教師なし異常検知」（30項）の利点が明らかになります。図1に示すように、教師あり学習では未知の不良品（学習データに含まれない新たな種類の不良品）が良品と誤認される可能性があります。これに対し、教師なし異常検知では、良品データのみを学習します。その結果、良品データから逸脱したもの、つまり良品とは異なる特徴を持つ製品を不良品と判断します。これにより、未知の不良品に対しても分類性能を確保できる可能性があります。

教師なし異常検知は、特に良品データしか得られない場合や、全ての種類の不良品データを集めることが困難な場合に有効です。ただし、全ての不良品の種類に関して十分な学習データが集められる場合には、教師あり学習がその精度を上回る場合もよく存在します。これらの点を踏まえ、具体的な問題に対して最適な方法を選択することが求められます。

教師なし異常検知にはさまざまなアルゴリズムがあります。例えば、「k近傍法」（37項）を異常検知に応用することが可能です。

要点BOX

- ●良品データだけで学習可能
- ●学習データから外れたデータを検出できる

図1 学習方法の差

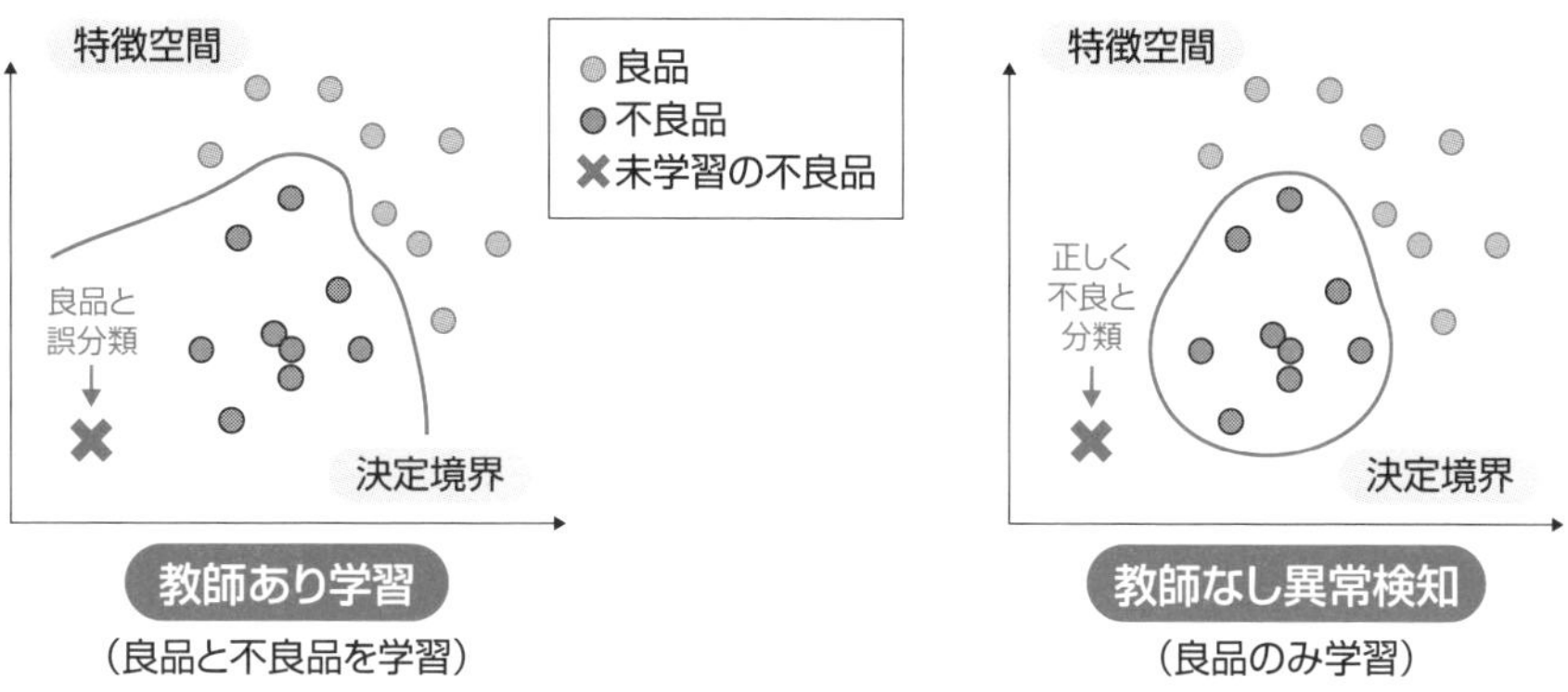

図2 教師なし異常検知のメリットとアルゴリズム

メリット

- 一つのクラスのデータのみで学習可能
- 学習データにない種類の異常であっても検出可能

教師なし異常検知アルゴリズム

- k近傍法
- LOF(Local Outlier Factor)
- One Class SVM
- Isolation Forest　など

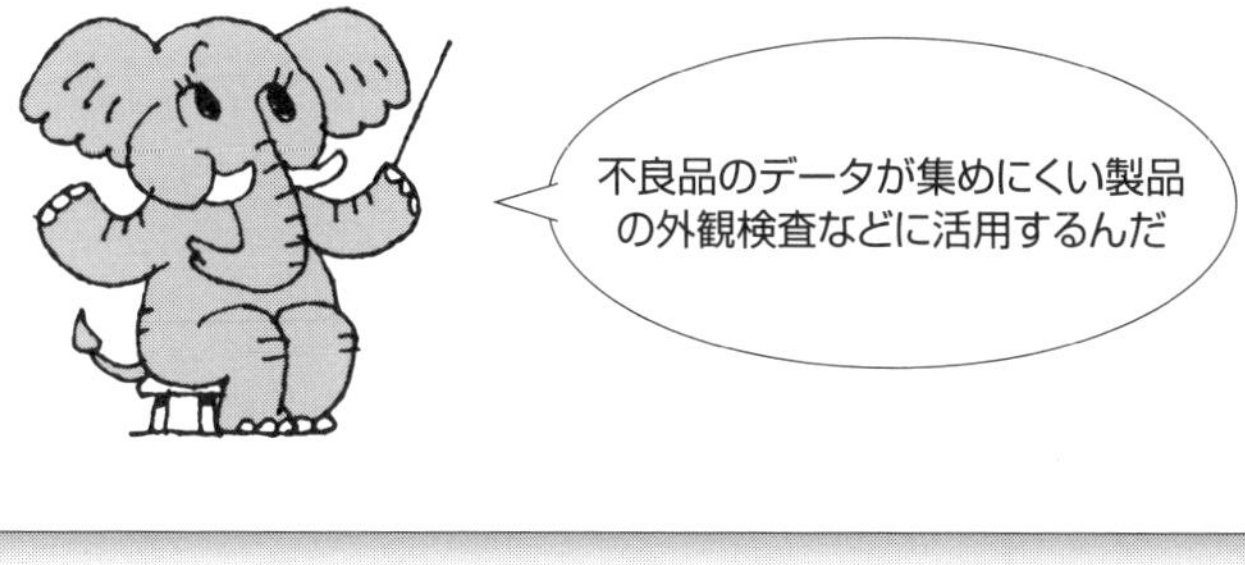

41 機械学習アルゴリズムの「個性」とは？

各アルゴリズムの特性とハイパーパラメータ

図1は、特徴空間でのデータ分布を示しています。もしあなたがこれらのデータを区別するための境界線（決定境界）を引くなら、どのように引きますか？特に右側の図はデータが部分的に重なっているため、人により引き方は変わるでしょう。これと同じように、機械学習アルゴリズムも、決定境界を引く方法にその「個性」が現れます。

図1には、これまでに紹介した最近傍法（37項）、サポートベクターマシン（38項）、決定木（39項）の決定境界の例も合わせて示してあります。ここには、各アルゴリズムの「個性」が現れています。例えば、決定木は特徴量に対して一つずつしきい値を設定して条件分けを行います。そのため、決定境界は縦や横に直線として引かれます。

さて、機械学習アルゴリズムの設定項目には、「ハイパーパラメータ」というものがあります。k近傍法でのkの値や、ランダムフォレストでの決定木の数など、ハイパーパラメータの設定はアルゴリズムの挙動を大きく左右します。図2は、k近傍法におけるkの値を変えることで、どのように決定境界が変化するかを示しています。

ハイパーパラメータの種類は機械学習のアルゴリズムによりますが、深層学習（4章）などの複雑な機械学習のアルゴリズムでは非常に多くのハイパーパラメータが存在します。これらを調整することで、同一のアルゴリズムでも学習結果が大きく変わります。そのため、各アルゴリズムの個性とハイパーパラメータの理解は、機械学習を適切に活用するために重要です。

学習時にデータの特性に合わせて予測性能が高くなるようにハイパーパラメータの最適な値を見つける方法としては、あらかじめ準備したハイパーパラメータ候補値の組み合わせを総当りで試す方法（グリッドサーチ）や、ランダムに変更して試す方法などがあります。

要点BOX
●決定境界の形はアルゴリズムによって異なる
●ハイパーパラメータの調整で学習結果が変化

図1 決定境界に見る機械学習アルゴリズムの差

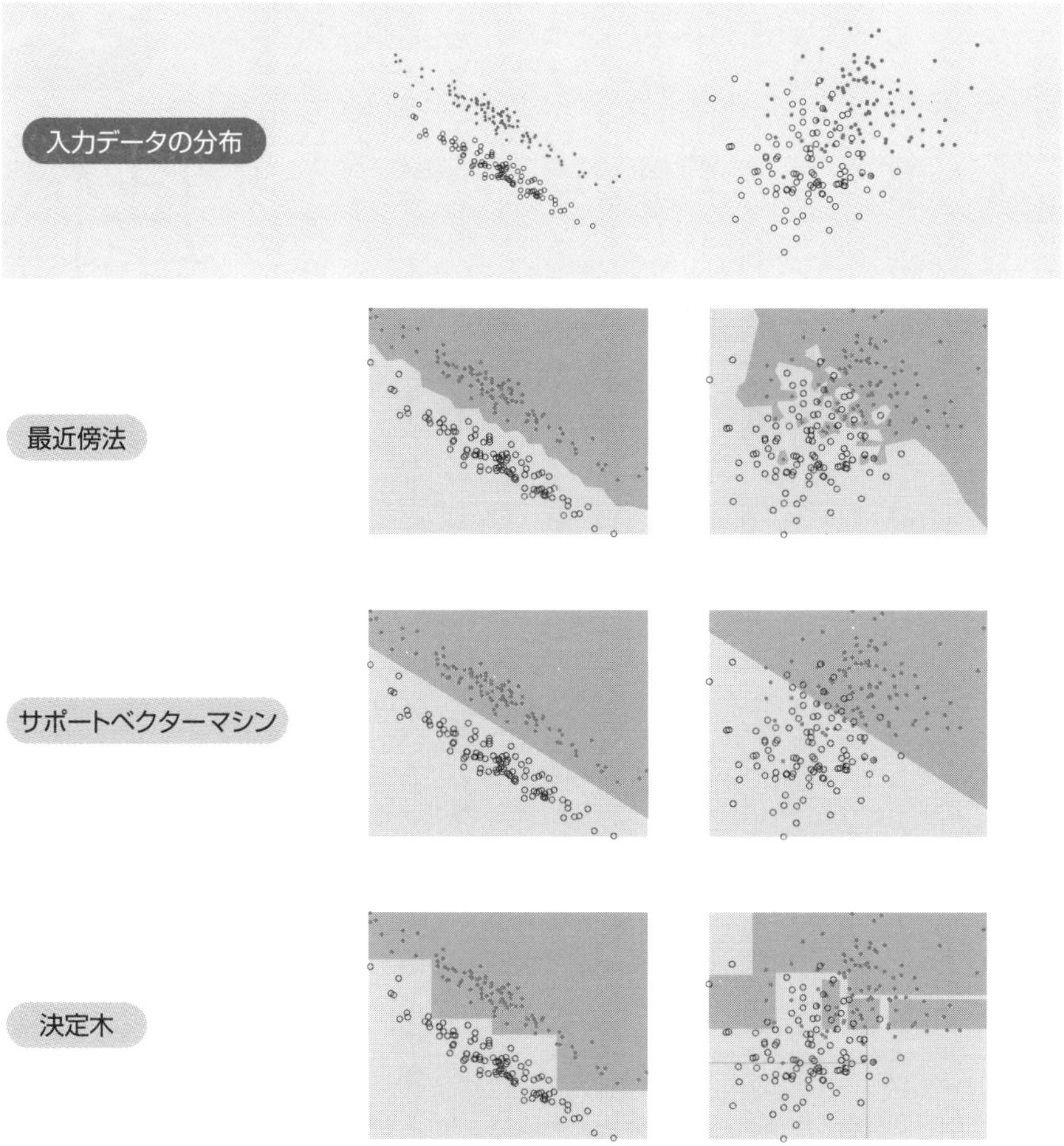

図2 k近傍法におけるkの値による決定境界の変化

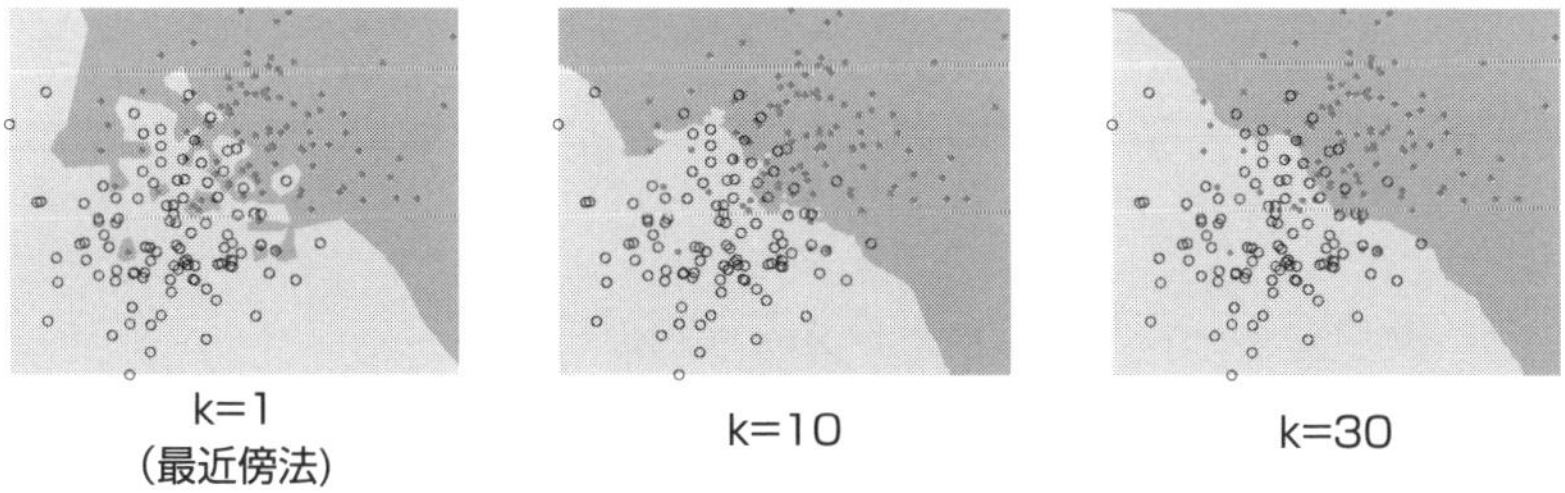

42 機械学習の性能評価

データ分割から交差検証まで

機械学習の目的は、学習データを通じて得た知識を用いて、新しいデータに対する予測を行うことにあります。そのため、学習データだけでなく、新たなデータに対する予測性能を評価することが必要です。これが、テストデータを用いる理由です。

未学習のデータに対する予測性能を評価する方法としては、図1のように手元のデータを「学習データ」と「テストデータ」に分割し、学習データを用いてモデルの学習を行い、学習したモデルがテストデータに対してどれほどの性能を示すかを見る「ホールドアウト法」があります。データの分割方法は多様で、例えばランダムに分割する方法や、時系列に基づいて分割する方法などがあります。

「過学習」は、機械学習における重要な問題で、学習データに過度に適応しすぎて、新たなデータ（テストデータ）に対する予測力を失ってしまう状態を指します。過学習は、教科書を丸暗記するだけで現実の問題を解く能力が養われない状況に例えられます。この問題を避けるためには、さらなる学習データを入力したり、あるいはモデルの複雑さなどを制御するハイパーパラメータを適切に調整したりといった対策が必要となります。

また、学習データとテストデータを何度も入れ替えて評価を行う「交差検証（Cross Validation）」という方法も存在します。交差検証には、図2のように、「1つ抜き交差検証」や「k分割交差検証」といった方法があります。交差検証は全てのデータがテストデータとして扱われる機会を提供することで、全体的なモデルの性能をより精密に評価できます。

これらの手法を用いることで、モデルが新たなデータに対しても高い予測性能を持つかどうかを評価できます。そのため、現実の問題に対して機械学習を活用する際は、これらの評価方法を適切に利用することが重要となります。

要点BOX

- ●学習データとテストデータに分割して評価
- ●交差検証は学習データとテストデータを順次入れ替えて評価

図1 モデル予測精度の評価方法

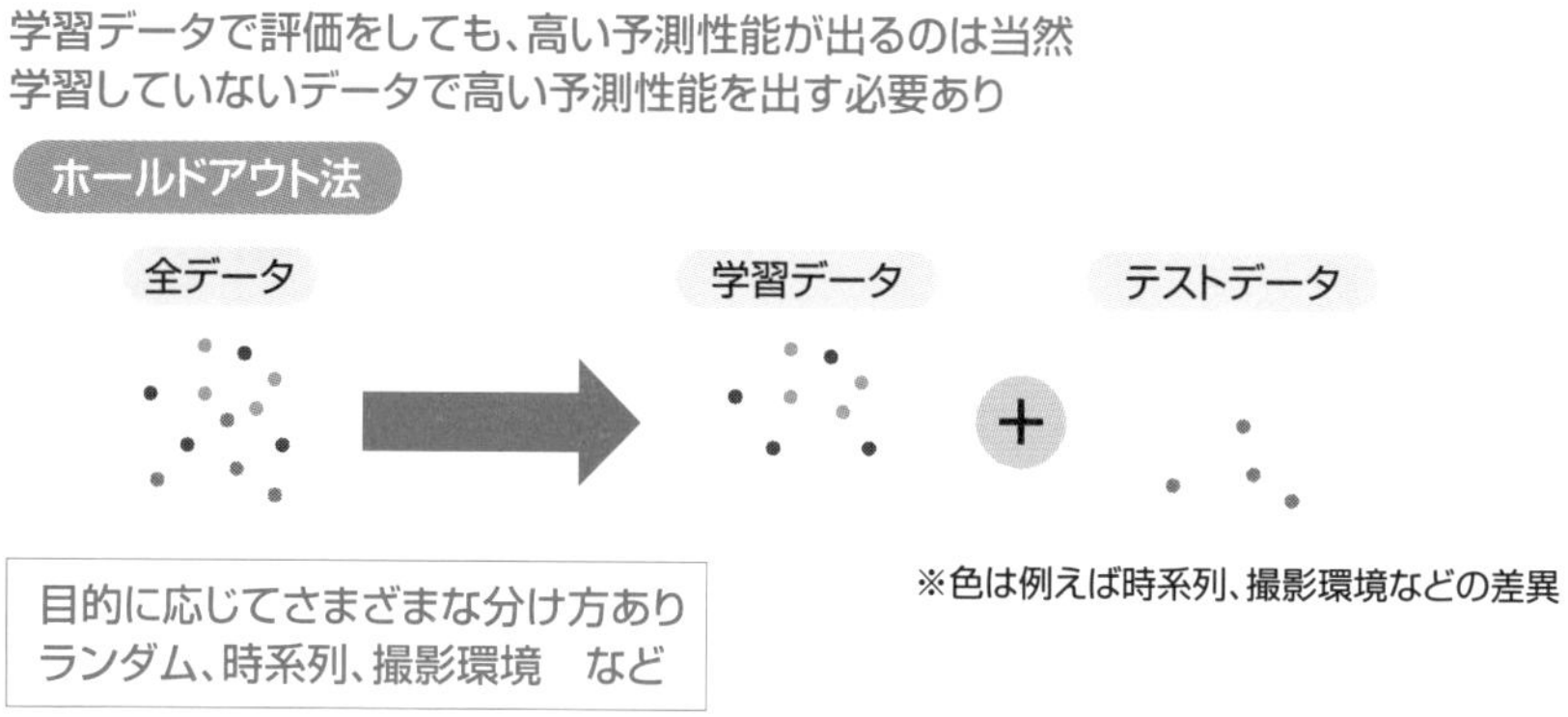
学習データで評価をしても、高い予測性能が出るのは当然
学習していないデータで高い予測性能を出す必要あり
ホールドアウト法
全データ
学習データ
テストデータ
目的に応じてさまざまな分け方あり
ランダム、時系列、撮影環境　など
※色は例えば時系列、撮影環境などの差異

図2 交差検証

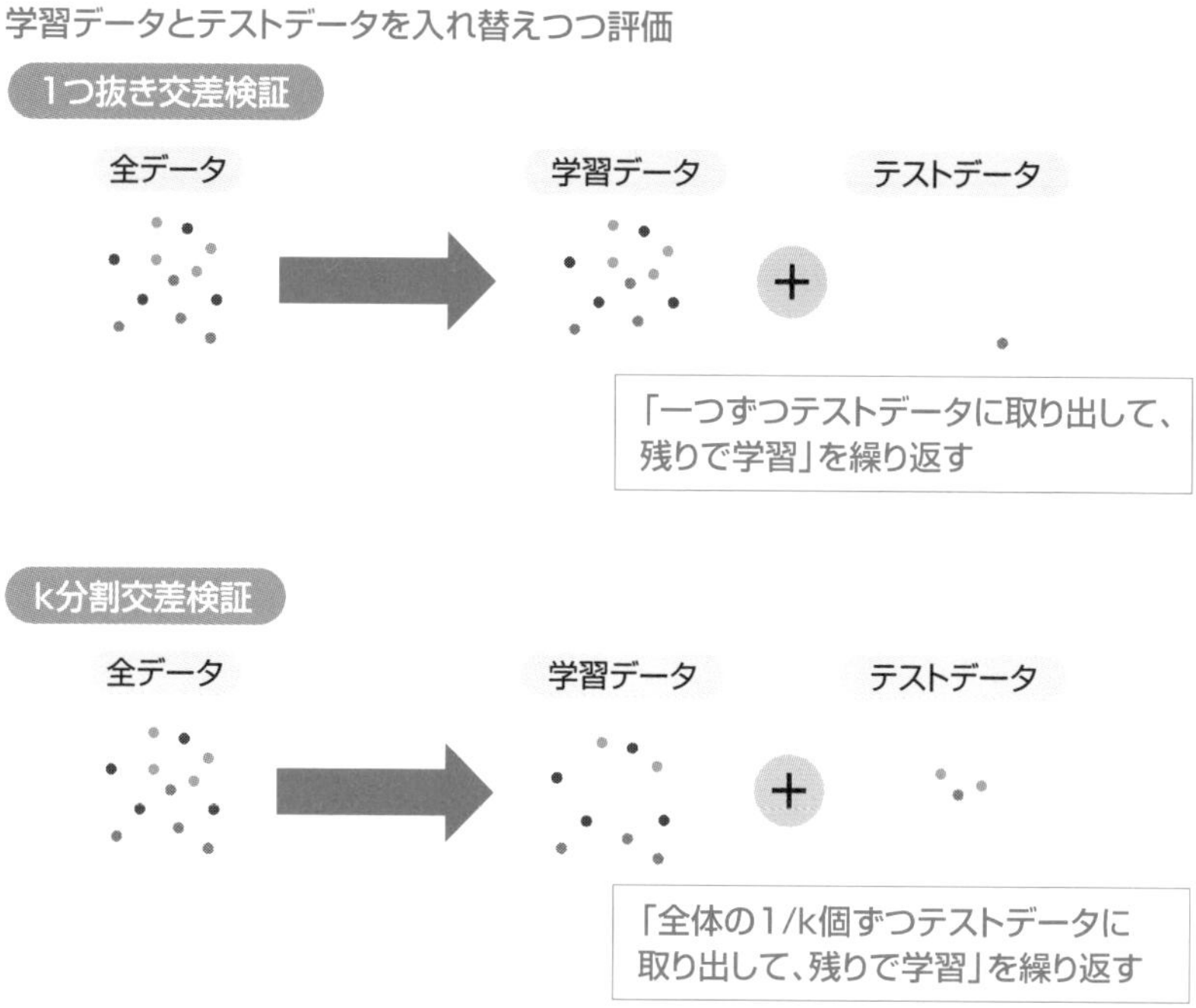
学習データとテストデータを入れ替えつつ評価
1つ抜き交差検証
全データ
学習データ
テストデータ
「一つずつテストデータに取り出して、残りで学習」を繰り返す
k分割交差検証
全データ
学習データ
テストデータ
「全体の1/k個ずつテストデータに取り出して、残りで学習」を繰り返す

43 画像認識処理の性能指標

画像分類課題における評価指標

画像認識の課題の一つとして「画像分類」の課題があります。これは、与えられた画像が何かを判断する課題です。例えば、写っているのが車かそれ以外かを判別する画像分類の機械学習モデルを考えてみましょう。このモデルの性能を評価するためには、どのようにすればよいでしょうか?

ここで登場するのが「混同行列」という概念です。混同行列は、モデルの予測結果と実際の正解（車かそれ以外か）とを照らし合わせて、その結果を四つのカテゴリーに分けてまとめます。これらは「真陽性」、「偽陰性」、「偽陽性」、「真陰性」と呼ばれます。それぞれ、モデルが正しく車を車と分類した場合、車を誤って車以外と分類した場合、車以外を誤って車と分類した場合、車以外を正しく車以外と分類した場合を指します。

次に、この混同行列から「真陽性率」と「偽陽性率」を算出します。「真陽性率」は車の画像を車と正しく分類できた割合を、そして「偽陽性率」は車以外の画像を誤って車と分類した割合を示します。真陽性率が高く、偽陽性率が低ければ、それだけモデルの性能が良いと言えます。

ただし、これら二つの指標はトレードオフの関係にあります。つまり、一方を良くすると他方が悪くなるという関係です。このバランスを調整するために、車と車以外とを判定するための予測出力値のしきい値を調整します。

このような真陽性率と偽陽性率のバランスを視覚的に理解するためのツールが「ROC曲線」です。ROC曲線は、しきい値を変化させた時の真陽性率と偽陽性率の関係をプロットしたもので、この曲線の下部の面積を「AUC」(Area Under the Curve)と呼びます。AUCは、しきい値の設定に左右されずにモデルの性能を評価する指標となり、AUCが1に近いほどモデルの性能が高いと言えます。

要点BOX

●分類モデルの出力結果は混同行列で表される

●真陽性率と偽陽性率はトレードオフの関係

図1 混同行列(Confusion Matrix)

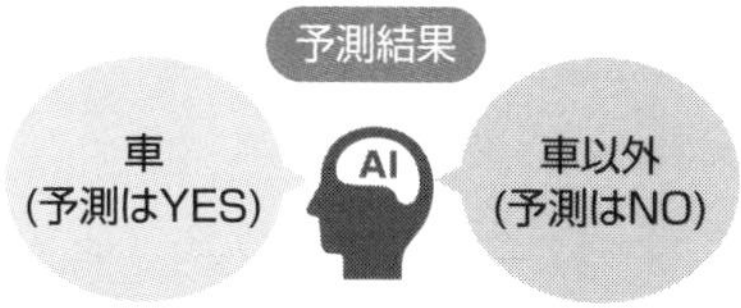

正解		
車 正解はYES 	真陽性 (True Positive)	偽陰性 (False Negative)
車以外 正解はNO 	偽陽性 (False Positive)	真陰性 (True Negative)

真陽性率
(True Positive Rate)

$$TPR = \frac{TP}{TP + FN}$$

偽陽性率
(False Positive Rate)

$$FPR = \frac{FP}{FP + TN}$$

図2 ROC曲線とAUC

- **ROC(Receiver Operating Characteristic)曲線**
  しきい値を変化させたときの真陽性率、偽陽性率の関係を
  描いたものをROC曲線と呼ぶ
- **AUC(Area Under the Curve)**
  ROC曲線の下部面積をAUCと呼ぶ
  AUCは1に近いほど性能が高いことを示す

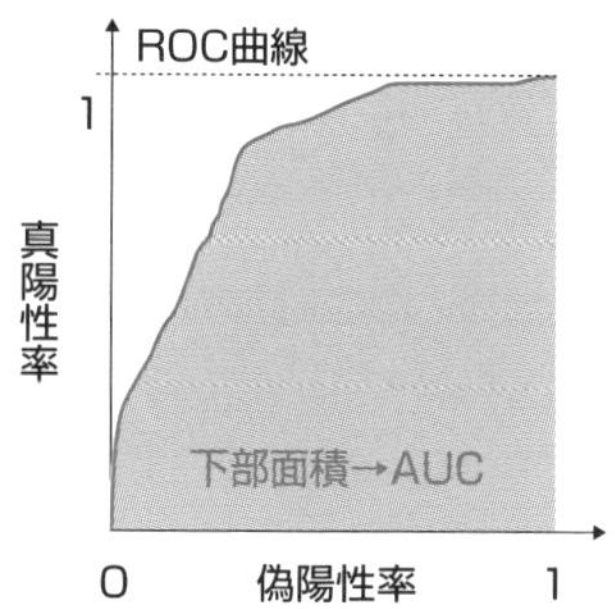

ROC曲線とAUC

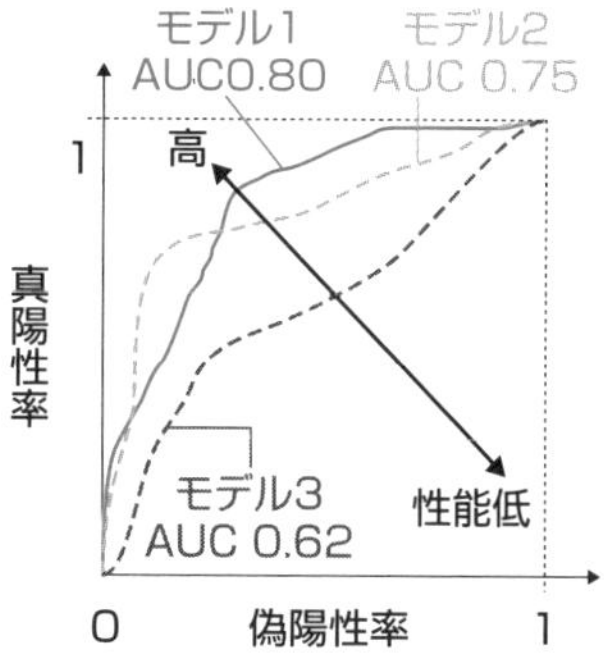

モデル比較の例

44 機械学習の大敵

過学習と正則化

機械学習において学習を行う際には「過学習」の問題がよく発生します。これは、学習データに対する予測精度が高い一方で、新たなデータ（テストデータ）に対する予測精度が低下する状態を指します。過学習は、モデルが学習データに過度に特化しすぎて、他のデータに対する予測能力が失われる現象であり、モデルの「汎化性能」が不足している状態とも言えます。

例えば、犬と猫を分類する画像分類モデルを学習する際、ある特定の猫（例えば三毛猫）だけを学習させてしまうと、モデルは三毛猫に過度に特化してしまい、他の種類の猫をうまく分類できなくなるでしょう。過学習は、画像認識モデルの学習においても大きな障壁となります。

過学習の状態を可視化すると、図1に示すように学習が進むにつれて学習データに対する予測精度が上がり、はじめのうちはテストデータに対する予測精度も向上します。しかし、ある地点を過ぎると、学習データの予測精度はさらに上昇しますが、テストデータの予測精度は逆に低下します。これはモデルが学習データに過度に特化し、新たなデータに対する予測能力を失ったためです。

過学習を防ぐ対策としては、学習データの量を増やすことや、「正則化」を行う方法があります。正則化は、モデルの複雑さに制限を加えて過学習を抑制する手法です。正則化を施すと、図2左図に示すように学習データに対する予測精度は若干下がるかもしれませんが、最終的なテストデータに対する予測精度、つまり汎化性能が向上します。機械学習アルゴリズムによっては正則化のためのハイパーパラメータを持つものがあります。

また、「早期打ち切り」という手法もあります。早期打ち切りではテストデータの予測精度が最大となった時点で学習を終了することで、過学習に陥る前の学習結果を得ることができます。

要点BOX

- 過学習とは学習データに特化しすぎて新たなデータの予測が難しい状態
- 正則化などを用いて過学習を防止できる

図1 過学習の概念図

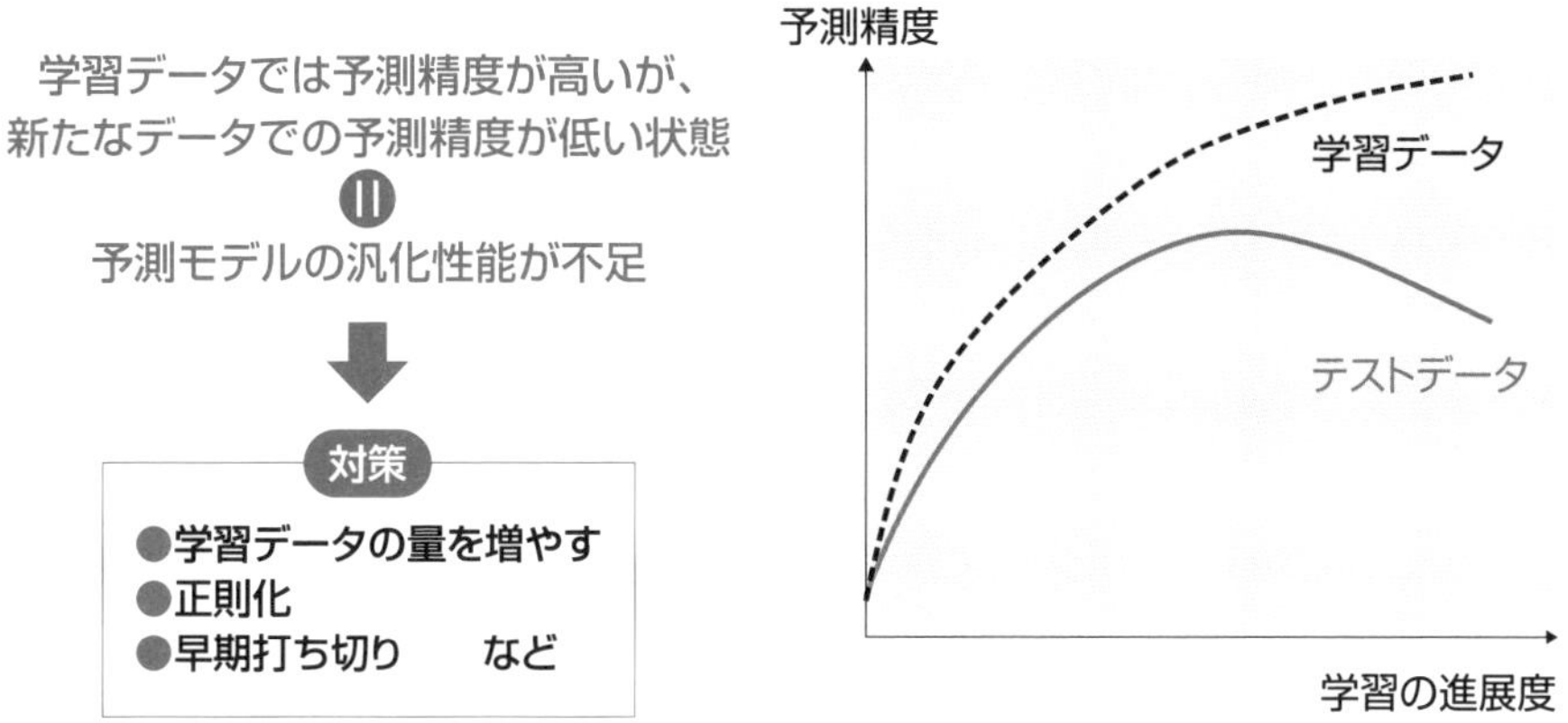
学習データでは予測精度が高いが、
新たなデータでの予測精度が低い状態
||
予測モデルの汎化性能が不足
対策
●学習データの量を増やす
●正則化
●早期打ち切り　など
予測精度
学習データ
テストデータ
学習の進展度

図2 過学習の対策

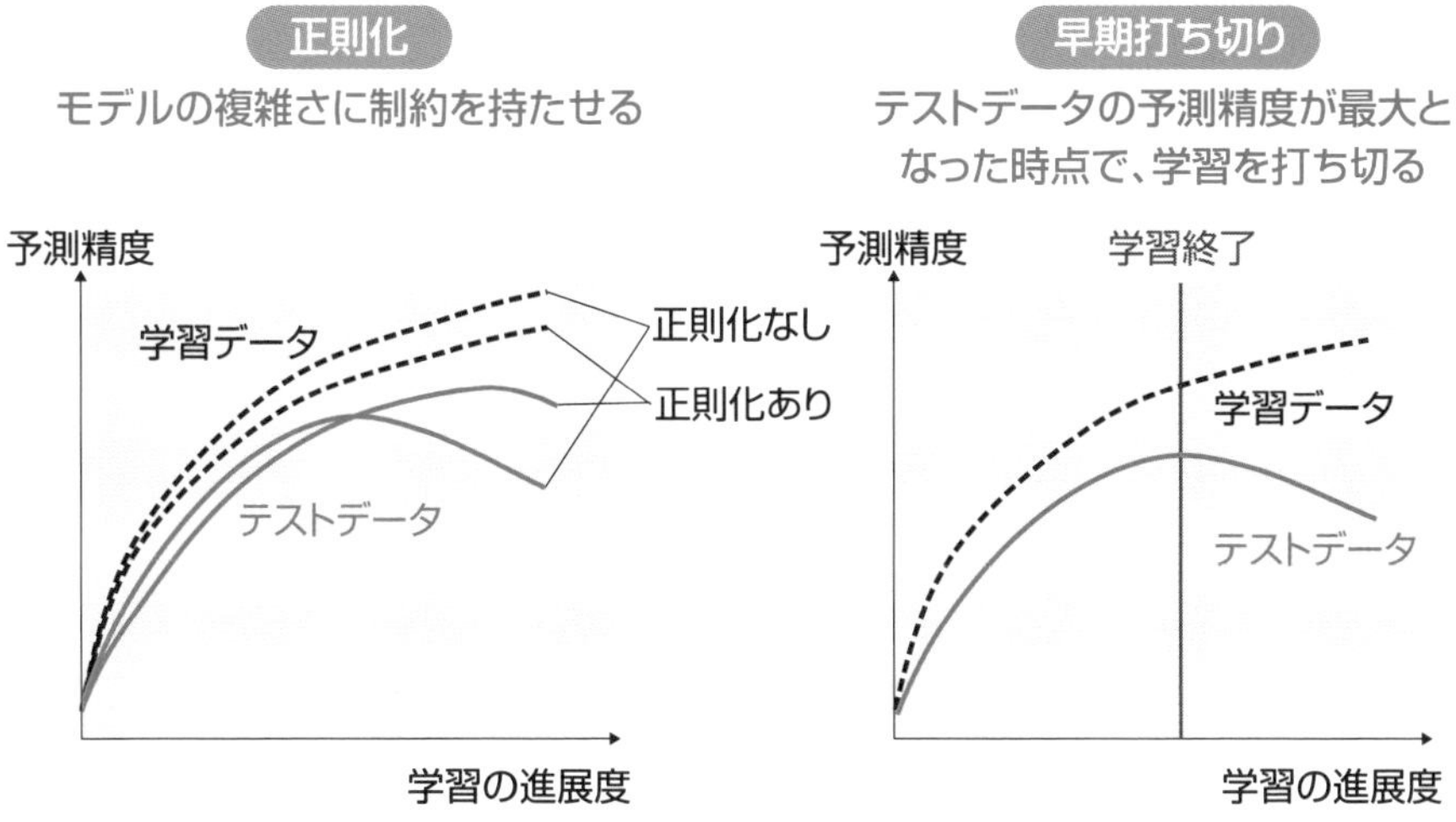
正則化
モデルの複雑さに制約を持たせる
予測精度
学習データ
正則化なし
正則化あり
テストデータ
学習の進展度
早期打ち切り
テストデータの予測精度が最大と
なった時点で、学習を打ち切る
予測精度
学習終了
学習データ
テストデータ
学習の進展度

45 機械学習を用いた画像認識システム開発のポイント

データ作成と画像認識ソフトウェア、導入方法

　機械学習を用いた画像認識システムの開発ではどのような点がポイントとなるでしょうか?

　まず「データの作成」が挙げられます。画像認識の精度は学習に使用するデータの量とその質に大きく依存します。よって、要求される精度に応じて、必要なデータ量を見積もることが重要です。

　しかし、データを作成するためには、画像を撮影し、それに対して人間がラベルを付ける手間とコストが発生します。このデータ作成コストは、かなり大きくなる可能性があるため、開発の初期段階で適切に見積もることが求められます。データ作成コストを削減するための手段として、過去に取得したデータの再利用が考えられるほか、「データ拡張」（34項）「アクティブラーニング」（34項）や「転移学習」（57項）といった手法が存在します。

　次に、「画像認識ソフトウェア」について考えます。現在は、画像認識を含む機械学習用に多くの市販ツールやオープンソースソフトウェアが存在します。これらを適切に組み合わせることで、課題に応じた画像認識システムを作り上げることが可能です。しかし、必要な要件を満たすために既存のツールだけでは不十分な場合、既存のソフトウェアを活用しつつ、独自のアルゴリズムを開発することが必要となります。

　最後に「段階的な導入」についてです。理想的な性能、すなわち、全ての画像を誤りなく認識することは一般的には困難です。例えば、外観検査システムでは、良品を不良品と誤認識する可能性があったとしても、重要なのは不良品の見逃しがないことです。したがって、初期段階では人間が最終確認を行うなどの安全策を講じつつ、画像認識による検査によって検査にかかる人的リソースを減らします。そして、システムの運用を通じてデータを収集し、それをもとに画像認識の精度を徐々に向上させることで、最終的に完全な自動検査を目指します。

要点BOX

- ●データ作成コストに注意
- ●既存ソフトウェア資産の活用
- ●画像認識の段階的な導入

図1　機械学習を用いた画像認識システム開発のポイント

データ作成

- ●要求精度などからどの程度のデータ量が必要か?
- ●既存のデータが使えるか?
- ●転移学習などコストを下げる方法は使えないか?

画像認識ソフトウェア

- ●市販ツール、オープンソースソフトウェアで十分か?
- ●独自のアルゴリズム開発が必要か?

図2　段階的な導入

- ●画像認識で最初から理想的な性能を達成することは困難
- ●段階的な導入の検討

外観検査システムの例

- ●不良を見逃さない厳しいしきい値の画像認識で1次スクリーニング
- ●後段で人が最終確認
- ●導入を通じてデータを集め、徐々に人が介在しない完全な自動検査を目指す

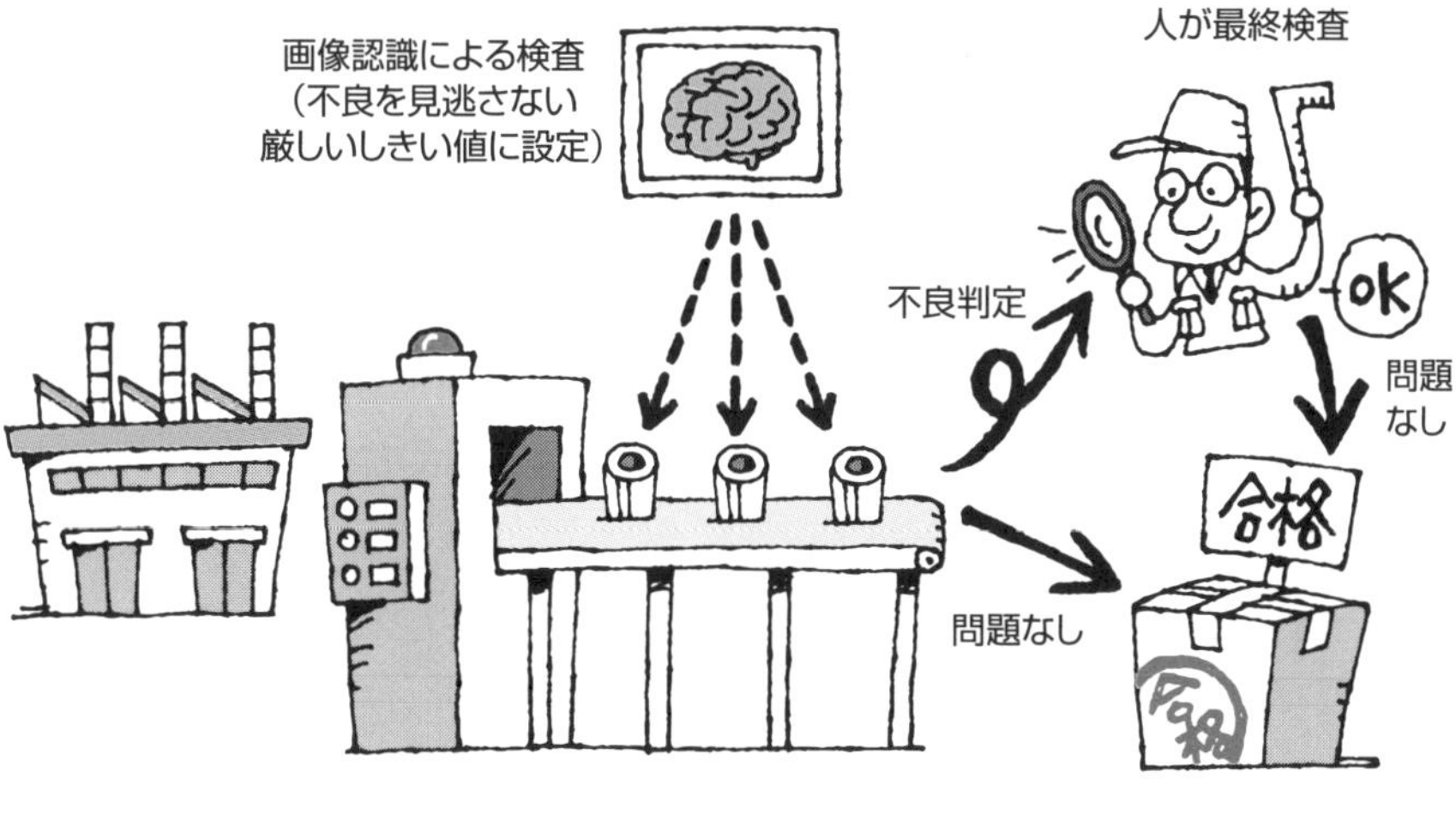

Column

機械学習の歴史

人工知能(AI)を目指した機械学習の技術開発は古くは70年以上前から進んでいます。最初は近傍法(37項)や、初期のニューラルネットワーク(46項)である、パーセプトロンなどが用いられました。しかし、当時のコンピュータの計算能力は今と比べて非常に低く、限定された簡単な問題しか扱うことができませんでした。そのため、当初期待されていたほど大きな成果は上げることができず、1970年代には投入されていた資金が縮小され、冬の時代を迎えます。

1980年代には、再度AIへの関心の高まりを受けてAIブームが訪れます。しかしながら、目指したものは人間との対話や機械翻訳、画像認識など高度なものであり、この時代に扱えるデータ量と処理装置の演算能力では十分な性能を実現することはできず、その後再度冬の時代が訪れます。しかし、ここで多層ニューラルネットワークの学習アルゴリズムである、誤差逆伝播法(48項)など後に重要になる技術も使用されるようになりました。

その後、処理装置の演算能力の爆発的な増加と、インターネットの普及を通じて得られるようになったビックデータと呼ばれる桁違いの量を持つデータを扱うことで、従来人間しかできなかったことが機械学習を用いて実現できるようになり、3回目のAIブームが起きています。

冬の時代には、ニューラルネットワークという言葉がタイトルにあると論文の採択率が下がったという報告もされています。しかし、そうした状況下でも粘り強くニューラルネットワークの研究が続けられた結果、深層学習を用いて人間の設計によらない特徴量を得られるオートエンコーダ(50項)や、一般物体認識の課題において畳み込みニューラルネットワーク(51項)を用いて従来手法を大きく上回る性能を実現したAlexNet(53項)など、今に続く深層学習のブレイクスルーをもたらしました。

第4章

深層学習を用いた画像認識

46 ニューラルネットワークの基本形

ニューロンと多層化

多くの階層を持つニューラルネットワークを使用した学習手法を「深層学習（Deep Learning）」と呼びます。深層学習の大きな特徴は、データから重要な特徴を「自動的に」抽出するように学習できるという点です。この機能のおかげで、画像データだけでなく、言語や音声といったさまざまな形式のデータに対して優れた性能を発揮します。

ニューラルネットワークについて理解するためには、その構成要素である「ニューロン」（図1）の仕組みを理解することが重要です。この（人工）ニューロンは、神経細胞の働きを模倣する形で設計されており、複数の入力から積和演算をもとに一つの出力を生成します。ニューロンはそれぞれの入力に対応し、積和演算に使われる一定の「重み」を持ち、この重みこそが、学習過程で調整されるパラメータとなります。また、このニューロンの出力には、「活性化関数」と呼ばれる特定の関数が適用されます。

しかし、一つのニューロンだけでは、私たちが解きたい問題の複雑さに対して表現力が不足します。それを解決するために、「多層化」が行われます。複数のニューロンを層として積み重ねることで、ニューラルネットワークはより高度な課題解決能力を獲得します。

図2に示されているのは、4層構造のニューラルネットワークの一例です。このネットワークは、データが入力される「入力層」、「中間層」そして結果が出力される「出力層」の三つの部分で構成されています。この中で重要なのは、中間層の層数です。

中間層の層数が多いほど、そのニューラルネットワークは「深い」とされ、これを用いた学習を深層学習と呼びます。ニューラルネットワークは古くから研究されてきましたが、「深い」ニューラルネットワークを効果的に学習させる方法が確立され、大量の学習データを組み合わせることで、画像認識をはじめとするさまざまな分野で、顕著な進歩が見られるようになりました。

要点BOX

●ニューロンは積和演算と活性化関数で構成
●深層学習は多層のニューラルネットワークを用いる

図1　ニューラルネットワークの基本要素

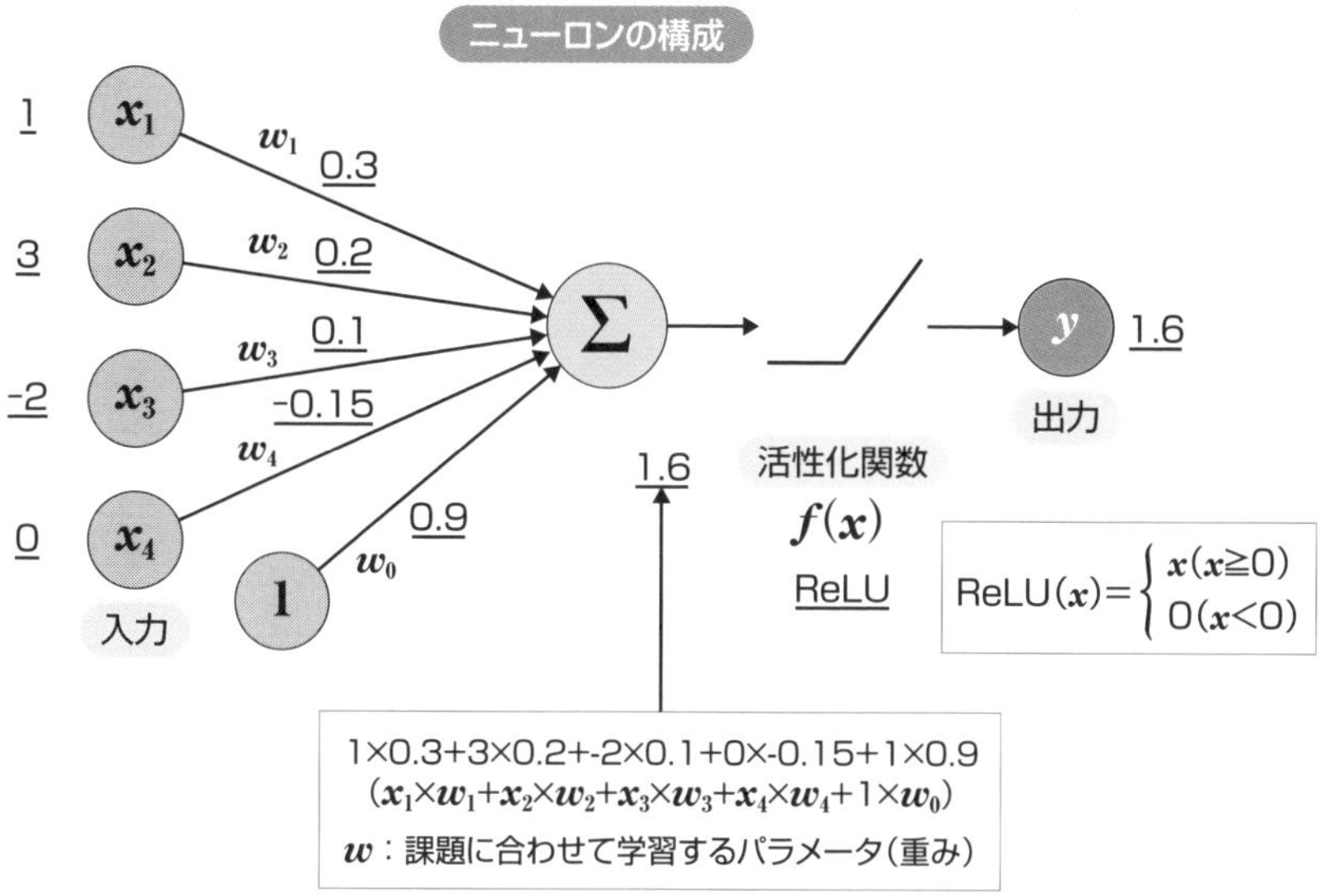

図2　ニューラルネットワークの層構成

- 入力層と出力層の間の層を中間層と呼ぶ
- 中間層の層数が多い構成を用いる場合を深層学習と呼ぶ

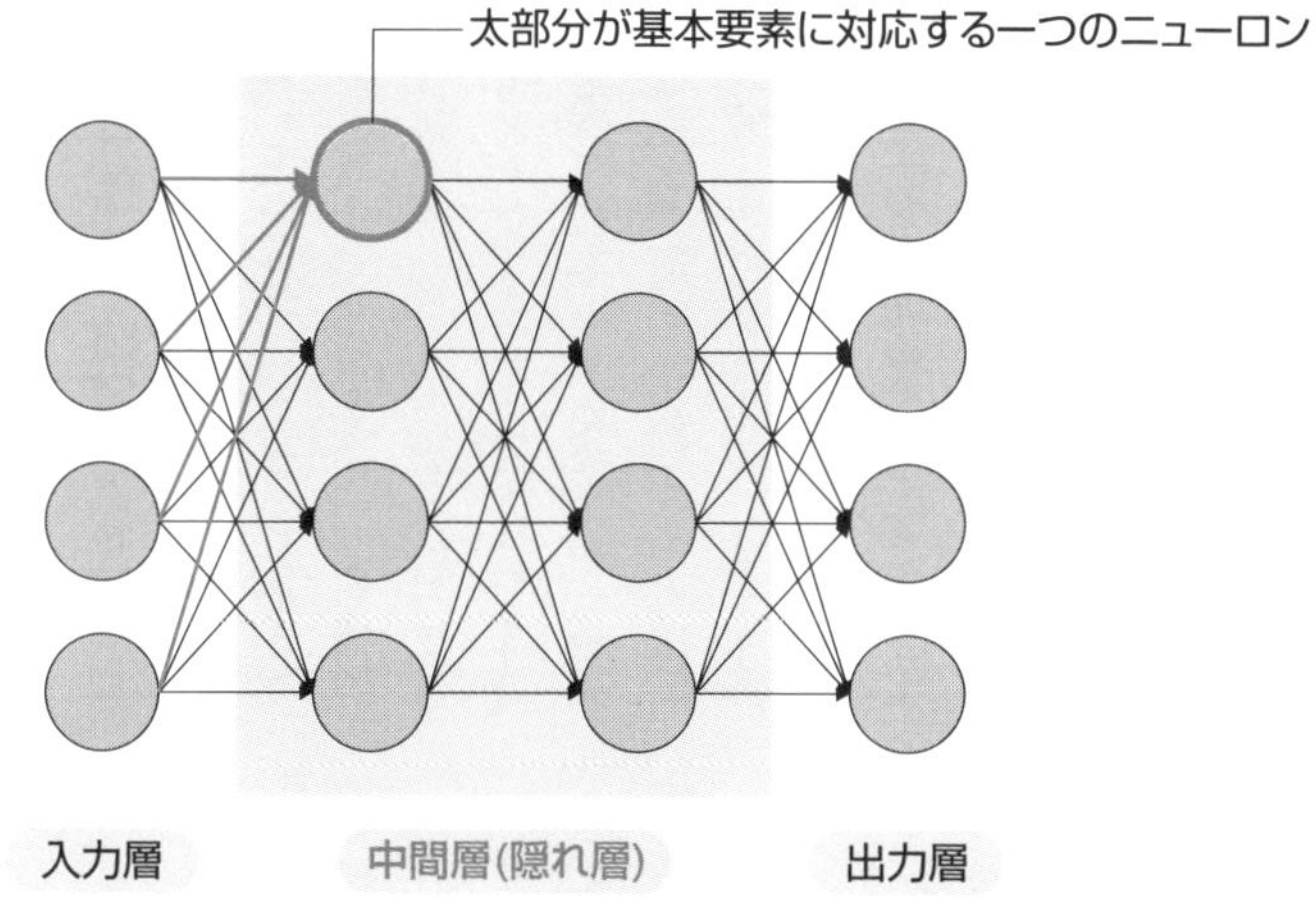

用語解説

(人工)ニューロン：ニューラルネットワークの基本要素。複数の入力を受け取り、一つの出力を生成する
活性化関数：ニューロンの出力に適用される関数で、非線形な特性を持つ。代表的なものにReLUなどがある

47 ニューラルネットワークの「要素」

活性化関数と損失関数

ニューラルネットワークの一部を担う「活性化関数」は複雑な関係性を学習するための重要な要素です。活性化関数は、入力された値を調整し、どの程度次のニューロンに伝えるかを決定する役割を果たします。活性化関数に非線形な関数が使用されることで、ニューラルネットワークは多層になった際にも各層で独自の表現を学習することが可能となり、表現能力が向上します。

活性化関数には、「シグモイド関数」、「ReLU（Rectified Linear Unit）」、またはその改良型などがあります。活性化関数の選択は、学習速度や学習後のモデルの性能に大きな影響を与えます。シグモイド関数では正負の大きな値の領域で出力が飽和するため、多層のニューラルネットワークでは学習が進みにくい問題があり、現在ではReLUやその改良型がよく使用されます。

画像認識処理では多クラス分類問題、つまり一つの画像を複数のクラスに分類する問題がよく発生します。このような問題では、出力層の活性化関数として「Softmax関数」が用いられます。Softmax関数は、各分類の予測結果の合計が1となるようにする機能を持ちます。これにより、出力を各クラスに対する予測確率として取り扱うことができるようになります。

また、学習過程で重要な役割を果たすのが「損失関数」です。損失関数は、学習データの出力と正解ラベルとの誤差量（損失値）を計算します。ニューラルネットワークでは、損失値が小さくなるようにモデルの重みwを調整することで学習を進めます。そのため、損失関数は学習の方向性を決定するものであり、課題に合わせた設定が必要となります。

回帰問題の損失関数としては一般的に「平均二乗誤差」が用いられ、多クラス分類問題の場合にはSoftmax関数とセットで「交差エントロピー誤差」が用いられます。

要点BOX

- ●複雑な関係の学習に必要な活性化関数
- ●損失関数は学習の方向性を決定

図1　活性化関数

深層学習において複雑な関係を学習するために重要な要素

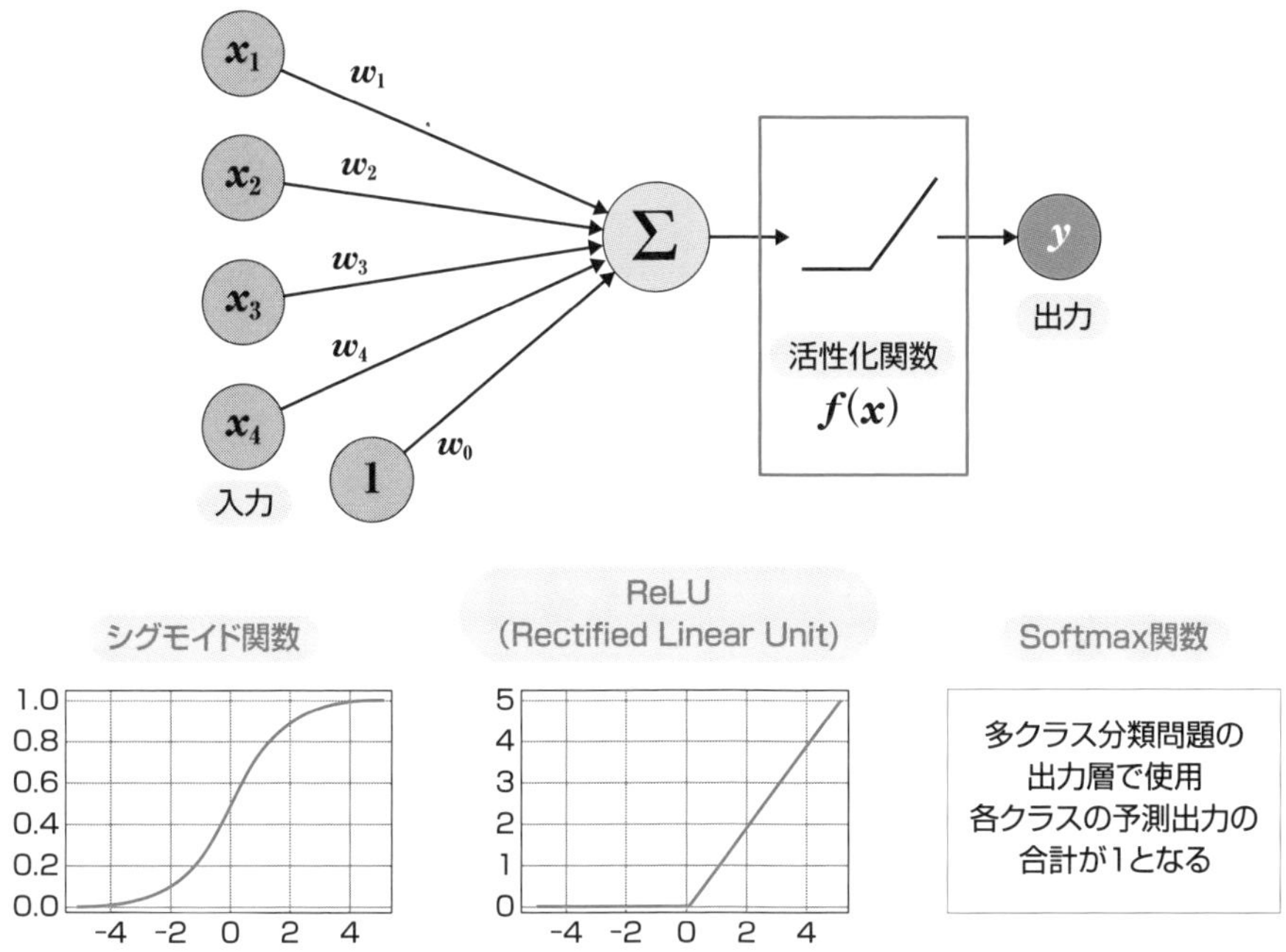

図2　損失関数

予測出力と正解ラベルとの誤差量を計算
課題に応じて設定が必要

平均二乗誤差
回帰問題の
損失関数に使用

交差エントロピー誤差
多クラス分類問題の
損失関数に使用

用語解説

非線形な関数：グラフにしたときに単なる直線で表せない関係を持つ関数

48 ニューラルネットワークの「学習」

誤差逆伝播法と最適化アルゴリズム

ニューラルネットワークの学習はどのように行われるのでしょうか。ニューラルネットワークにおける学習とは、内部に存在する数多くの「重み」を適切に調整することで、入力された情報（画像など）に対するネットワークの「予測」が真の「正解」に近づくようにする作業のことを指します（図1）。具体的には、「誤差逆伝播法」というアルゴリズムが使用されます。

まず、ネットワークの「予測出力」と「正解ラベル」を比較し、その「誤差量」を評価します。この評価には損失関数（47項）が使用されます。そして、そこで得られた「損失値」が小さくなるように、各「重み」を更新していくのです。

この更新作業のイメージとしては、山を下るようなものと考えることができます（図2）。縦と横の軸をある二つの重みの大きさ、「損失値」が標高に対応すると考えると、ゴールは谷底、つまり「損失値」が最小となる場所（重みの値）です。はじめはランダムな場所からスタートしますが、少しずつ（例えば一つの矢印で示したステップで）重みを調整して谷底に近づけていきます。「重み」の更新には、どの方向にどれだけ重みを変化させるべきか、つまり「勾配」を計算する必要があります。「誤差逆伝播法」は、予測と正解の差を元に、重みごとの勾配を計算します。この「誤差逆伝播法」は効率的な方法で、大量の重みを持つ現代の大規模なニューラルネットワークでも学習が可能になります。

勾配をもとに重みを更新するアルゴリズムを「最適化アルゴリズム」と呼び、さまざまな方法が提案されています。最適化アルゴリズムにおいて、重みを一度にどのくらい更新するか（つまり、図2において矢印をどのくらいの頻度で刻むか）を決める「学習率」というハイパーパラメータは重要です。学習率が大きすぎると結果が発散し、小さすぎると学習が進まないため、適切な値に設定する必要があります。

要点BOX

- ●誤差逆伝播法を利用して重みを最適化
- ●徐々に重みを調整していく

図1　ニューラルネットワークの学習

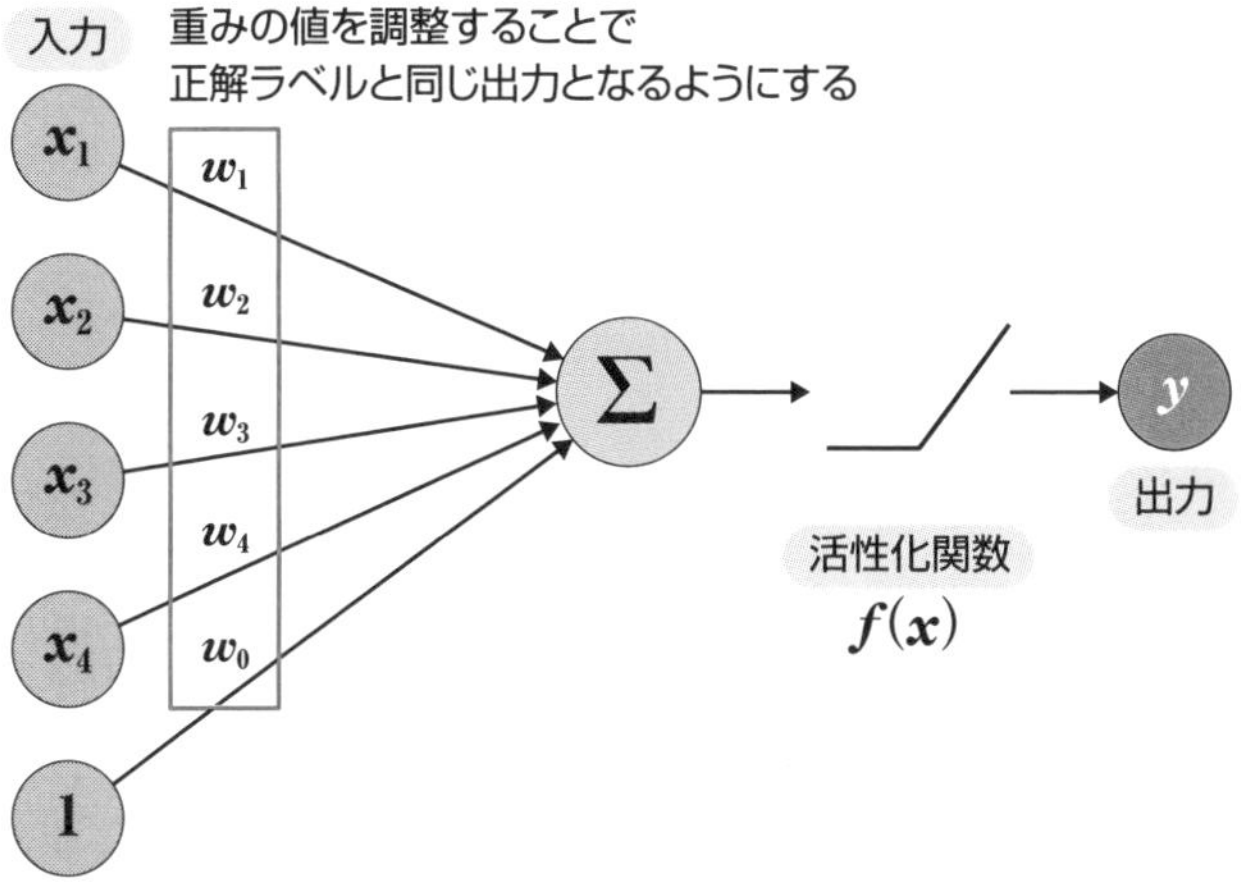

図2　重み更新のイメージ

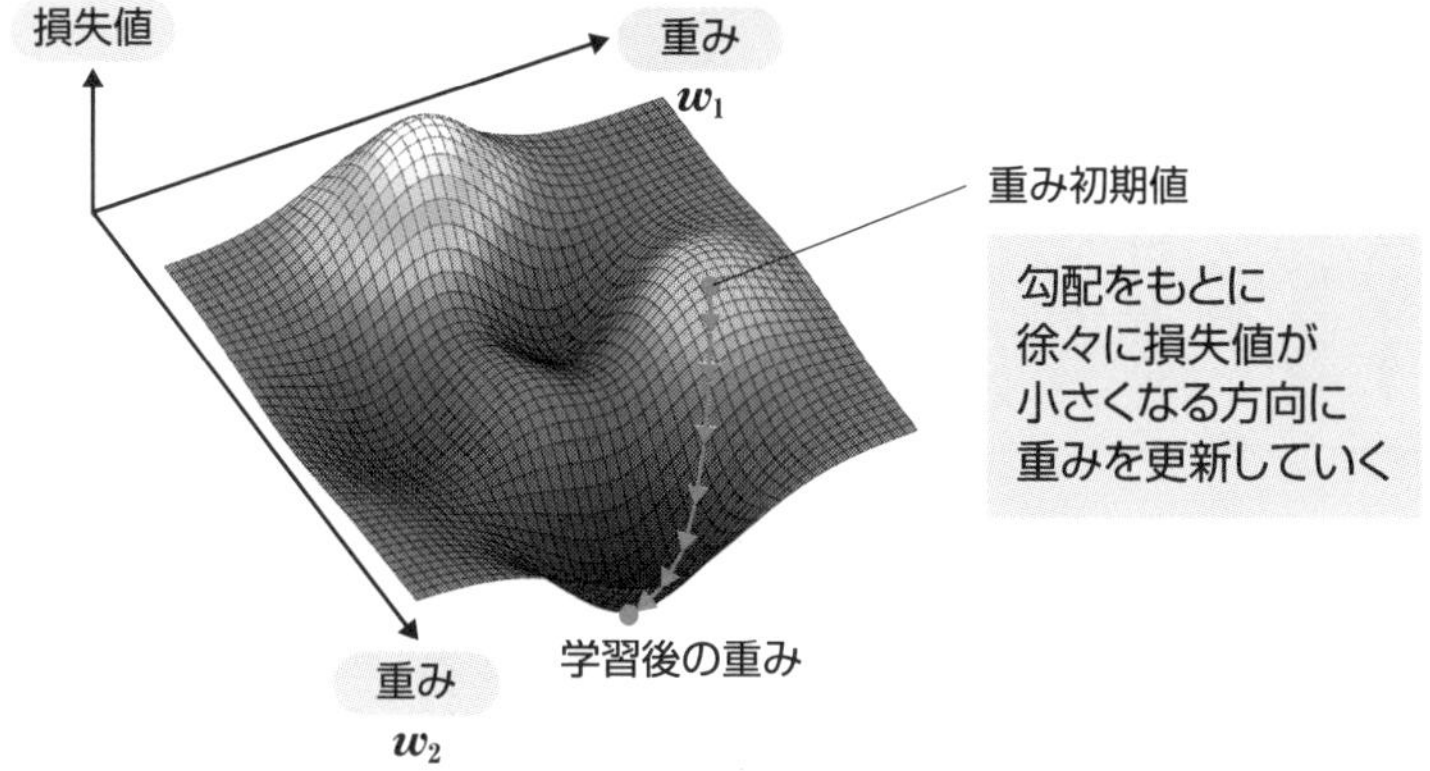

図3　誤差逆伝播法

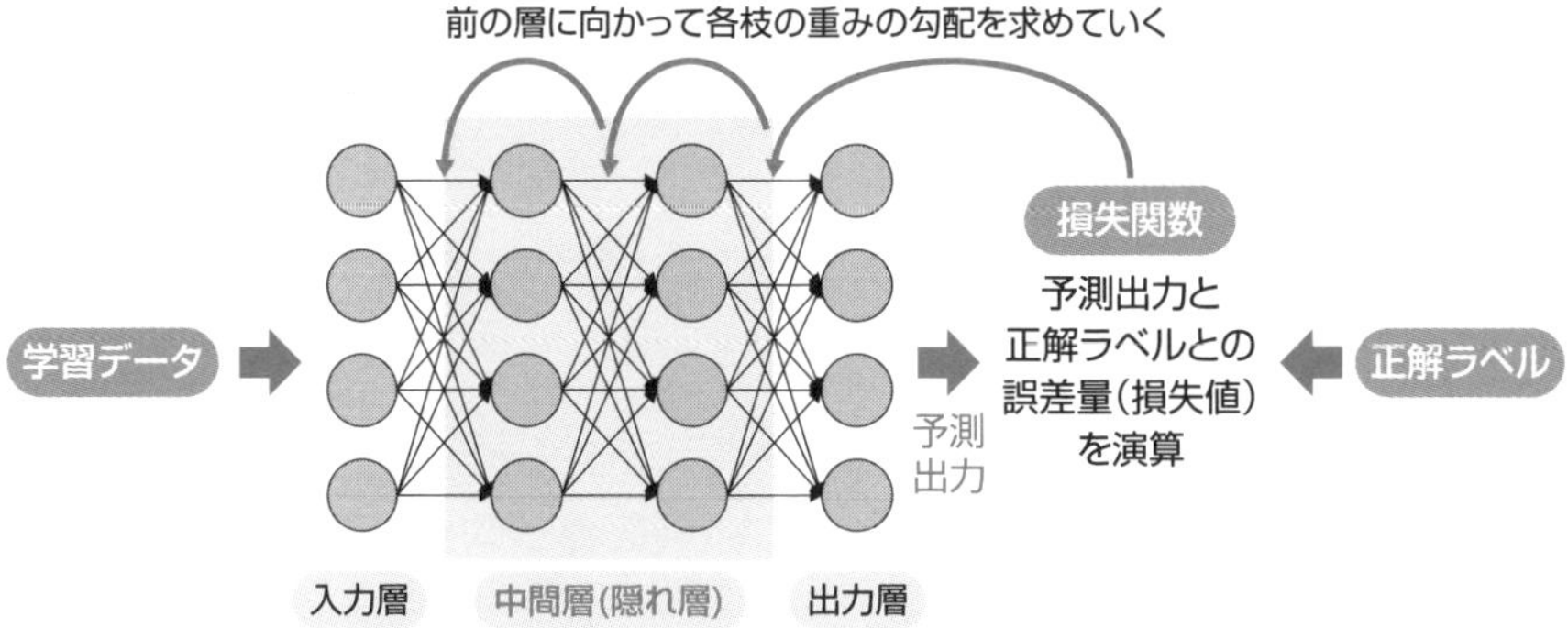

49 過学習を防止する

深層学習における正則化

深層学習は、一層あたりのニューロン数が多く、ネットワークが深いほど、学習するパラメータ（重み）の数が増えます。これらのパラメータは、ネットワークがデータをどのように理解し、予測を行うかを決定します。パラメータ数が多いと、その予測の精度は高まりますが、過学習という問題も生じます。

過学習とは、モデルが学習データに対しては高い予測精度を持つものの、新たなデータに対しては予測精度が低くなってしまう現象を指します。つまり、モデルが学習データに過度に最適化されてしまうという問題です。この過学習を防ぐための手法として、ニューラルネットワークでは「ドロップアウト（Dropout）」や「荷重減衰（Weight Decay）」などがあります。

ドロップアウトは、ニューロンを毎回ランダムに選び、そのニューロンを無効にしながら学習を行う方法です。これにより、ネットワークは毎回異なる形になり、それぞれが異なる特性を持つため、その特性の多様性が組み合わさることで、過学習を防ぐ効果があります。これは、複数のモデルを組み合わせることで過学習を防ぎ、汎化性能を高めるアンサンブル学習（39項）の一種とも言えます。どのくらいのニューロンを無効にするかはドロップアウト率と呼ばれ、ハイパーパラメータで調整します。

一方、「荷重減衰」は、モデルの学習において重みの値が大きい解が選択されるのを制限する方法です。ある重みの値が極端に大きいモデルは、その重みに対応する入力値の変動にあまりに敏感であり、過学習のリスクが高い可能性があります。しかし、荷重減衰を用いることで、大きな重みの値を持つことが難しくなり、重みの値が小さい解が選ばれやすくなります。この荷重減衰の効果の大きさも、ハイパーパラメータで調整します。

これらのテクニックは、過学習を抑制し、深層学習モデルの性能を高めるための有効な手段です。

要点BOX

- ●ドロップアウトはランダムにニューロンを無効化
- ●荷重減衰は重みの値が小さい解を得られやすくする

図1　ドロップアウト

正則化方法①　ドロップアウト(Dropout)

- ランダムにニューロンを無効にして学習を行い正則化
- アンサンブル学習の効果

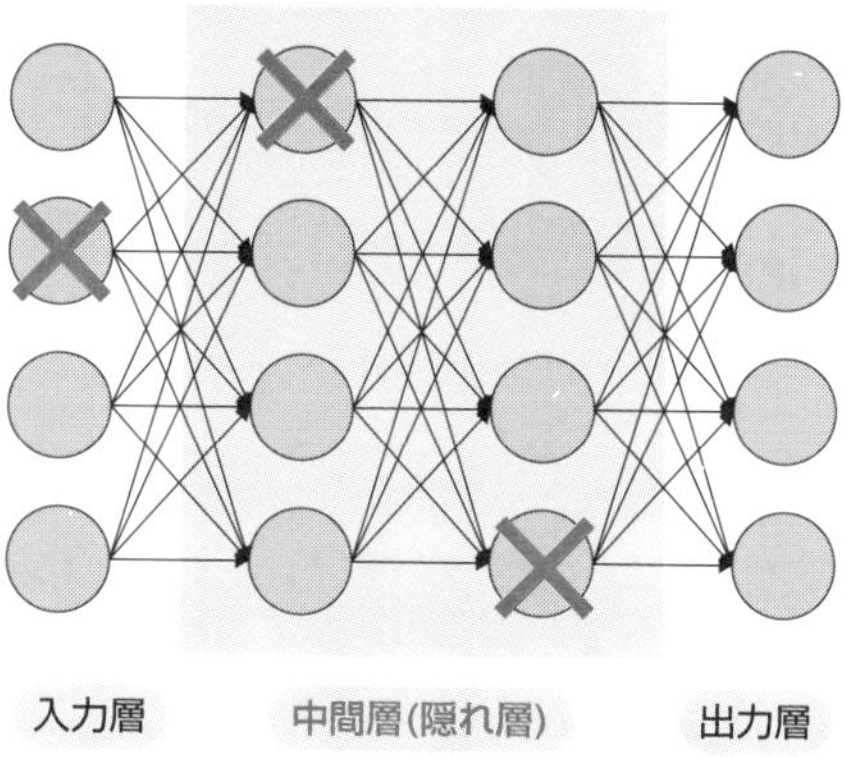
入力層
中間層(隠れ層)
出力層

どのくらいの割合を無効にするか
ドロップアウト率：ハイパーパラメータ

図2　荷重減衰

正則化方法②　荷重減衰(Weight Decay)

- 重みの値が小さい学習結果が得られやすくする
- 制約を持たせて正則化の効果を得る
- 効果の大きさはハイパーパラメータで決定

こうしたテクニックにより
深層学習における
過学習の問題を緩和

50 特徴を取り出すネットワーク

オートエンコーダ

「オートエンコーダ」は、少し変わったニューラルネットワークです。このモデルは、「エンコーダ」と「デコーダ」で構成されています。エンコーダは情報の圧縮や特徴抽出を行い、デコーダは情報の復元を行います。

オートエンコーダの特徴的な点は、入力と出力が同一データであることです。つまり、オートエンコーダは入力データと同じものを出力するように学習されます。

あなたは疑問に思うかもしれません。「入力と同じ出力するだけのモデルは何の役に立つのか?」その答えは、中間層にあります。この層では、入出力層よりも少ない数のニューロンを通過して情報が処理されます。出力で入力と同じデータが再現でき、中間層において入力層よりも少ない数のニューロンを通過しているということは、中間層のデータにおける特徴量の数は入力データよりも少なくなっています。つまり、オートエンコーダは次元削除を行うことで入力データから重要な特徴を抽出し、それをより少ない情報で表現する能力を持ちます。これが、オートエンコーダが特徴抽出機能を持つ理由です。

オートエンコーダの使用例として「プレトレーニング」を考えてみましょう。この手法は、深層学習のモデルの重みを初期化するための一手段です。具体的には、目的の深いネットワークを一層ずつオートエンコーダとして学習し、各層の重みを初期値として使用します。この方法により、目的のネットワーク全体が最初から有効な特徴を抽出できるようになります。

つまり、オートエンコーダによるプレトレーニングは、目的のニューラルネットワークをより効率的に学習するための「足がかり」を提供します。初期値の選択は深層学習の学習においてうまく学習が進められるかどうかを決める重要な要素の一つであり、オートエンコーダによる初期値の設定は、この問題を効果的に解決します。

要点BOX

- ●オートエンコーダは入力と同じデータが出力されるように学習する
- ●エンコーダとデコーダで構成

図1　オートエンコーダ

●入力データと出力データが等しくなるようにネットワークを学習する
●中間層において入力データを特徴抽出したデータが得られる

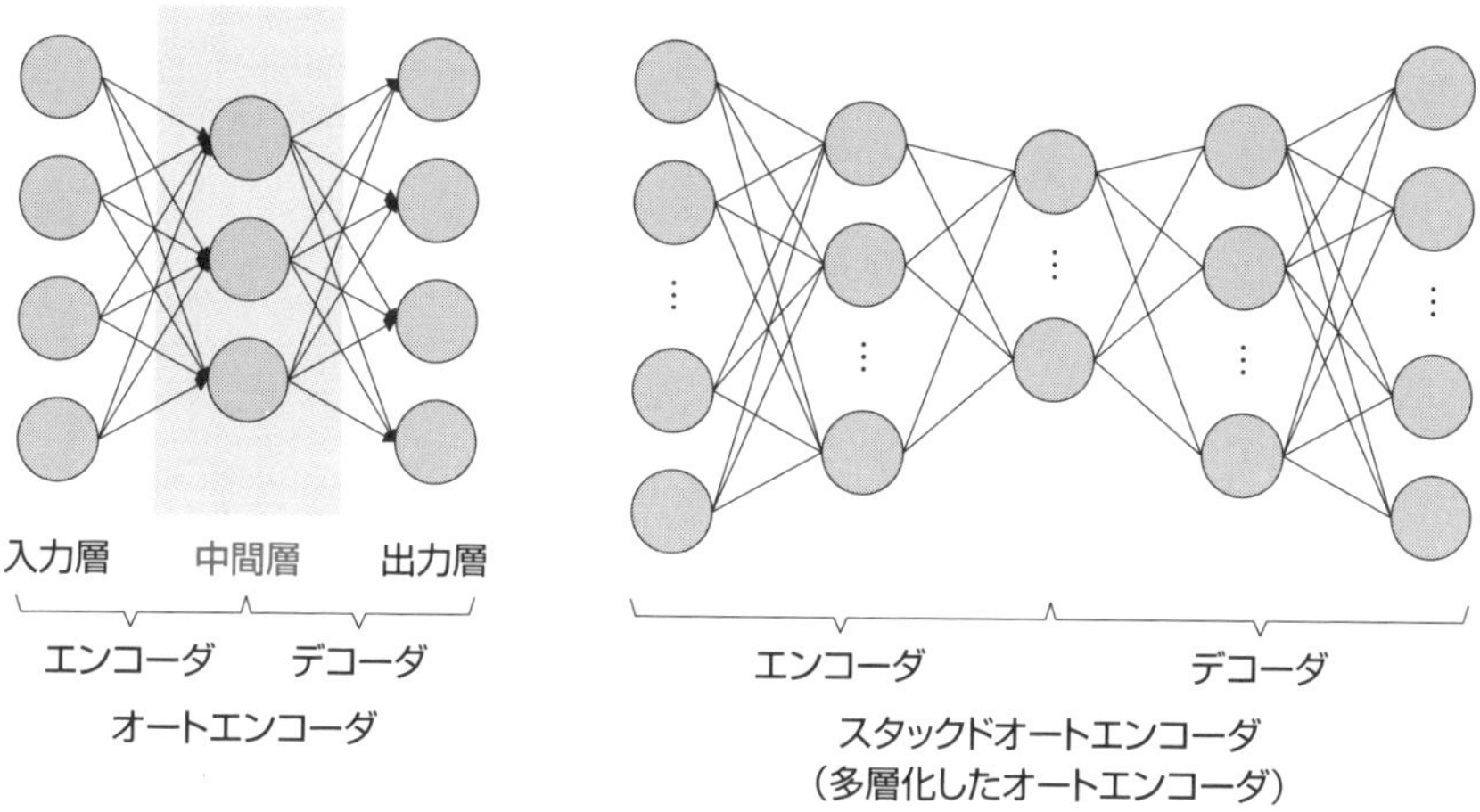

図2　プレトレーニング

●オートエンコーダを用いて、ニューラルネットワークの重みを初期化

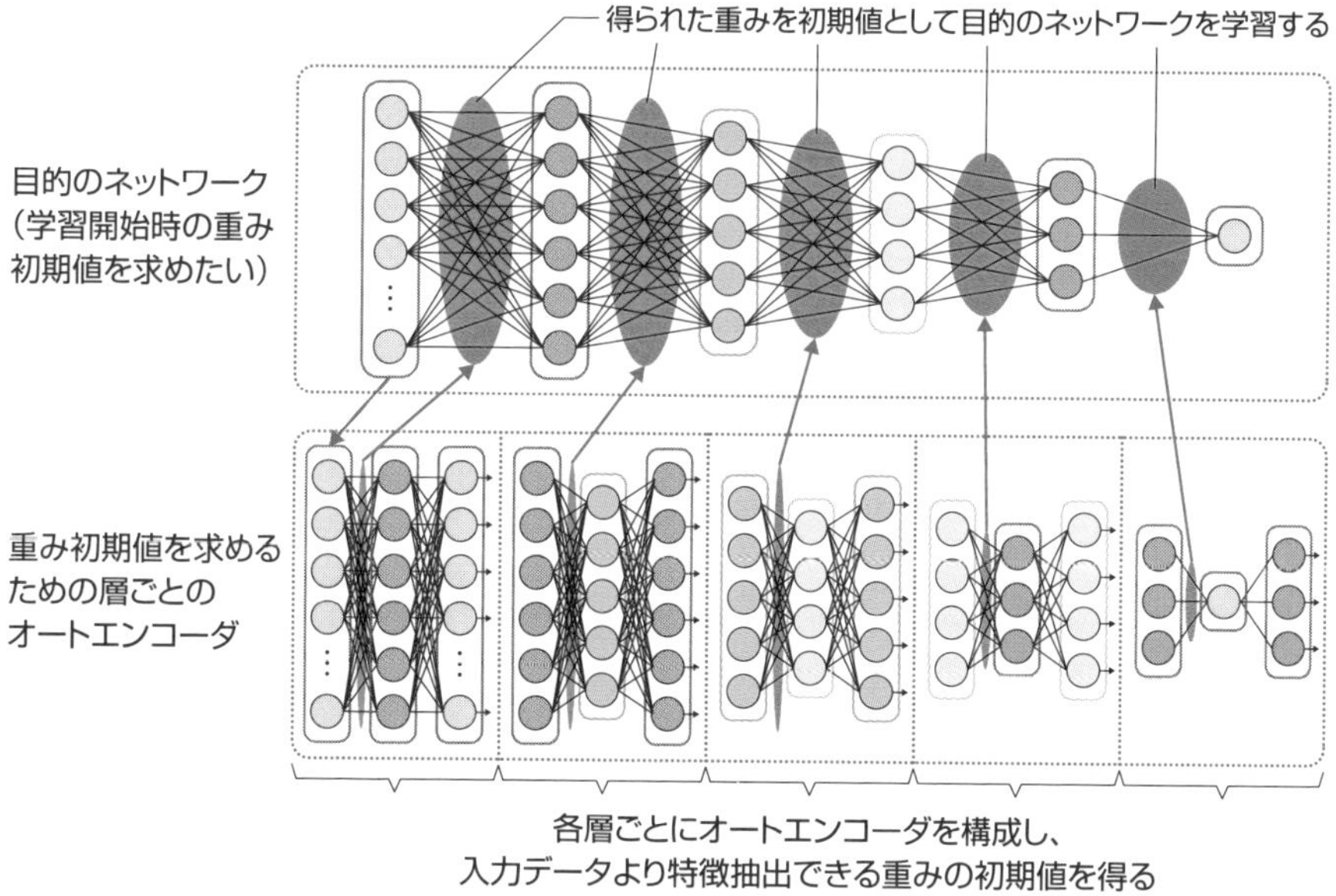

51 画像に適したネットワーク

「畳み込みニューラルネットワーク」は、画像データに適したニューラルネットワークです。画像認識の課題において高い性能を発揮します。図1は画像分類を行う畳み込みニューラルネットワークの基本構成を示しています。畳み込み層とプーリング層は、畳み込みニューラルネットワークの核心とも言える要素です。

畳み込み層は、二次元の畳み込み演算（11項）を行い特定のパターンや形状を検出するためのフィルタ処理（12項）を施します。これにより、例えば「縦の線」や「水平の線」といった特徴を抽出することができます。畳み込み層の独特な性質は、接続パターンにあります。通常のニューラルネットワークでは、層間は全接続ですが、畳み込み層では、画像上の近い部分のみを接続します。この限定的な接続は、学習する重みの数を大幅に減らし、過学習のリスクを低減します。

一方、プーリング層は、画像のサイズを小さくするための手段です。これにより、画像の小さな位置変化に対するモデルの感度を下げ、対象物の位置によらない検出が可能になります。

一般的に、これらの層を交互に配置し、画像を次々と変換していきます。初期の畳み込み層では単純な特徴を抽出し、後段に進むにつれてより複雑な特徴を抽出していきます。そして、最後の段階として全結合層が登場します。

全結合層は、その名の通り、前の層の全てのニューロンからの情報を統合して出力を作成します。ここでは、それまでに抽出された特徴を用いて最終的な判断を下すための役割を果たします。具体的には、各クラスの予測確率を計算する作業を担当します。このような構造を持つ畳み込みニューラルネットワークは、大量の画像データから自動的に特徴抽出方法を学習します。図2に学習された畳み込み層の重みの例を示します。この中には人間の視覚情報処理と類似した機能を持つものが存在すると言われています。

要点BOX

- 畳み込みニューラルネットワークは画像データに対して高い性能を発揮
- 畳み込み層とプーリング層が特徴

図1　畳み込みニューラルネットワークの基本構成

●畳み込み層による特徴抽出+全結合層による分類
●途中のプーリング層で画像サイズを縮小

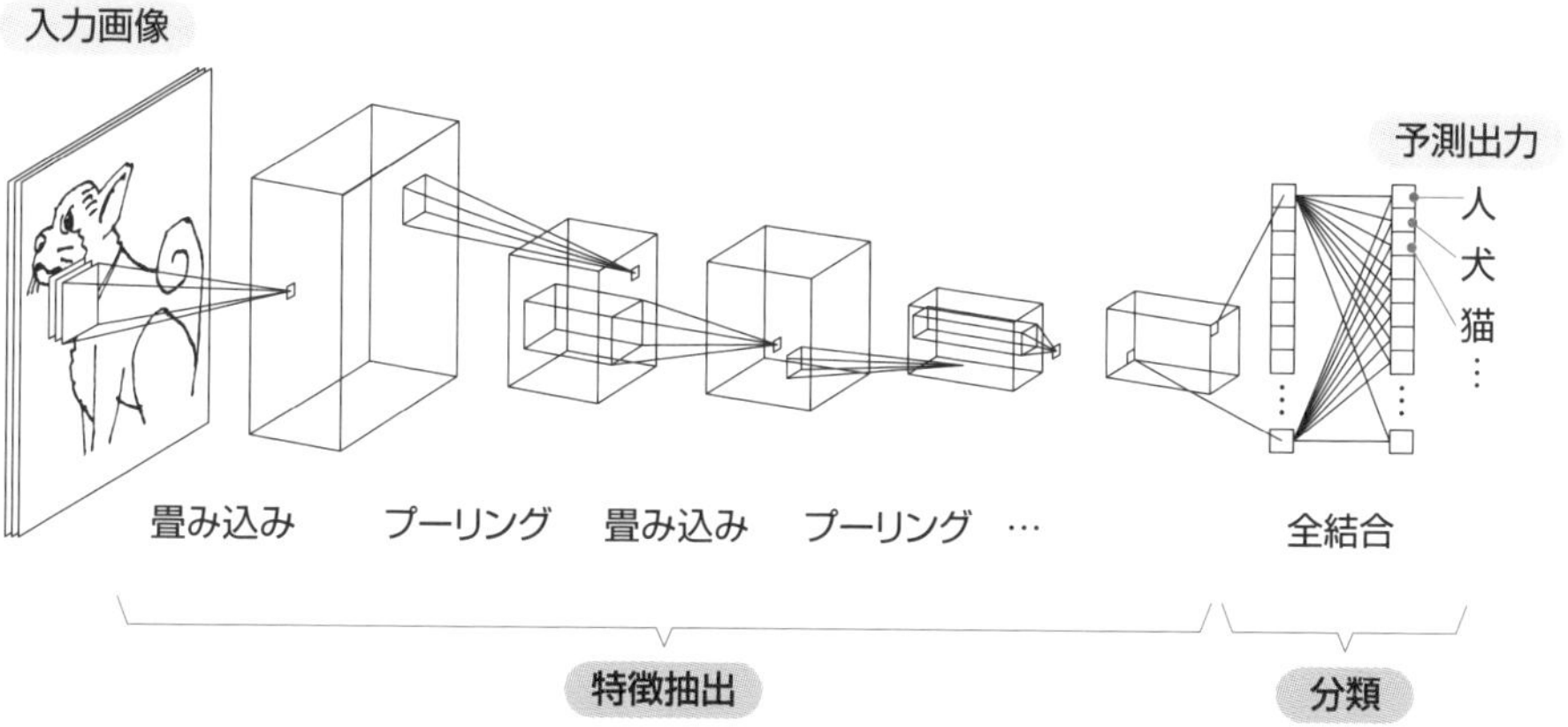

図2　初段畳み込み層の重みの例

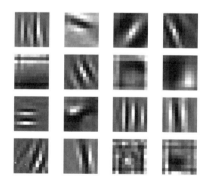

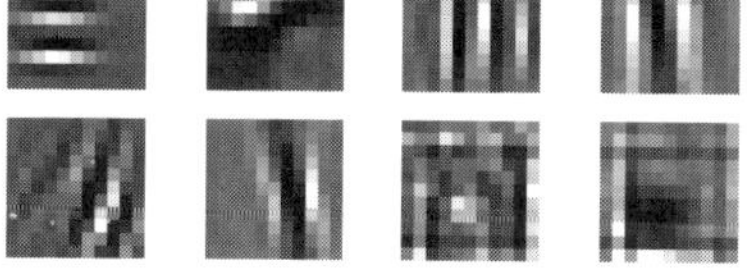

人手で特徴抽出方法の設計を行うことなく、
大量データの学習により自動的に特徴抽出するための重み（フィルタのカーネルの係数）が得られる

52 畳み込みニューラルネットワークの構成要素

畳み込み層とプーリング層

畳み込みニューラルネットワーク（51項）は、深層学習モデルの一つで、特に画像認識の課題に威力を発揮します。この優れた性能は、「畳み込み層」と「プーリング層」の組み合わせにより実現されます。ここでは、これらの層がどのように働き、全体の機能にどのように貢献するかを詳しく解説します。

「畳み込み層」（図1）は、畳み込みニューラルネットワークにおいて特徴抽出を行う主要な部分です。畳み込み層は画像から重要な特徴を「見つけ出す」役割を果たします。具体的には、入力画像にフィルタ処理を行うことで、画像の局所的な特徴を捉えます。このフィルタ処理は、エッジや模様など、画像内の特定の視覚的パターンを検出する能力を持ちます。そして、これらのフィルタの特性を決定する重みは学習により最適化され、学習データに合わせたより高度な特徴抽出が可能となります。

なお、畳み込み演算を行う際、画像の端部分の画素が失われるという問題が生じます。これに対策するために、「パディング」が用いられます。パディングは、画像の外周に余白を追加し、畳み込み演算の範囲を拡大することで、画像のサイズを保持するテクニックです。

一方、「プーリング層」（図2）は、画像データの画素数を縮小し、情報の集約を行います。Max poolingやAverage poolingなどの手法を使用し、局所的な画素群の最大値や平均値を取り出すことで、情報を圧縮します。これにより、ネットワークは物体が画像内で少しだけ動いても、その物体を同一のものと認識できる「位置不変性」を獲得します。

これらの層は、画像の特徴を抽出し、それらをうまく集約する役割を果たします。そのため、畳み込みニューラルネットワークは画像から意味のある特徴を上手に抽出し、その結果をもとに高精度な認識を行うことができるのです。

要点BOX

- 畳み込み層は二次元畳み込み演算で特徴抽出
- プーリング層は画像サイズを縮小して情報量削減

図1 畳み込み層

●畳み込み演算に使用するカーネルの係数が学習する重み
●画像における特徴量を抽出する役割

畳み込み演算

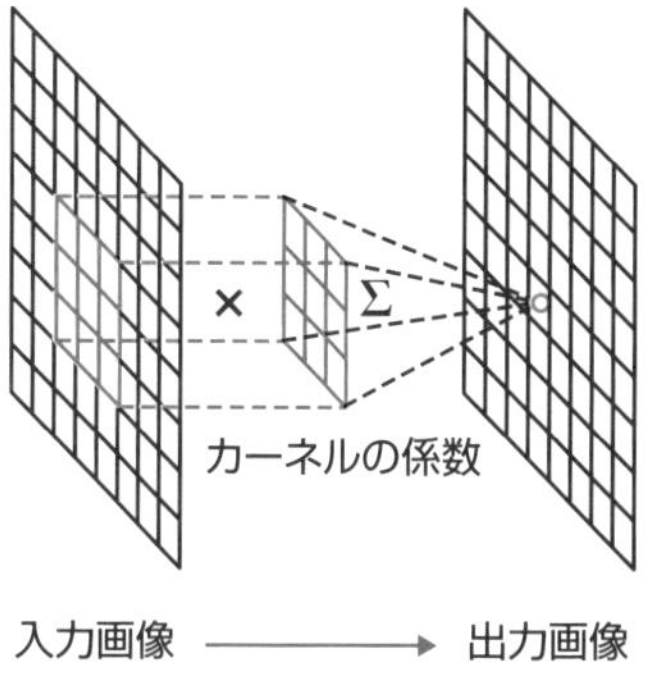

ゼロパディング

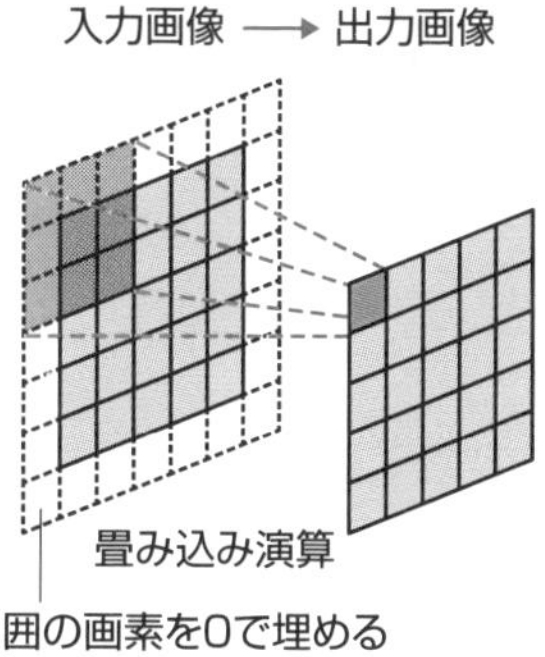

周囲を0で拡張してから
畳み込み演算をすることで
入力と同じサイズの画像を得られる

図2 プーリング層

●画像サイズを縮小
データの情報量を削減
位置不変性を獲得

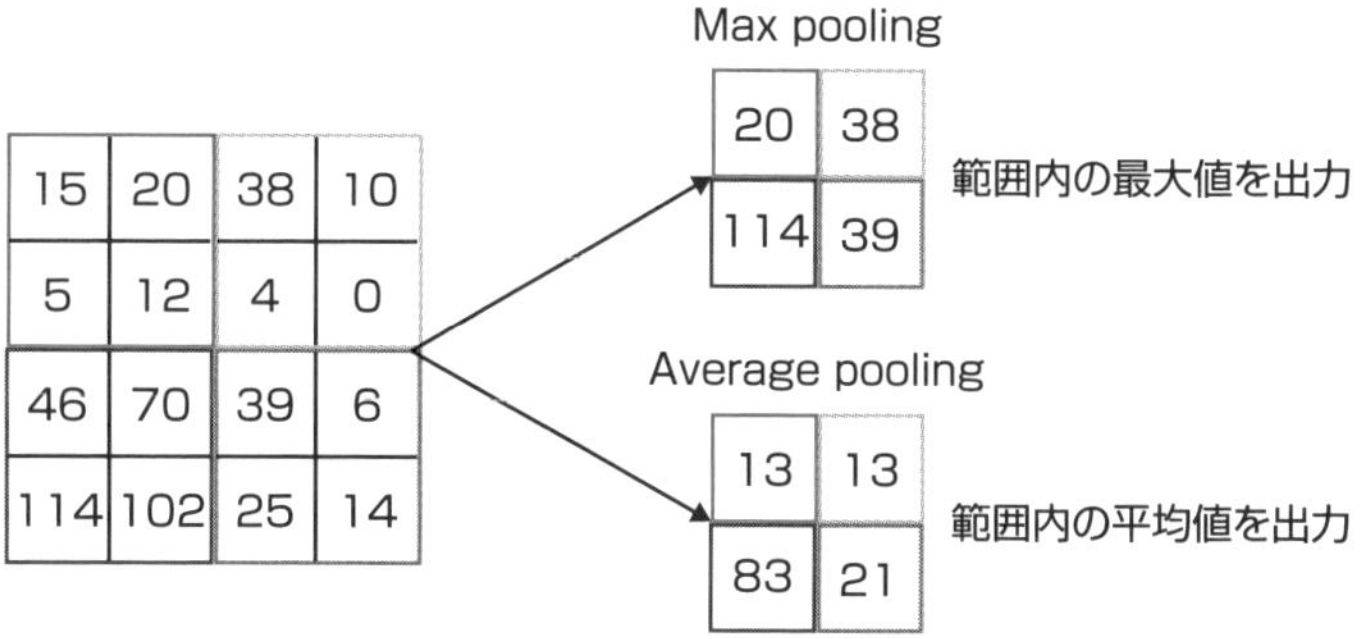

53 畳み込みニューラルネットワークの発展

画像認識に向けたネットワーク

畳み込みニューラルネットワーク（51項）は、近年の画像認識技術の進化において、中心的な役割を果たしてきました。その発展を見るためには、「ILSVRC（Imagenet Large Scale Visual Recognition Challenge）」という画像認識のコンペティションに目を向けることになります。

ILSVRCでは、参加者は120万枚以上の学習用画像を使い、1000クラスのラベルがつけられた画像から、画像分類（画像に写っている物体の予測）の課題を競います。その精度は「Top-5エラー率」という指標で評価され、予測結果の上位5つのクラスがすべて間違っている場合の割合で表されます。

2012年のILSVRCで、畳み込みニューラルネットワークの可能性を全世界に示したのが、AlexNetです。AlexNetは5層の畳み込み層と3層の全結合層を持ち、これまで人間が設計してきた特徴量を使うよりも高い認識精度を実現しました。この成功は、画像認識においてデータの量を増やし、深層学習を用いて学習することで、優れた性能が得られること、また大量データの学習を通じて、人手によらず良い特徴量が得られることを証明しました。

AlexNetの登場以降、畳み込みニューラルネットワークの進化は止まりませんでした。2014年には、最大19層まで深化したVGGが登場し、さらなる認識精度の向上を達成しました。そして2015年、ResNetが登場します。ResNetは最大152層という驚異的な深さを持ちつつ、層間にショートカットを設けることで、深いネットワークにおける学習の困難さを解消しました。その精度から、ResNetはこの課題において人間を超えたと言われています。

大量の画像データを学習済みのこれらのモデルは、画像に関して多くの知識を持つため、転移学習（57項）など色々な用途に応用されています。

要点BOX

- 画像認識技術を競うコンペティションにおいてさまざまなネットワークが提案された
- 多層化に伴い性能が大きく上昇

図1　ILSVRCにおける代表的な畳み込みニューラルネットワーク

2012年 AlexNet 8層

畳み込みニューラルネットワークの性能を知らしめる

2014年 VGG 最大19層

深い階層の畳み込みニューラルネットワークが高い性能を持つことを実証

2015年 ResNet 最大152層

超多層での課題を層の間にショートカットを入れることで解決

図2　モデルの進化

モデル層数の増加に合わせて、性能は急激に上昇

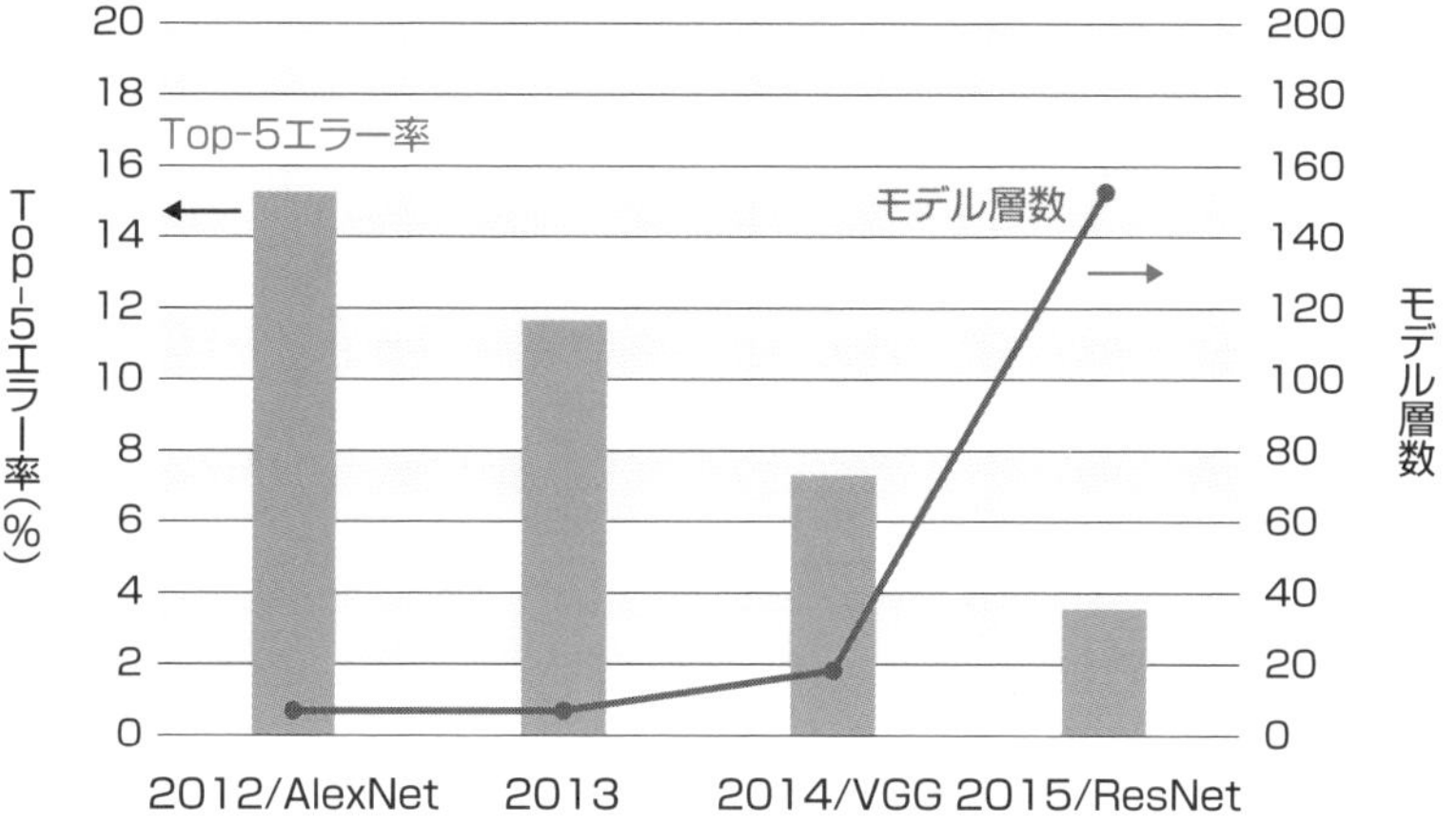

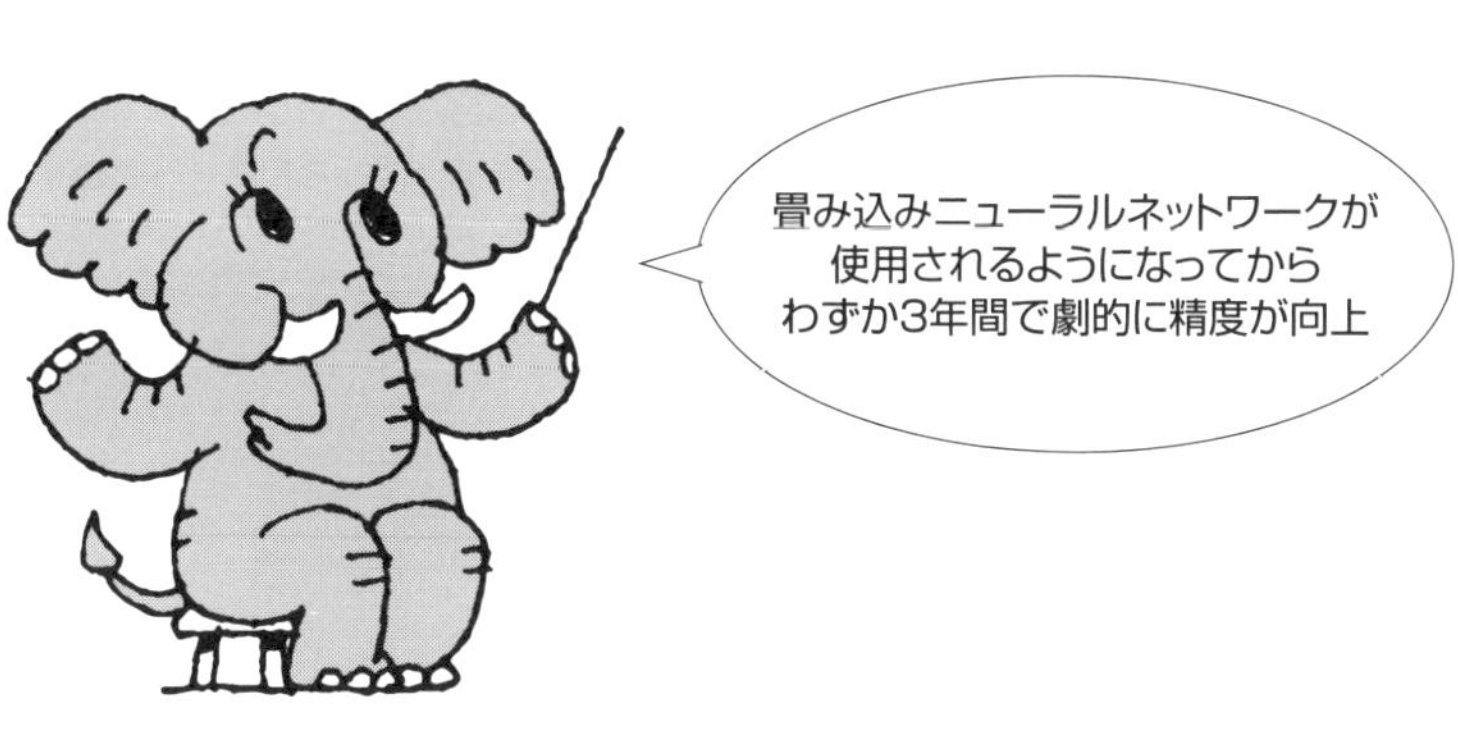

54 物体の位置や大きさまで特定

畳み込みニューラルネットワーク（51項）は、画像分類だけでなく、物体の位置や大きさまで特定する「物体検出」の課題でも大活躍しています。

物体検出とは、画像内の物体の「存在」だけでなく「どこにあるか」までを認識する技術です。物体検出の一つの手法として、スライディングウィンドウを用いた方法があります。これは、例えば一枚の風景写真の中から鳥を探す場合には、写真全体を小さな窓を通して順番に見ていき、その窓の中に鳥がいるかどうかを判断するイメージです。

具体的には、画像の一部を切り取り、その中に存在する物体は何かを畳み込みニューラルネットワークにより判断していきます。しかし、画像全体をこのように細かく切り取って分類すると、判断する画像の枚数が多くなり計算量が増えてしまいます。

そこで登場するのが、候補領域を使用する手法です。これは、鳥がいそうな領域を最初に絞り込むイメージです。この方法では、画像セグメンテーション（24項）などを活用したアルゴリズムを用いて、まずは物体が存在する可能性がある候補領域を画像全体から絞り込みます。これにより、その後計算が必要な画像枚数を大幅に削減できます。次に、候補領域ごとに畳み込みニューラルネットワークを用いて画像分類を行い、物体の位置と種類を特定します。なお、候補領域を求める部分にも畳み込みニューラルネットワークを活用する方法も提案されています。

また、一度に画面全体から物体を検出する手法もあります。これは、写真全体を一度に見て、鳥がどこにいるかを特定するイメージです。例えば、画像全体を小領域（グリッド）に分割し、グリッドごとの物体の種類と物体が存在する位置情報を予測できる、一つの畳み込みニューラルネットワークを用います。一度の計算で画面全体の物体の存在と位置を同時に特定できるため、計算速度をさらに向上させることができます。

要点BOX

- 物体検出では物体の「存在」だけでなく「位置」も特定
- 畳み込みニューラルネットワークを活用

図1　畳み込みニューラルネットワークを用いた物体検出の方法

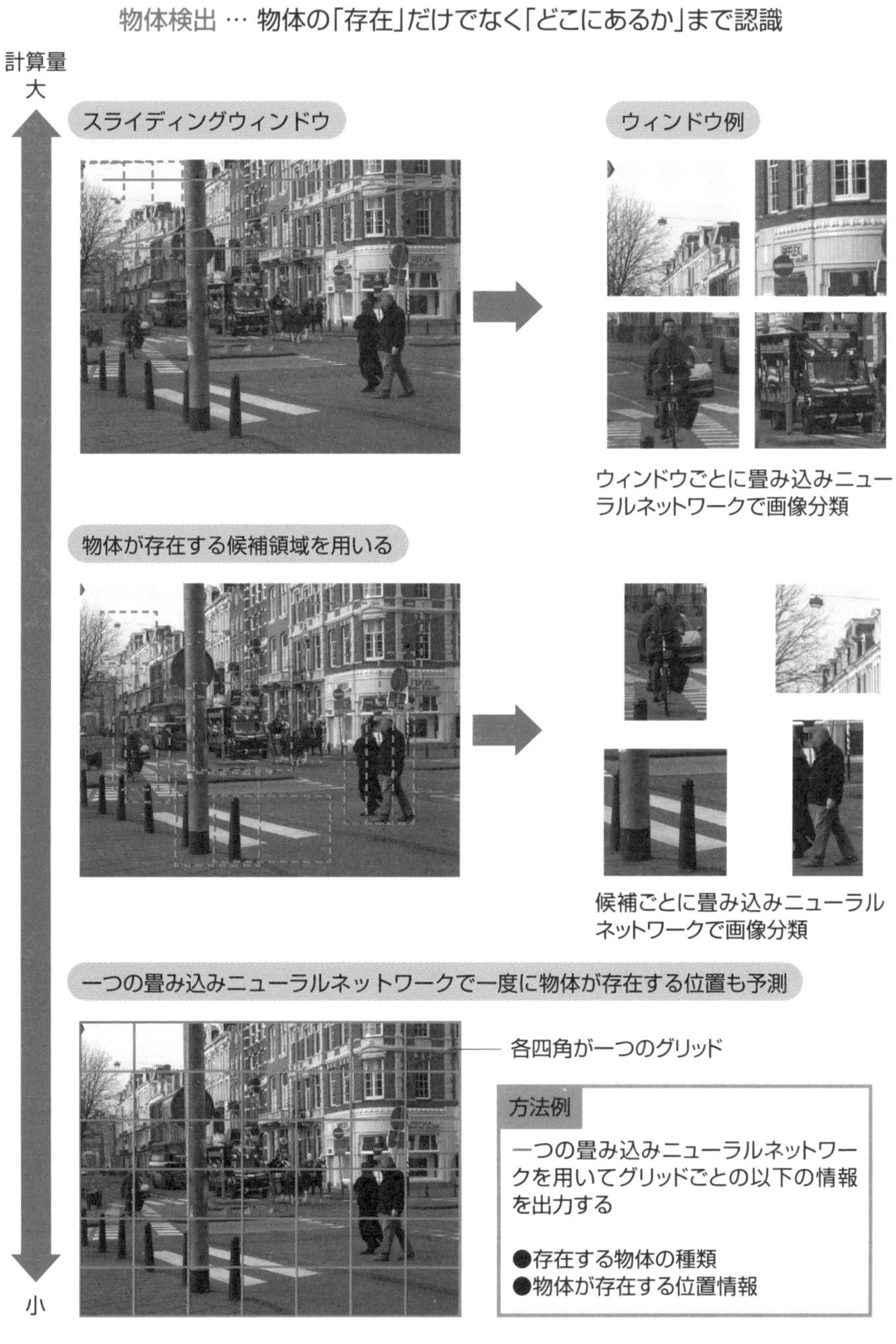

55 学習に用いる画像データ

画像認識に向けた画像データセット

機械学習を用いた画像認識技術は、大量の学習データを必要とします。例えば、色々な物体を認識させる場合、基本的にその全ての物体に対する画像データと正解ラベルが求められます。

しかし、大量に必要となるデータの全てを自分で集めるのは、そのコストの面から難しいことも多いです。そこで重要となるのが、大学や研究機関などが公開しているオープンな画像データセットです。これらのデータセットを活用することで、時間と労力を大幅に節約できます。自分で画像を集めてラベル付けする代わりに、これらのデータセットを使用すれば、すぐに学習を開始できます。ただし、一般的でない特定の課題を解決するためには、最終的に自分でデータを収集することが必要となる場合もあります。

例えば、手軽な画像データセットとして、「MNIST」があります。これは手書きの数字画像データセットで、0から9までの手書き文字のモノクロ画像が7万枚含まれています。比較的小規模なため、実験用として便利です。

次に、「CIFAR-10」です。これは飛行機や自動車、鳥など10種類の物体のカラー画像を収めたデータセットです。32×32画素のカラー画像が6万枚あり、実験用として利用されます。

最後に、「ImageNet」を紹介します。これは1400万枚を超えるラベル付き画像を含んだ大規模なデータセットです。このデータセットの一部は、画像認識のコンペティション「ILSVRC」（53項）で使用され、大規模データセットと深層学習の組み合わせにより、高精度な画像認識が可能となることが示されました。

これらの画像データセットを利用した学習結果は、元の学習目的だけでなく、転移学習（57項）により他の目的にも活用できます。ただし、これらデータセットの使用可能範囲に関してはライセンス内容を確認する必要があります。

要点BOX

●オープンな画像データセットが存在
●MNIST, CIFAR-10, ImageNetなどが有名

図1　MNIST 画像データセット

●画像データセット: MNIST
手書き数字の画像分類課題
モノクロ 28x28画素の画像が7万枚

0 0 0 0 0 0 0 0 0 0 0 0 0 0 0 0
1 1 1 1 1 / 1 / 1 1 1 1 1 1 1 1
2 2 2 2 2 2 2 2 2 2 2 2 2 2 2
3 3 3 3 3 3 3 3 3 3 3 3 3 3 3
4 4 4 4 4 4 4 4 4 4 4 4 4 4 4
5 5 5 5 5 5 5 5 5 5 5 5 5 5 5
6 6 6 6 6 6 6 6 6 6 6 6 6 6 6
7 7 7 7 7 7 7 7 7 7 7 7 7 7 7
8 8 8 8 8 8 8 8 8 8 8 8 8 8 8
9 9 9 9 9 9 9 9 9 9 9 9 9 9 9

図2　ImageNet 画像データセット

●画像データセット: ImageNet
ラベル付きの1400万枚を超える画像
コンペティションILSVRCで利用

Goldfish

Jeep

Oboe

Restaurant

Soupbowl

Submaine

56 新たな画像を生成

画像生成モデル

深層学習は画像認識だけでなく、リアルな画像を生み出す技術にも利用されています。その一つの方法として「GAN（Generative Adversarial Network：敵対的生成ネットワーク）」があります。

GANとは何か、それを理解するためにはまずその構成要素を見てみましょう。GANは二つのパートから成り立っています。「Generator（生成器）」と「Discriminator（識別器）」です。Generatorは画像データを生み出す役割を持ち、一方のDiscriminatorはその生成した画像が本物か偽物かを見極める役割を担っています。

GeneratorとDiscriminatorは一緒に働きながら、それぞれが逆の目標を持つ相反する二つの要素です。Generatorは、できる限りリアルな画像を作り出し、Discriminatorを欺くことを目指します。一方、Discriminatorは生成された画像と本物の画像とを見分けることを目指します。

例えば、人の顔を生成するモデルを作りたいとします。そこで用意するのが、さまざまな人々の顔の画像が集まったデータセットです。最初、未学習のGeneratorはランダムな画像を出力します。それは人の顔にはほど遠いものでしょう。Discriminatorは、こうしたGeneratorが作った画像が本物の人の顔画像かどうかを判定します。

GeneratorはDiscriminatorを「だます」ために次第に学習を進めていきます。そして、Discriminatorはより正確に判定するために、その見極めの技術を磨いていきます。これら二つが交互に学習を進めることで、最終的にはGeneratorは本物と見分けがつかないほどのリアルな人の顔を生成するようになります。これがGANの基本的な仕組みで、このような競争的な学習から「敵対的」の名前がついています。

要点BOX

- ●画像生成モデルは目的の画像を生成できる
- ●GANはGeneratorとDiscriminatorが競い合い性能を向上させる

図1 GANの構成

- **Generator**
  画像データを生成するニューラルネットワーク
- **Discriminator**
  Generatorが生成した画像なのか、本物の画像なのかを判定するニューラルネットワーク
- **2つのネットワークが本物か偽物かを騙し合って性能を向上させる**

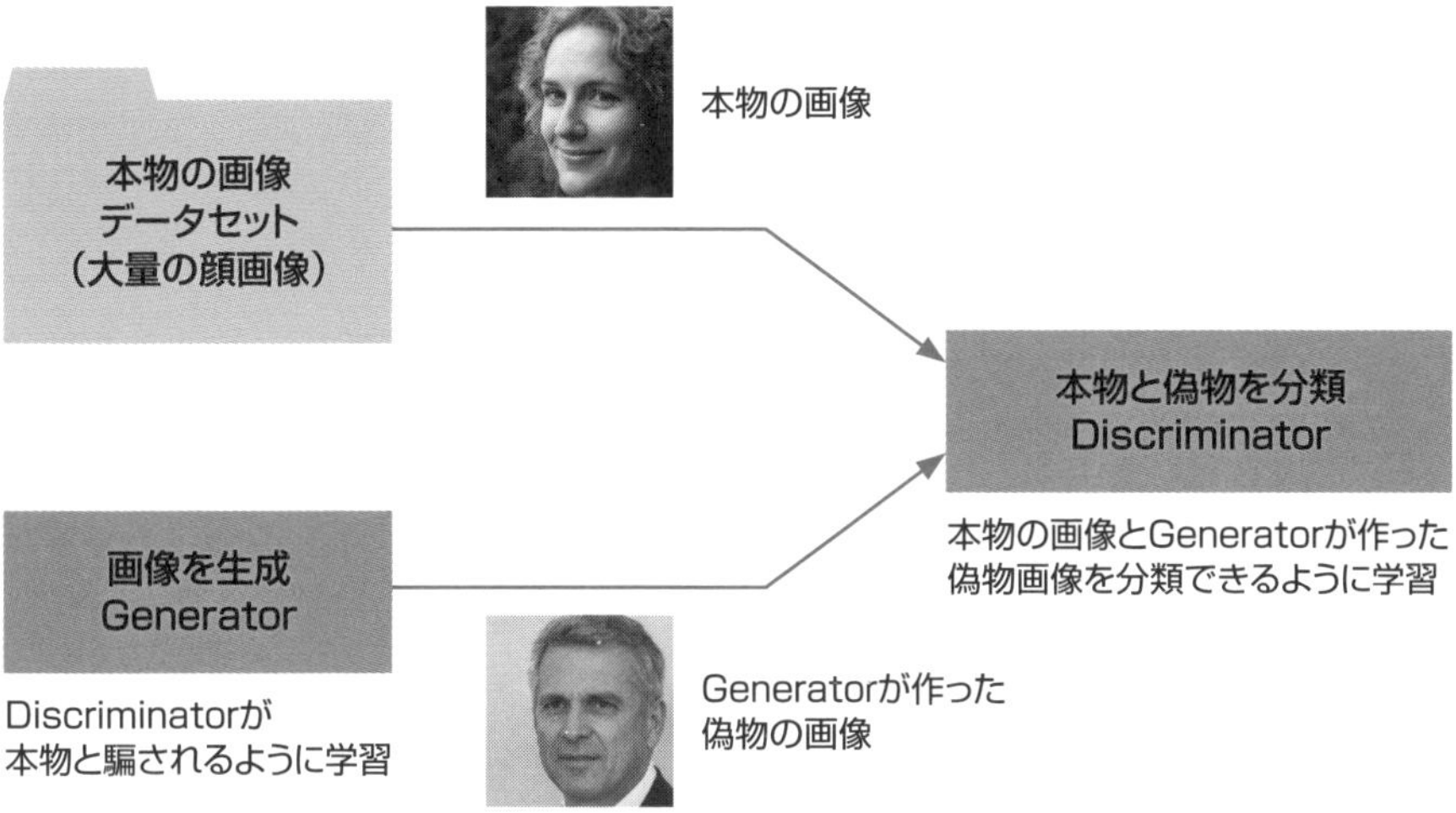

図2 GANにより生成された顔画像の例

57 学習結果を使い回す

深層学習モデルを適切に学習させるためには、大量のデータが必要となります。しかし、全ての課題で大量の学習用データを準備することは、時間やコストの観点から難しい場合も多いです。このような状況で効果を発揮するのが、「転移学習」という手法です。

転移学習は、一つの課題で得た学習結果を別の課題に適用する方法です。例えば、新種の魚の画像を分類する畳み込みニューラルネットワーク（51項）を学習するケースを考えてみましょう。ここで問題となるのは、新種の魚の画像が十分な数得られない点です。

転移学習では、まず大規模な画像データセットであるImageNetの分類課題を用いて畳み込みニューラルネットワークの学習を行います。この時、ネットワークは画像の特徴を抽出する畳み込み層の重みを獲得します。次に、この畳み込みニューラルネットワークの畳み込み層はそのままの重みを保ちつつ、後段の全結合層の重みのみを新種の魚画像の分類問題として再学習します。

そうすることで、ImageNetのデータを通じて学習された知識（画像の特徴抽出に有効な畳み込み層での重み）を活かして、「新種の魚を分類」という他の課題を解く畳み込みニューラルネットワークを学習できます。

この方法の利点は、ネットワークの一部の重みのみを課題に合わせて学習すればよい点であり、より少ない学習データの量で済むという点です。

転移学習のキーは「過去の学習結果の流用」です。例えば、この新種の魚の認識課題では、元々ImageNetの分類問題のために学習した特徴抽出能力が活用されます。新種の魚の特徴が、その学習済みモデルで上手く抽出できる場合、転移学習は有効に働きます。しかし、そうでない場合、転移学習は期待通りには機能しません。そのため、元の学習結果が新たな課題にどれだけ適用可能かを見極める必要があります。

要点BOX

- 学習結果を他の課題に適用
- 新たな課題において必要な学習データの量を少なくできる

図1 転移学習

●**転移学習**
ある課題における知識を、他の課題に適用
新たな課題において必要な学習データ量を少なく出来る

畳み込みニューラルネットワークの場合の例

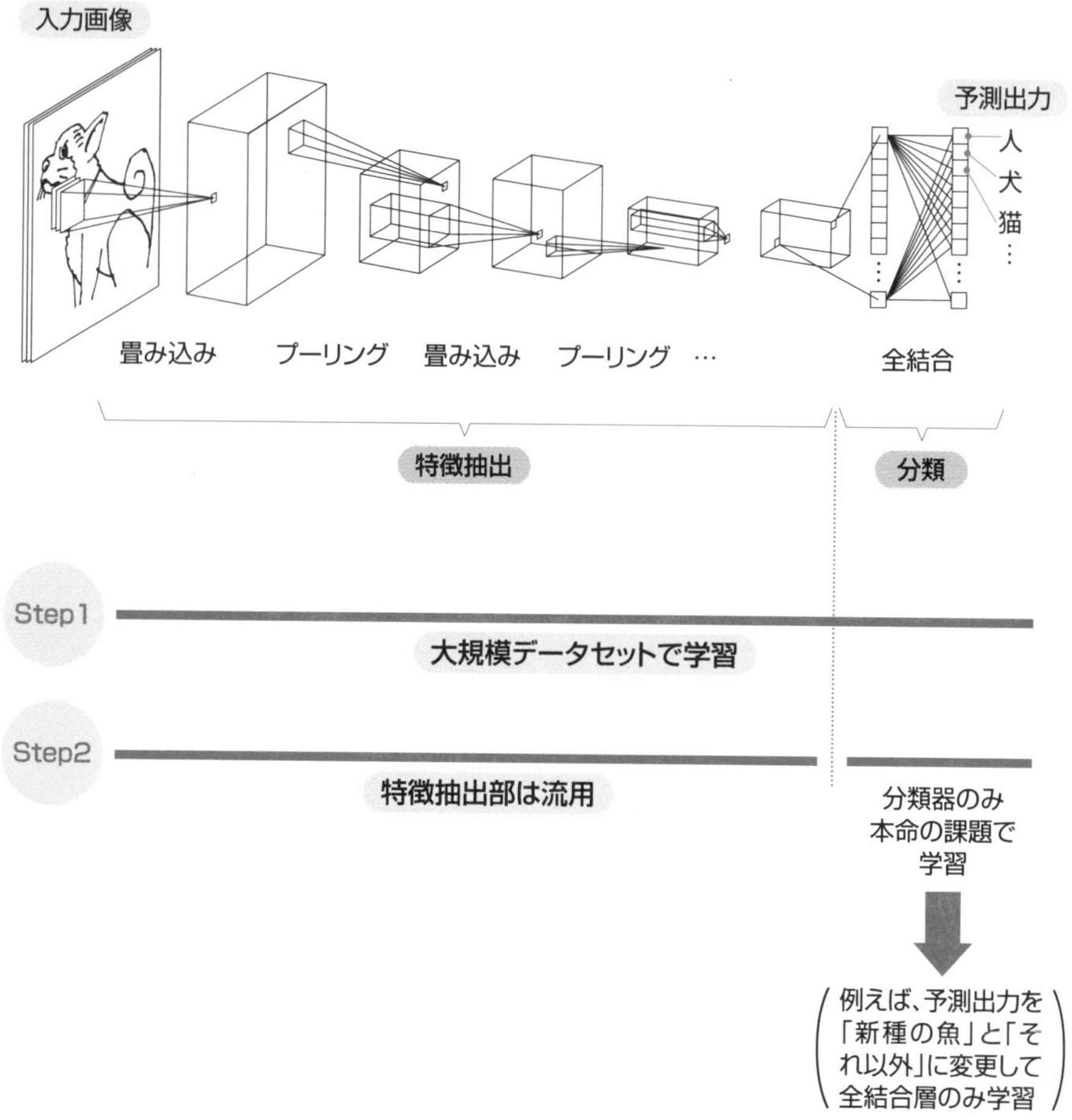

58 画素単位で分類する

画像セグメンテーション（24項）に関連して、画像認識の課題として「セマンティックセグメンテーション」と「インスタンスセグメンテーション」があります。

まず、「セマンティックセグメンテーション」について考えてみましょう。例えば、自動運転の車が道路を走行している時、前方の景色は一枚の画像としてカメラに映ります。道路、建物、空、それ以外の衝突の可能性がある物体など、この一枚の画像にはさまざまな物体が映り込んでいます。セマンティックセグメンテーションでは、この一枚の画像を画素単位で分類し、それぞれがどのクラスに属するかを判断します。しかし、例えば建物に対して、一つ一つの建物の分離は行いません。すなわち個体レベルでの分離は行いません。セマンティックセグメンテーションは、衛星画像より河川や田畑などの領域を画素単位で分割するような用途に対しても使用されます。

それに対して、「インスタンスセグメンテーション」は物体を画素単位で検出し、個体レベルでの分離を行います。同じ人間でも、一人目の人間と二人目の人間を別々の個体として分離して検出します。インスタンスセグメンテーションを用いることで、物体検出（54項）よりも詳細に対象物の形状を捉えることができます。

セマンティックセグメンテーションに向けて、「SegNet」などの畳み込みニューラルネットワーク（51項）が提案されています。SegNetは画像分類用の畳み込みニューラルネットワークと同じ構造を前半部に持ち、後半部では畳み込みと画像サイズの拡大を繰り返すことで、元の画素数での画素ごとの分類結果を得ます。

一方、インスタンスセグメンテーションには例えば、「Mask R-CNN」と呼ばれる畳み込みニューラルネットワークが提案されています。Mask R-CNNでは畳み込み層による特徴抽出結果を利用して、物体が存在する領域を画素単位で推定します。

要点BOX

- セグメンテーションは課題ごとに異なる種類が存在
- 深層学習を用いた方法が提案されている

図1 セグメンテーション課題

セマンティックセグメンテーション

画像の各画素がどのクラスに属しているか分類

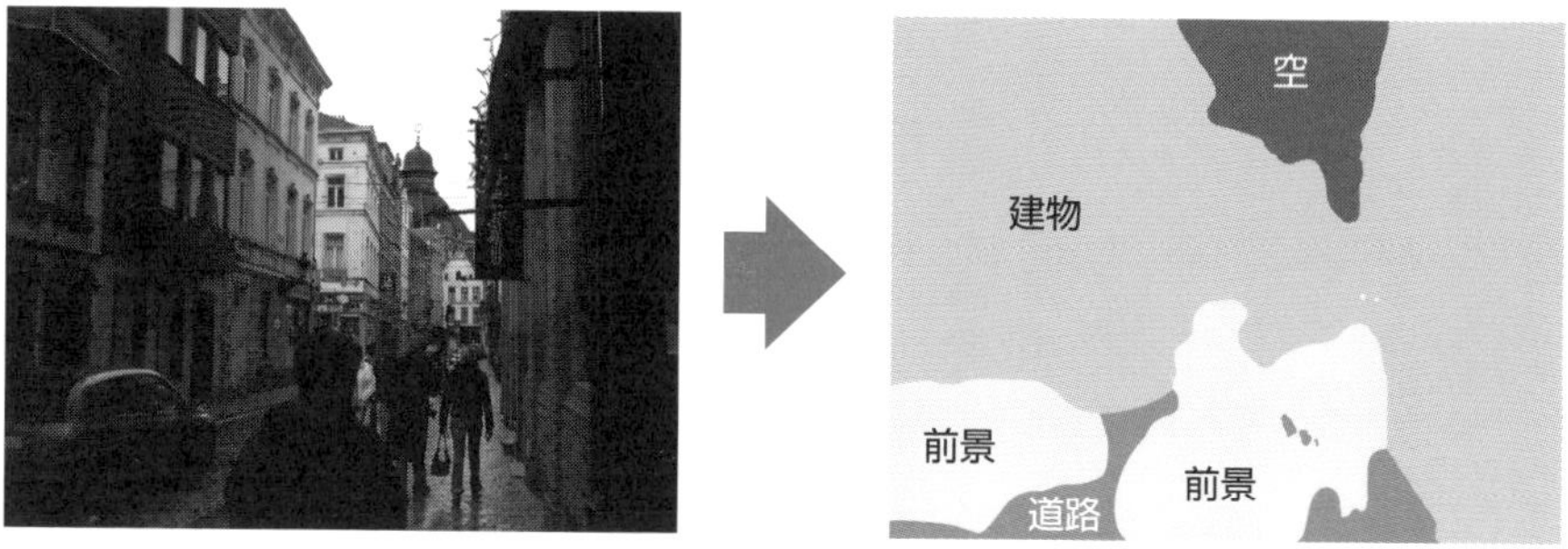

インスタンスセグメンテーション

個体毎に物体を画素単位で検出

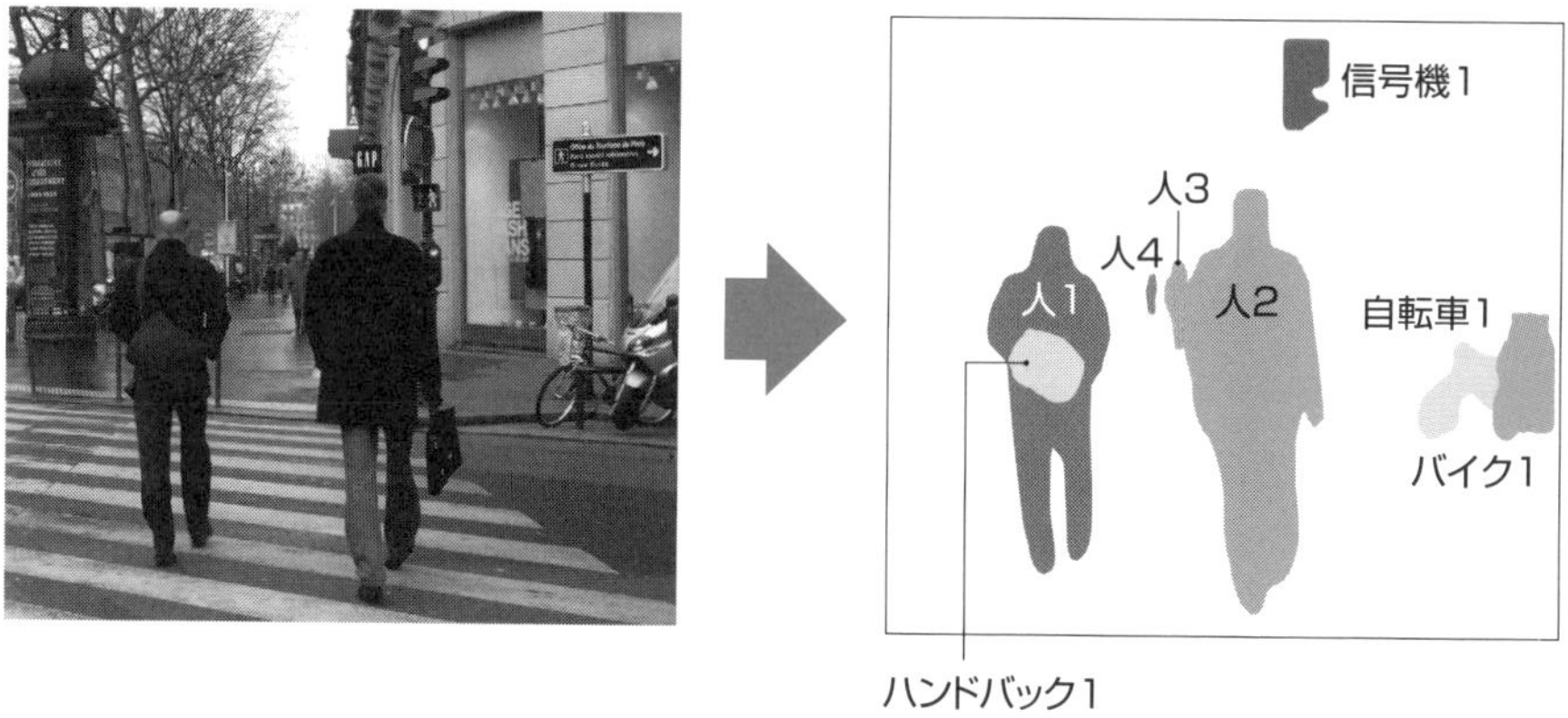

59 深層学習の画像処理への応用

畳み込みニューラルネットワーク（51項）は画像認識以外のさまざまな画像処理にも活用されるようになっています。

ここでは、「ノイズ除去」、「ぼけ補正」、「超解像」という三つの課題について原理を説明します。これらの課題には入出力ともに画像の畳み込みニューラルネットワークを用います。

最初に「ノイズ除去」（13項）に関して説明します。まず、学習用に大量に準備した画像に人工的にノイズを付加して学習画像とします。そして、これらノイズ付きの画像を畳み込みニューラルネットワークに学習させるのですが、その際の「正解」として用いるのは、ノイズを付加する前の、元の画像とします。こうすることで、学習後のネットワークは、ノイズが混じった画像をノイズのない画像に変換する能力を持つようになります。最近では、人間が工夫を凝らして開発してきたノイズ除去アルゴリズムを超える結果を得られるようになっています。

次に、「ぼけ補正」です。この場合も、学習画像にぼけを人工的に加えます。ぼけを加えた後の画像を畳み込みニューラルネットワークの入力とし、ぼけを加える前の元の画像を「正解」として学習させます。すると、ぼけた画像をクリアな画像へと変換するネットワークを構築することができます。

最後に、「超解像」についてです。カメラで撮影された画像は、イメージセンサの画素数以上の細かな情報を持つことはできません。しかし、画像処理などを用いてそれ以上の画素数の情報を得ることを超解像と呼びます。元の高画素の画像を人工的に低画素の画像に変換した低画素画像を畳み込みニューラルネットワークの入力とし、元の高画素画像を「正解」として学習させます。これにより、低画素数の画像を高画素数の画像に変換する、つまり超解像を達成するネットワークを構築できます。

要点BOX

- 畳み込みニューラルネットワークは画像認識処理以外にも使用される
- ノイズ除去やぼけ補正、超解像などに活用

図1 深層学習のノイズ除去への応用

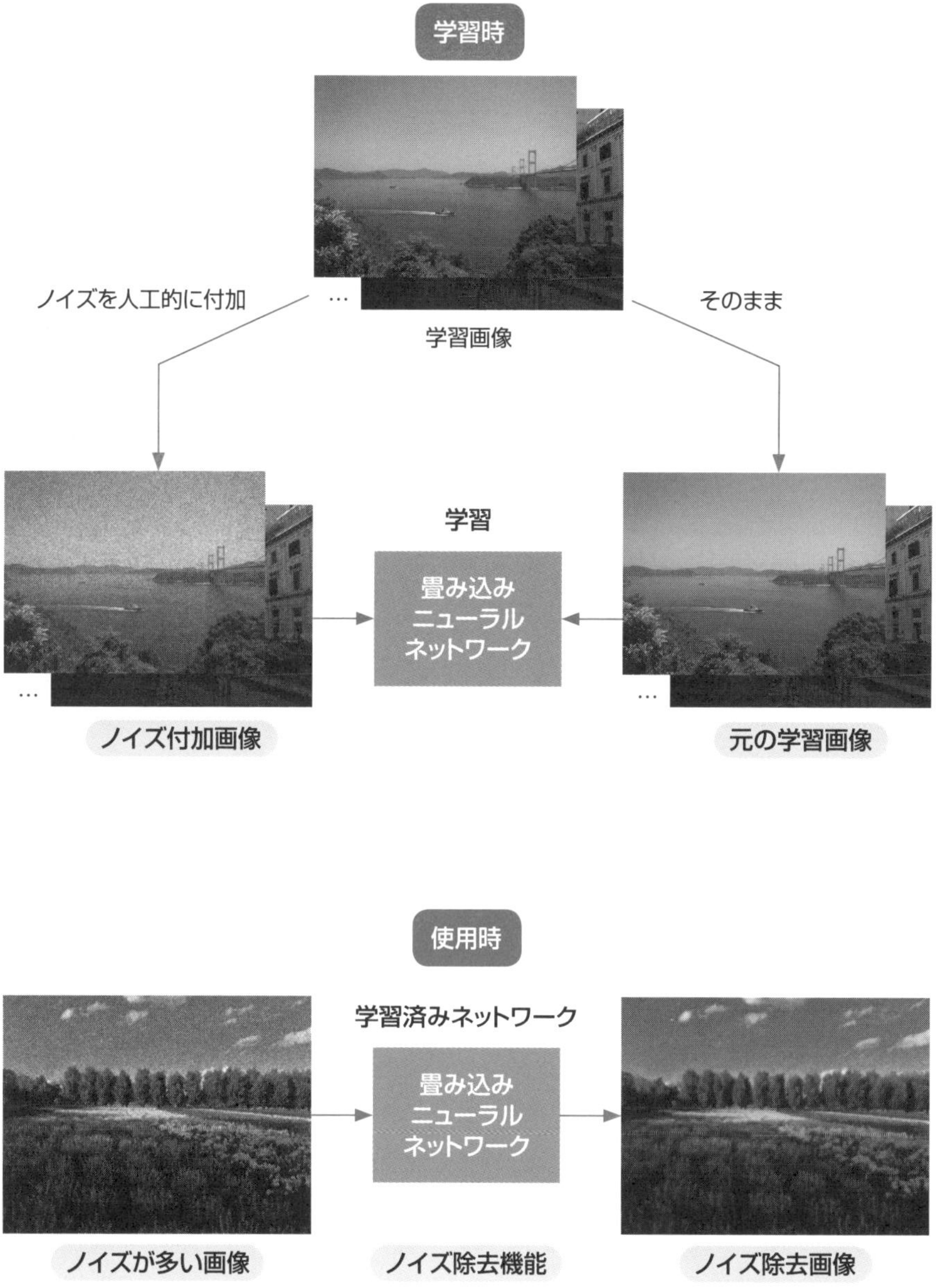

Column

画像向け深層学習の未来

近年、ChatGPTなど深層学習を用いた大規模言語モデルがその性能の高さからとても話題となっています。2017年に自然言語処理に向けてGoogle社より「Transformer」と呼ばれる深層学習モデルが発表されましたが、このTransformerが現在の大規模言語モデルに応用されています。

画像の分野では、本書でも紹介した畳み込みニューラルネットワーク（51項）がその性能の高さからよく使用されていました。そして、Transformerを画像分野に応用しようという研究も行われています。

2020年には、Transformerの構造を画像分類に用いた「Vision Transformer」モデルが提案され、畳み込みニューラルネットワークの精度を上回ったとの報告が行われています。その後も、さまざまな画像認識の課題に対してTransformerを応用したモデルが提案されています。今後、画像分野に関しても、畳み込みニューラルネットワークに代わりTransformerの構造を応用したモデルが主流になっていく可能性があります。

また、最近では画像を生成する画像生成モデルにおいて、生成したい画像の説明をテキストで入力すると、対応する画像を生成することもできるようになっています。ここでも、入力されたテキストより適切な画像生成を行うためにTransformerの技術が応用されています。

また、単なる画像生成ではなく、立っている犬の画像に対して、座るようテキスト文章で状況を与えると、対応する犬が座った画像が生成されるといった、テキスト文章での指示によって、入力された画像を編集することも可能となってきています。

このように、今後画像に関する深層学習は他分野向けモデルの応用や、画像以外のさまざまな種類のデータを組み合わせて活用する方向にも進んでいくでしょう。

第5章

さまざまな画像認識技術

60 画像認識の多彩な課題

画像認識処理の種類

画像認識というと、物体や人物を自動で判別する技術と考えがちですが、実はその対象や結果により、さまざまな種類に分けることができます。

まず、対象物の観点から見ると、特定の対象を認識する「特定物体認識」と、対象の一般的な名称を認識する「一般物体認識」（63項）に分けられます。

特定物体認識は、例えば自動運転向けの画像認識における一時停止標識認識の場合です。一時停止標識には色々な種類はありません。しかし、一般物体認識において例えば「犬」を認識する場合には、犬といっても色々な犬種があり、それらを考慮した上で犬と判定しなければいけません。そのため、難易度として特定物体認識と比較して一般物体認識は難しくなります。

特定物体認識はSIFT（27項）などのアルゴリズムを用いることで実現が可能です。対して、一般物体認識はその高い難易度から深層学習を用いるのが一般的となっています。

次に、画像認識結果の観点からは、画像分類、物体検出（54項）、セマンティックセグメンテーション（58項）、インスタンスセグメンテーション（58項）といった分類があります。画像分類は、画像全体から主要な物体の「クラス」を判定します。物体検出では、画像内の特定の物体の位置を四角い領域（バウンディングボックス）で示します。これにより、複数の物体をそれぞれ識別し、位置を示すことができます。

さらに、セマンティックセグメンテーションは画像の各画素が、画素単位でどのクラスに属するかを予測します。また、インスタンスセグメンテーションは物体を個体ごとに画素単位で検出します。

画像認識の課題は、これらだけにとどまりません。異常検知（64項）やOCR（65項）、二次元コード認識（66項）、行動認識（67項）などさまざまな課題があり、色々な場面で活用されています。

要点BOX

- ●認識対象の差から特定物体認識と一般物体認識に分けられる
- ●認識結果の観点から複数の課題に分けられる

図1 画像認識の課題

画像分類
(Image Classification)

画像に写っているクラスを出力

結果：花

物体検出
(Object Detection)

物体のクラスと位置(四角)を出力

セマンティックセグメンテーション
(Semantic Segmentation)

各画素のクラスを出力

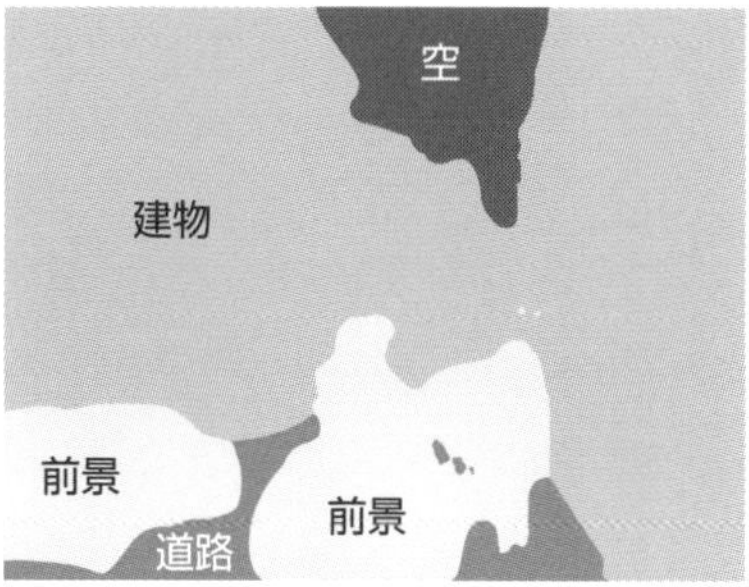

インスタンスセグメンテーション
(Instance Segmentation)

個体毎に物体を画素単位で検出

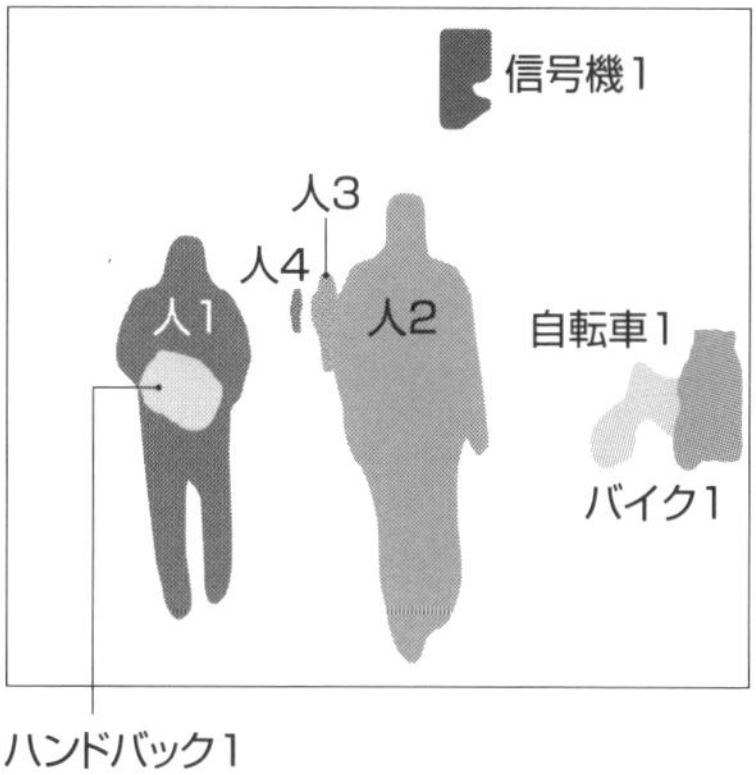

61 画像中の顔を見つける

顔検出

画像中に存在する顔を見つけ出す課題は「顔検出（Face Detection）」と呼ばれ、色々な用途に使用されています。例えば、カメラで写真を撮影する時に、顔に露光やピントを合わせる用途や、画像中の顔の数を数えることで来客者の人数を数える用途に使用されます。

用途が広い顔検出は古くからの課題でしたが、2001年に発表された「Viola-Jones法」が実用的な方法として知られています。Viola-Jones法は、特徴量として「Haar-like特徴」と後段の機械学習として「AdaBoost」というアルゴリズムの組み合わせで顔を検出します。処理量が少なくて済むため高速な処理が可能です。

Haar-like特徴は図2左にあるようなパターンの白黒それぞれの領域の画素値合計の差を利用するシンプルな特徴量です。このような明暗のパターンが検出枠中のどこに、どの大きさで存在する時に顔と判定するかAdaBoostを用いて学習します。

AdaBoostはアンサンブル学習を用いたアルゴリズムで、多数の弱学習器の結果を組み合わせて顔かそれ以外かの分類を行います。例えば、人間の顔の目の領域は鼻や頬の領域と比較して暗い場合が多いなどの特徴があるので、大量の顔画像とそれ以外の画像を学習させた結果、Haar-like特徴のパターンを多数組み合わせて顔を分類できるようになります。画像全体に対してはスライディングウィンドウを用いて画像中の各位置、さまざまな大きさで検出枠を走査し、検出枠ごとに分類することで顔検出を行います。

現在では、畳み込みニューラルネットワーク（51項）など深層学習を用いることでより高い精度の顔検出ができるようになっているほか、顔の向きや目や口など顔を構成するパーツの位置まで検出できるようになっています。また、性別や年齢などの推定や、誰の顔であるか認識する技術も実現されています。

要点BOX

- 顔検出は画像中に存在する顔を見つけ出す
- 顔パーツの検出、性別や年齢の推定なども可能となっている

図1 顔検出

●画像中に存在する顔を見つけ出す
●性別や年齢の推定や、誰の顔であるか認識する技術も開発されている

図2 Viola-Jones法

●Haar-like特徴 + Adaboost (機械学習)の組み合わせ

Haar-like特徴

局所領域の明暗差を利用

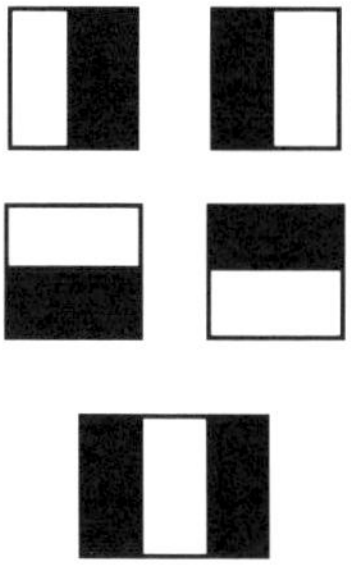

使用される矩形パターン例

白黒それぞれの領域の画素値合計の差

Adaboost

どのパターンが検出枠中のどこに
存在する場合に顔と判断するかを学習
(さまざまなパターンを組み合わせて判断)

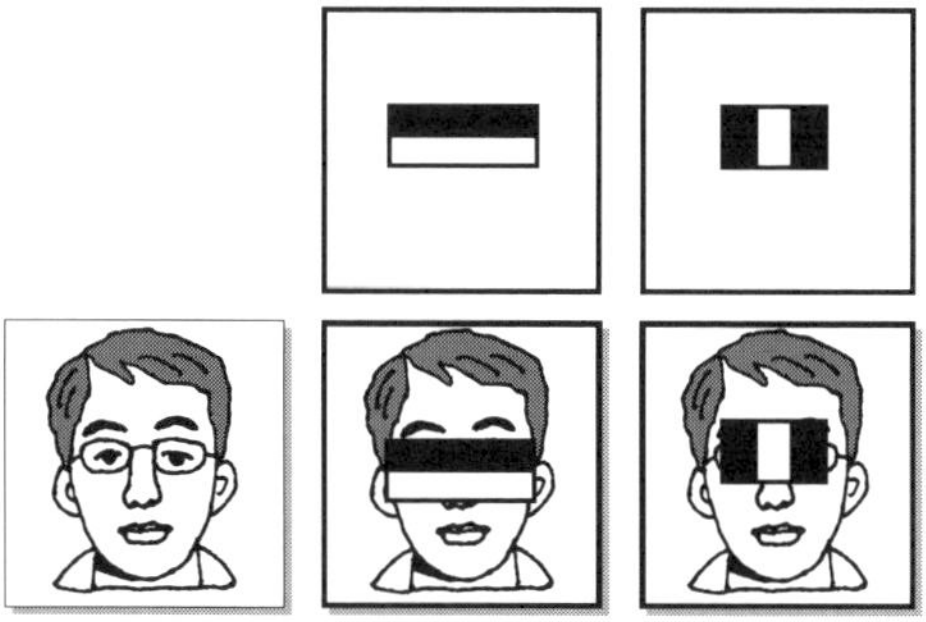

目の領域は鼻や頬の領域と比較して
暗いといった特徴が手がかりとなる

62 画像中の人を見つける

人検出

画像中に写っている人の数を数えるにはどうしたら良いでしょうか？顔検出を用いて顔の数を数えることで人の数とする方法も考えられますが、後ろを向いた人や、顔検出ができないほど小さく顔が写っている人は数え損ねてしまいます。

また、自動運転やADASシステムにおいて歩行者を検出することは安全面を考えると重要な課題です。このような用途に向けて画像中の人を検出する「人検出(Human Detection)」があります。

人は色々な姿勢を取るため、人検出は顔検出と比較して一般的に難しい課題となります。人検出を行うための方法として2005年に特徴量としてHOG特徴(35項)と後段の機械学習としてサポートベクターマシン(38項)を用いた方法が提案されています。

この方法では、大量の人画像と人以外の画像を学習し、人とそれ以外の画像を分類する分類器を作り、スライディングウィンドウを用いて画像中の人を検出します。

現在では、畳み込みニューラルネットワーク(51項)など深層学習を用いることでより高い精度の人検出ができるようになっています。

さらに、人検出に加えて、人の姿勢を表す骨格まで推定する「姿勢推定(Human Pose Estimation)」という課題も解決できるようになっています。2010年にはマイクロソフトのゲーム機Xbox 360用に距離が取得できるカメラを備えたKinectと呼ばれるセンサが発売されています。このKinectを用いたシステムでは、得られた距離情報をもとにした特徴量と機械学習としてランダムフォレスト(39項)を用いて姿勢推定を実現し、ユーザの姿勢をゲーム内に反映できるようになっています。

現在では、深層学習などを用いて距離が得られない通常のカメラ画像を用いた姿勢推定も可能になってきています。

要点BOX

- ●人検出は画像中に存在する人を見つけ出す
- ●人の骨格まで推定する姿勢推定も実用化されている

図1 人検出

●画像中に存在する人を見つけ出す

HOG特徴とサポートベクターマシンによる人検出例

特徴抽出

HOG特徴

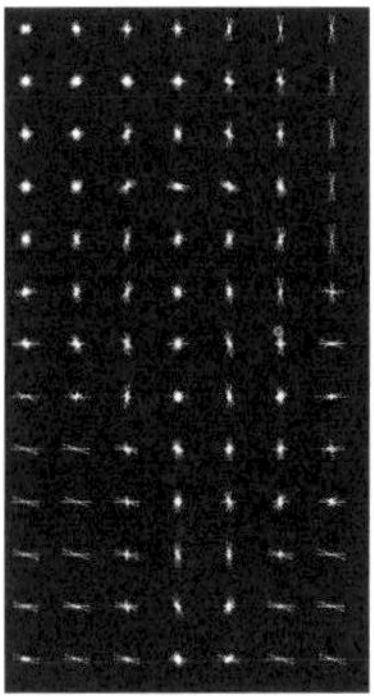

姿勢推定の例

63 写っている物体を言い当てる

一般物体認識

画像に写っている一般的な物体のクラスを言い当てる「一般物体認識」は昔から画像認識分野において大きな課題でした。なぜなら、画像分類の課題において、例えば「犬」と分類する場合にも、犬にはさまざまな犬種や色、姿勢が存在する状況で上手く分類する必要があるからです。

この課題を解決するため、2000年代前半には「BoVW（Bag of Visual Words）」と呼ばれる方法が開発されました。BoVWでは、まずSIFT（27項）などのアルゴリズムを用いて、学習画像の特徴点、または画像上で予め決められた間隔で特徴量を算出します。算出した特徴量をもとに、k-means法（24項）などのクラスタリングアルゴリズムを用いてVisual wordと呼ばれる代表的な局所的画像パターンを複数求めます。次に、サポートベクターマシン（38項）などの機械学習モデルを用いて学習画像における画像中のVisual wordのヒストグラムを入力とした画像の分類方法を学習します。分類時には入力画像のVisual wordのヒストグラムを算出し、機械学習モデルにより画像に写っているものを分類します。

このBoVWは2012年まではよく使われていました。しかし、2012年に行われた画像認識のコンペティションILSVRCにおいて、畳み込みニューラルネットワーク（51項）による画像分類が従来のアルゴリズムを大きく上回る性能を発揮し、それ以降は深層学習を用いたものが主流となっています。2015年のILSVRCでは深層学習が画像分類の課題において人間のエキスパートを上回る精度を実現したと言われています。

現在では一般物体認識に関して、画像分類から始まり物体検出やセグメンテーションなど各課題に対応する深層学習のネットワークが提案され、高い性能を発揮するようになっています。

要点BOX

- ●画像に写っている一般的な物体のクラスを言い当てる
- ●性能面から深層学習を用いた方法が主流

図1 Bag of Visual Wordsの処理イメージ

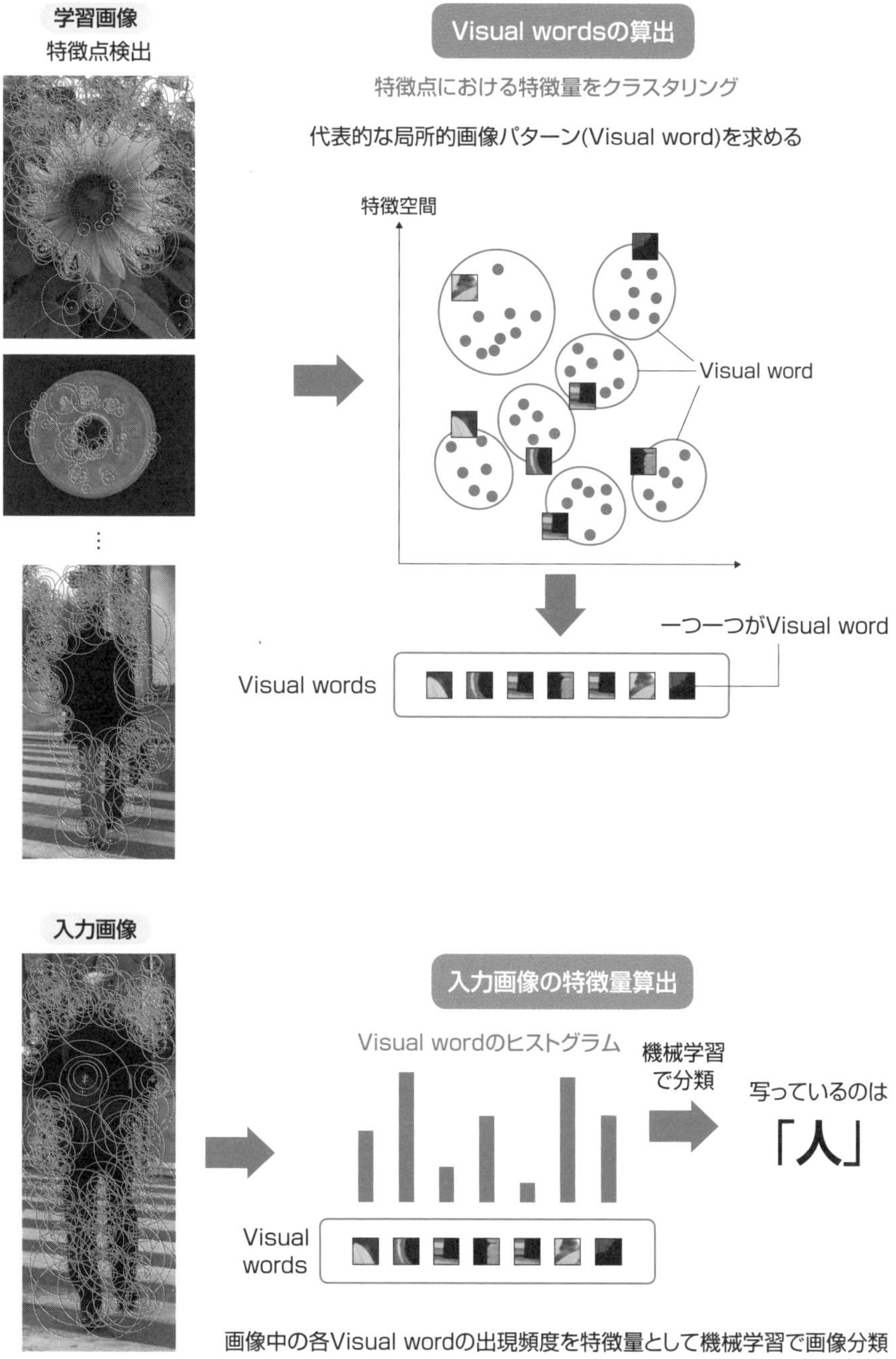

64 画像中の異常を見つける

ある場所を監視するカメラが異常な状況を自動的に見つけたり、製品の見た目に問題がないかを画像から判断するためには、画像中の異常を見つける技術が求められます。例えば、不良品を検出するために、多数の良品の画像から「良品とはこういうものだ」という基準を作り出し、その基準から逸脱した製品を不良品と判定する方法が使われます。

その中でも、簡単な方法の一つがZ-scoreを用いた方法です。これは、画像中の一つ一つの画素の明るさが、ある範囲のばらつき(正規分布)を持つという考えに基づいています。そして、その通常の範囲から外れた箇所を「異常=不良」と判断します。

撮影時のノイズや、対象の位置ずれ、さらには良品でもそれぞれに微妙な違いがあるため、良品の画像でも各画素の明るさは異なります。そこで、まず多数の良品の画像を用いて、それぞれの画素の明るさの平均値とばらつき(標準偏差値)を求めます。これらの平均値と標準偏差値が、「良品モデル」となります。例えば、位置ずれの影響を受けやすい部分や、良品でも明るさが大きく変動する部分では、標準偏差値が大きくなります。一方、どの良品でも明るさがほとんど変わらない部分では、標準偏差値が小さくなります。次に、これらの平均値と標準偏差値を使ってZ-score(データの値から平均値を引いて標準偏差値で割った値)を計算します。このZ-scoreの絶対値が大きいほど良品モデルから外れていることを示すので、ある値以上の部分を不良箇所と見なすことができます。

さらに進んだ方法として、転移学習(57項)を使った方法もあります。まず、大規模データセットであらかじめ学習した畳み込みニューラルネットワーク(51項)を使って良品の画像から特徴量を抽出します。検査時にも、同様に検査対象の画像から特徴量を抽出し、その特徴量が良品の特徴量の分布と比較して大きく外れている場合には不良と判定します。

要点BOX

- 正常画像の学習をもとに画像中の異常を検出
- 良品の画像から良品モデルを作成
- 良品モデルから逸脱した場合に不良品と判定

図1 Z-scoreを用いた欠陥検出方法

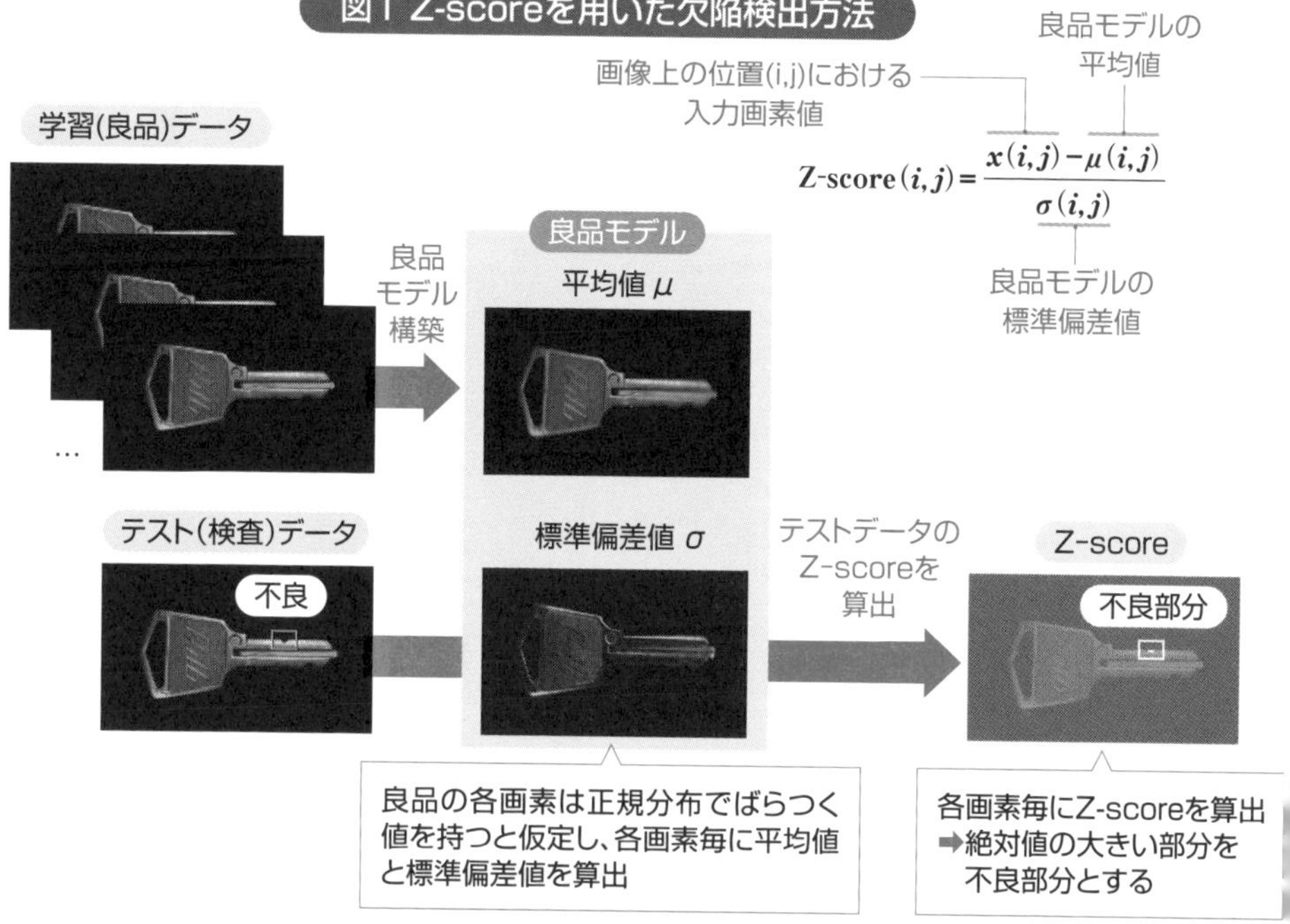

図2 転移学習を用いた欠陥検出方法例

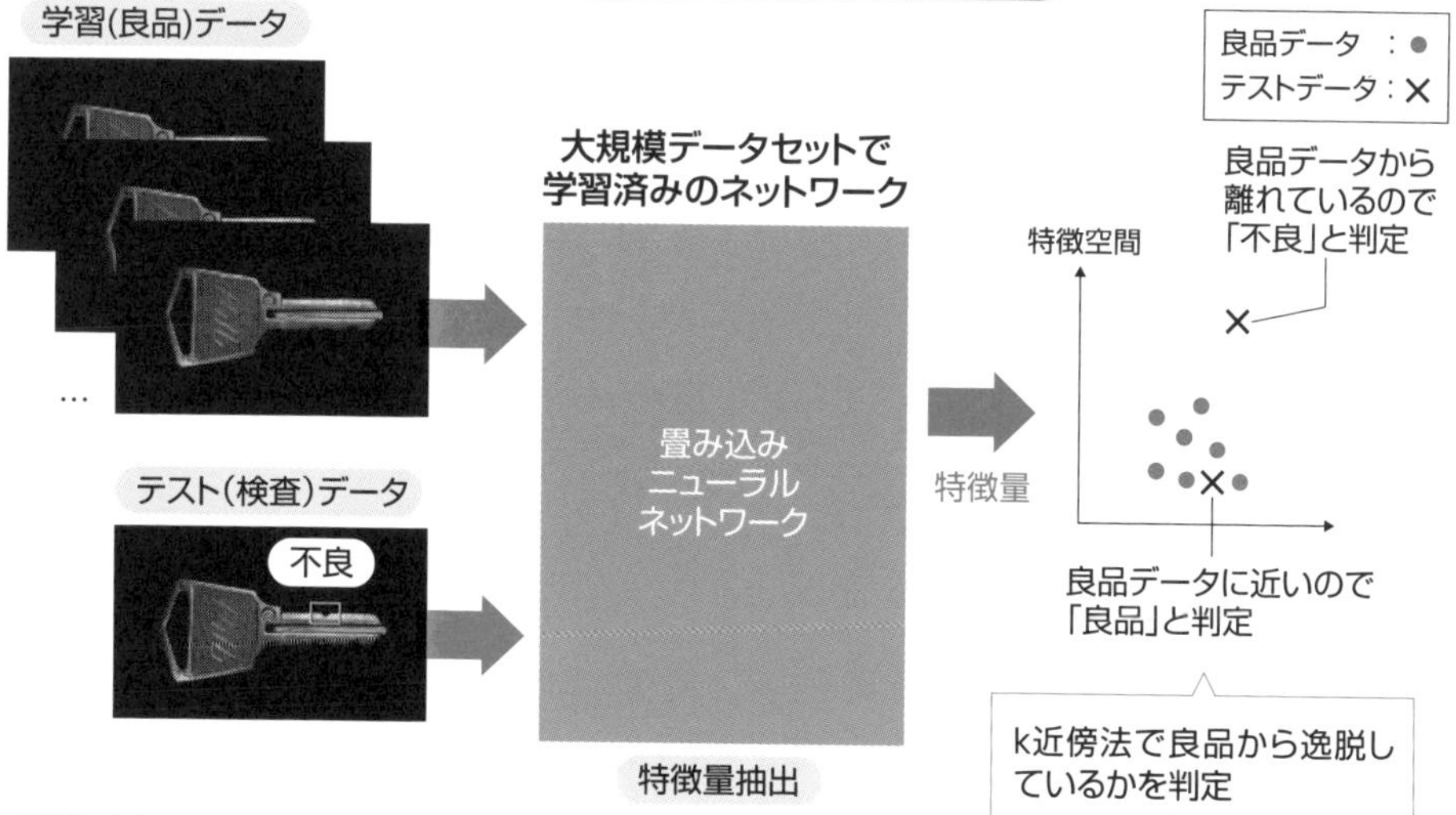

用語解説

正規分布：確率分布の一つで、平均値の周辺にデータが集中し、その両側が左右対称になる形状を持つ分布のこと

65 画像から文字を読む

OCR（Optical Character Recognition）

画像から文字を読み取る技術を「OCR（Optical Character Recognition）」と呼びます。スキャナやカメラで取得した画像データを、文字コードによって表現されたテキスト形式に変換することができます。これにより、情報の検索や整理が容易になります。

OCRは、経理や事務作業を効率化するために活用されています。例えば、レシートや請求書のデータをテキスト化することで、価格情報を自動的に計算することが可能になります。また、名刺の情報をデータベースに保存したり、カメラの画像から車のナンバープレートを読み取る用途にも使用されています。さらに、視覚障害者向けの支援ツールとしての利用も挙げられます。紙媒体の文章をテキストデータに変換すれば、音声合成ソフトウェアで読み上げたり、点字表示装置で表示したりできます。このように、OCRは幅広い利用可能性を持っています。

図2はOCRの基本的な処理の流れを示しています。はじめに、入力された画像の傾きの補正やノイズを低減するなど認識しやすくするための前処理を行います。次に、画像中の文字がある領域を検出します。この処理は文字検出と呼ばれます。最後に見つけ出した文字領域において存在する文字を認識する文字認識を行うことによって画像中の文字を読み取ります。対象が文字列である場合には、言語に存在する単語のリストと照合を行い、あり得ない文字の並びを修正するなど、誤りを減らす処理を行う場合もあります。

印刷された文字は文字の形状がある程度揃っているのに対して、手書き文字はばらつきが大きいためより難しい課題となります。また、扱う文字の数が少ない英語と比べて、多数の漢字を含む日本語は難しい課題です。しかし、最近では深層学習を利用したOCR技術の開発により、より多様な文字形状や状況に対応できるようになっています。

要点BOX

- ●OCRは画像中の文字を認識してテキストに変換
- ●OCRには幅広い応用範囲が存在

図1 OCR処理結果の例

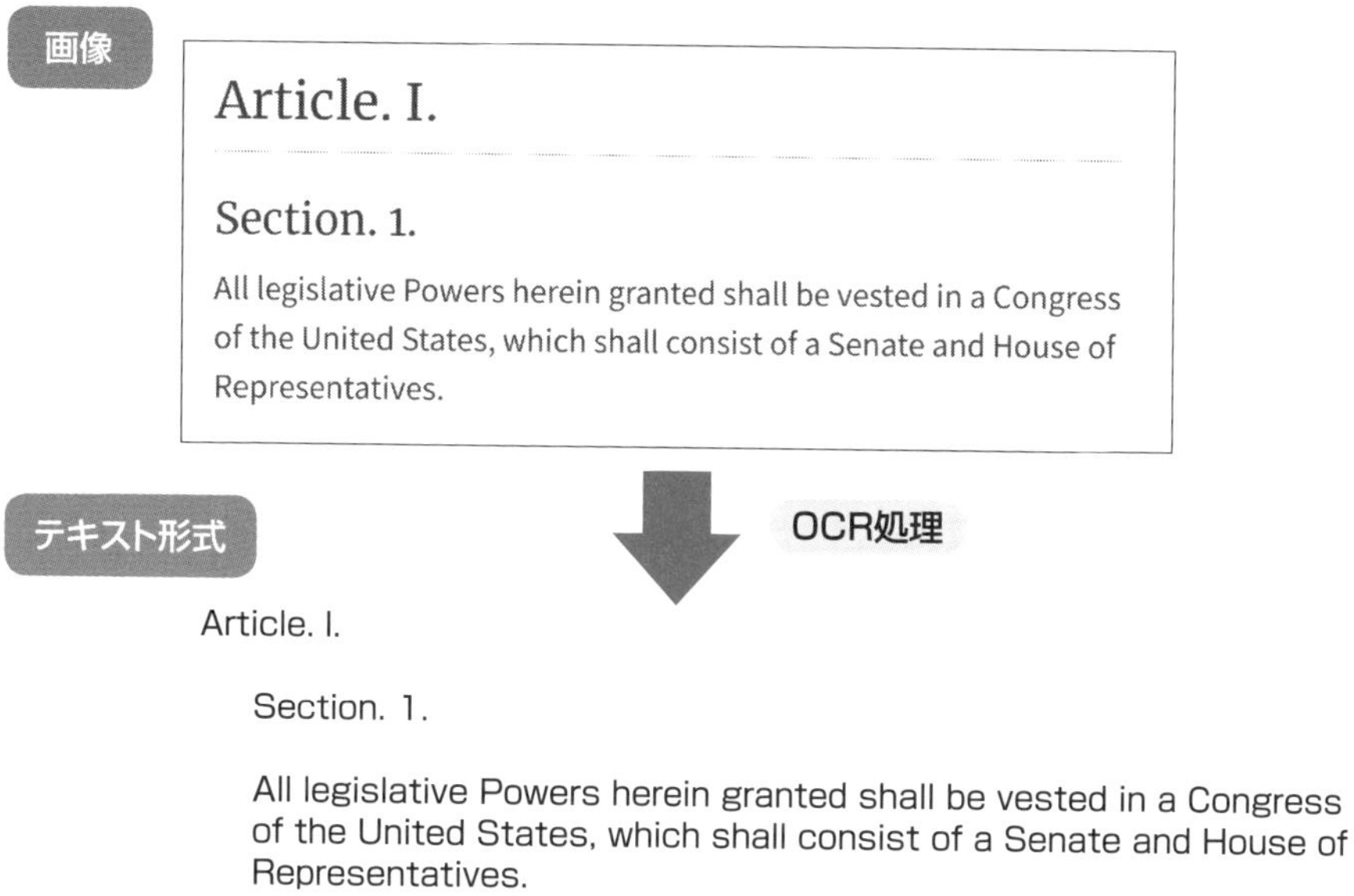
画像
Article. I.
Section. 1.
All legislative Powers herein granted shall be vested in a Congress of the United States, which shall consist of a Senate and House of Representatives.
OCR処理
テキスト形式
Article. I.
Section. 1.
All legislative Powers herein granted shall be vested in a Congress of the United States, which shall consist of a Senate and House of Representatives.

図2 OCR処理の流れ

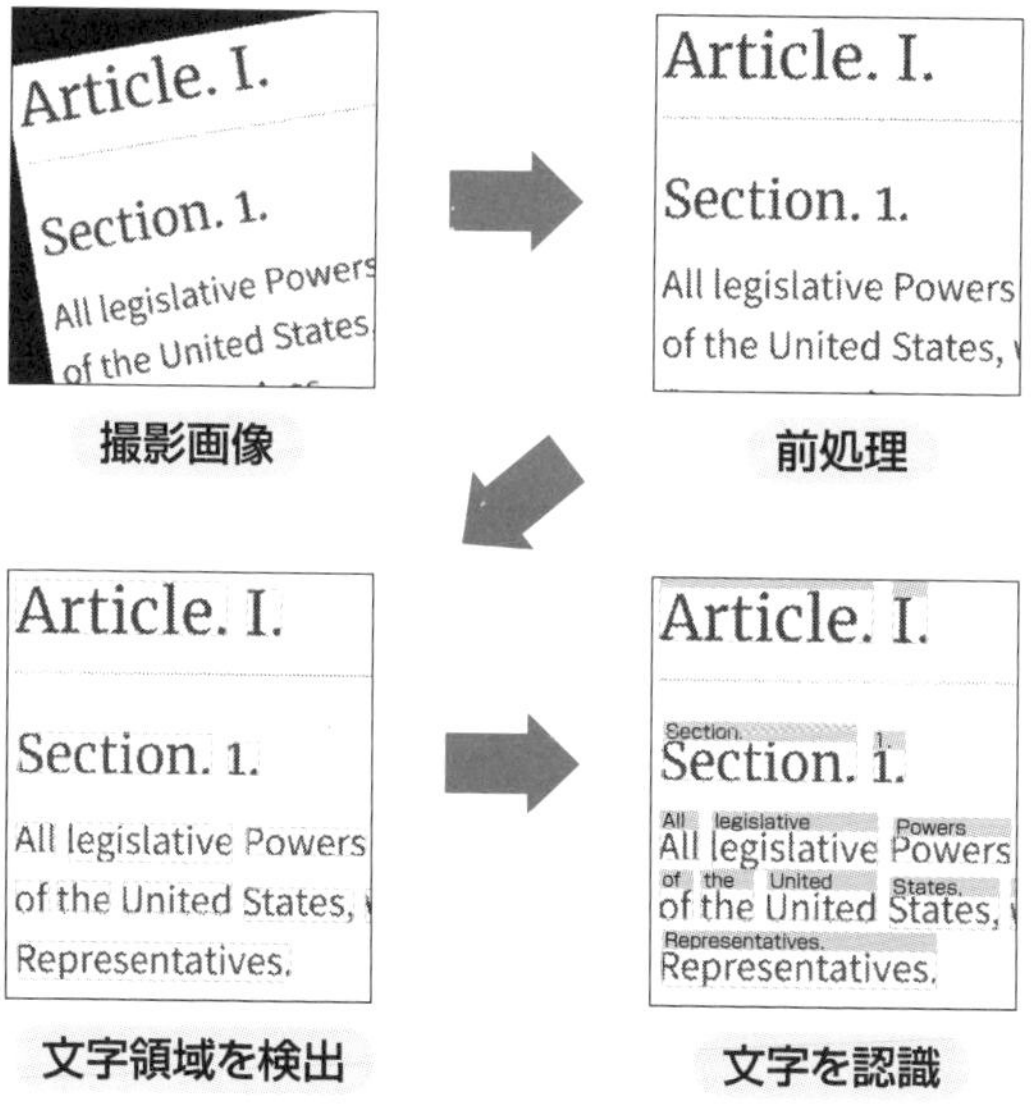
撮影画像
前処理
文字領域を検出
文字を認識

66 画像からデータを読む

二次元コードの用途とQRコードの特性

紙面上にデータを保管して、カメラで読み取ることが可能な「二次元コード」は、現代生活の多岐に渡るシーンで役立っています。例えば、電子決済においてスマートフォンで決済のための情報をスキャンしたり、飛行機の搭乗券に情報を格納したり、紙の文書にウエブページのリンクを埋め込んだりする際に利用されています。一次元のバーコードと比べて、より多くのデータを保存できる点が二次元コードの強みです。

その中でも日本のデンソー社が開発した「QRコード」は広く普及しています。QRコードが幅広く使われている理由には、その読み取りの手軽さや速さが挙げられます。例えば、QRコードが紙や他の表面に印刷されていて、その部分が少し傷ついていても、大抵は問題なく読み取ることができます。さらに、QRコードを読み取るスピードはとても速く、スマートフォンのカメラを向けるだけで、情報はすぐに読み取られます。これは、電子決済のような短時間で読み取る必要がある用途で非常に便利です。

QRコードには、「位置検出用パターン」が三つの角に設けられています。これによりQRコードの位置を特定できます。また、歪みを補正する「歪み補正用パターン」や、各セル（QRコード中の一つの白黒パターン、1ビットの情報を示す）の読み取り位置を補正する「タイミングパターン」も備えています。

QRコードを読み取る際には、まず画像中から位置検出用パターンを見つけ、QRコードの位置を特定します。そして、歪み補正用パターンやタイミングパターンを参考にして、各セルのデータを読み取ります。

しかしながら、QRコードを読み取る際に色々な理由で読み取りエラーが発生する可能性があります。これを解決するために、QRコードは誤り訂正符号を用いています。この技術は、撮影環境が悪かったり、QRコードが汚れていたりしても、格納された情報を正確に読み取ることを可能にしています。

要点BOX
- ●二次元コードは多くの情報を保管可能
- ●QRコードには正確に読み取るための工夫が多数存在

図1 QRコードの構成

図2 誤り訂正符号の効果

一部欠落していても内容を正常に読み取ることができる

用語解説

誤り訂正符号：データを記録・伝送する際に発生するエラーを検出し、修正する技術

67 人間の行動を認識

行動認識

「行動認識」は、カメラ映像から人間の行動を自動で認識する技術です。この行動認識技術は、私たちの生活の質を向上させる可能性を秘めています。

例えば、介護施設で人が転んだ場合、自動的に助けを呼ぶシステムを作ることが可能です。また、商業施設で不審な行動をする人物がいた場合、警報を発動するシステムを構築できます。ほかにも、高齢者の日常生活を見守ることで早期の健康問題を発見し、迅速に対処することが可能になるでしょう。加えて、店舗では、顧客の購買行動を細かく分析し、より個別化されたマーケティング戦略を立てることができるようになります。

行動認識には人体に加速度センサなどのセンサを装着する方法もありますが、画像を用いた行動認識は人体へのセンサ取り付けが必須ではありません。そのため、店舗など不特定多数の人が対象となる場所でも有効に活用できます。さらに、大きな情報量を持つ画像情報を解析することで、より多角的で詳細な行動分析が可能となります。

従来の画像認識は静止画像に対するものでしたが、行動認識は時間軸上の動きを含む動画データを対象とします。一つの手法として、姿勢推定（62項）が活用されます。姿勢推定により得られた人間の骨格情報の時間的変化から、その人が何をしているかを判断します。あらかじめ機械学習によって骨格の各位置の時間的な推移と行動との関連性を学習させ、それをもとに行動を判定します。

また、静止画向けの画像認識に使用される畳み込みニューラルネットワーク（51項）を拡張して行動認識に用いる方法も提案されています。従来の二次元の畳み込み演算に時間方向の一次元を加え、三次元に拡張します。この拡張により、時間軸の解析も行うことができるようになるため、動画データを用いた行動認識が可能となります。

要点BOX

- 介護の現場や店舗などで使用される
- 一般的に動画データを対象とする

図1 行動認識の用途例

図2 行動認識の方法

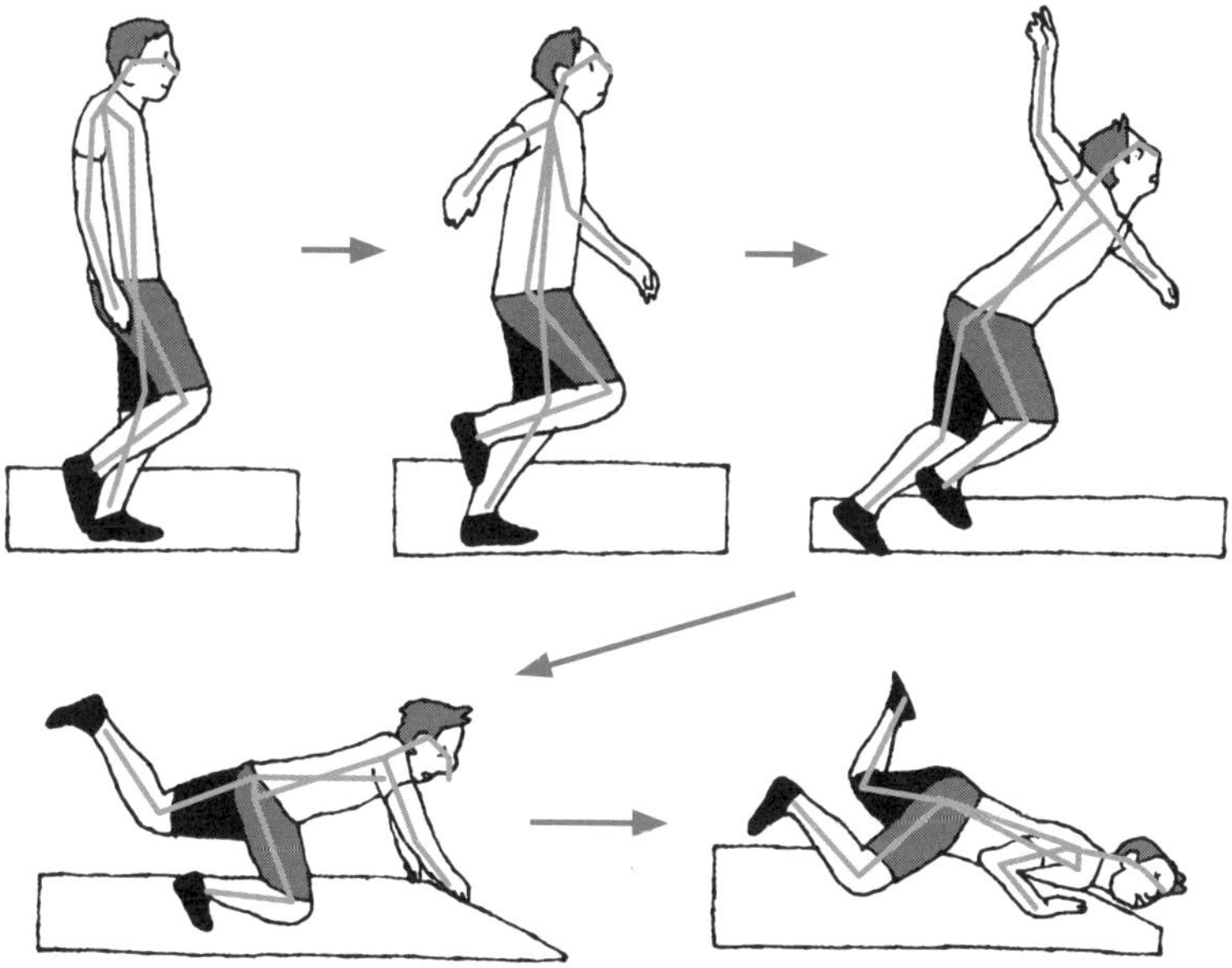

転倒における骨格の推移例

姿勢推定結果の推移をもとに動作を判定

68 画像認識処理の開発に役立つツール

画像処理や機械学習に関するオープンソースソフトウェア

画像認識技術は、さまざまなアルゴリズムを組み合わせることで実現されます。ただし、これらのアルゴリズムは一からプログラムに実装する必要はなく、インターネット上でプログラムが公開されている「オープンソースソフトウェア（Open Source Software）」を通じて、部品として使えるようになっています。また、画像処理や機械学習の各種アルゴリズムがすぐ使えるよう準備されている市販のプログラミング言語もあります。

その一つに「OpenCV」というオープンソースのライブラリがあります。ライブラリとは、よく使われる機能がまとめられたプログラムの集まりのことを指します。OpenCVは画像処理に必要なアルゴリズムが多数準備されており、自分のプログラムに簡単に組み込むことができます。

また、機械学習でよく用いられるプログラミング言語としては「Python」があります。Pythonには、「scikit-learn」という機械学習用のライブラリがあります。scikit-learnを用いることで、機械学習に必要な機能を簡単に利用することができます。

深層学習を用いる場合には、「PyTorch」や「TensorFlow」といったフレームワークが活用されます。フレームワークとは、プログラムの基盤となるソフトウェアのことで、これらを利用することで深層学習を簡単に利用できるようになっています。

また、画像認識用の学習済み機械学習モデルや、各種画像認識処理も色々なものがオープンソースソフトウェアとして公開されています。例えば、物体検出のためのオープンソースソフトウェアとしては「YOLO」シリーズがあります。このようなオープンソースソフトウェアを用いることで、簡単に最新の画像認識技術を試すことが可能となっています。

なお、各種ソフトウェアや学習済みモデルを用いる際には、そのライセンス内容を確認することが必要です。

要点BOX

- ●画像認識処理は画像処理や機械学習などさまざまなアルゴリズムを組み合わせて作る
- ●既存のソフトウェアを活用可能

図1 画像認識処理で使われるオープンソースソフトウェアの例

画像処理

OpenCV

画像処理のオープンソースライブラリ
各種の画像処理アルゴリズムが準備されている

機械学習

Python

機械学習でよく使用されるプログラミング言語

合わせてよく使用される機械学習のライブラリ

- scikit-learn

深層学習フレームワーク

深層学習を実装するための土台となるソフトウェア
簡単に深層学習を実装できる

- PyTorch
- TensorFlow

画像認識処理の
開発には
オープンソースソフトウェアを
活用できる

69 処理装置の設置場所とその種類

画像認識処理を行う処理装置の設置場所は大きく二つに分けられます。一つはデバイスの中やその近くで処理を行う方法（エッジコンピューティング）、もう一つはネットワーク経由でデータを送り、遠隔のサーバで処理を行う方法（クラウドコンピューティング）です。

通常、クラウドコンピューティングは高度な処理能力を持つため、複雑な処理が可能です。ただし、データ転送に時間がかかるため、リアルタイムの反応性には欠けます。これは例えば機械学習モデルの学習時など、時間が掛かっても大丈夫な場合には大きな問題ではありません。しかし、自動運転のように即時性が求められる場面では、エッジコンピューティングが必要となります。

エッジコンピューティングでは電力使用量やコストの制限が厳しいため、深層学習を利用した画像認識処理のように大量の計算が必要な課題においては、処理能力や電力消費が問題となります。そこで、深層学習モデルの性能を維持しつつ、計算精度を低下させたり、重みを持つ枝の数を減らす（枝刈り）等の計算量を削減する手法が開発されています。

画像認識処理に用いられる処理装置の種類としては、大まかにCPUとGPUの二つがあります。CPUはパソコンやスマートフォンなどで主な処理装置として使用されています。ＣＰＵは一般的な計算を高速に処理しますが、画像認識処理などの大量のデータを同時に処理する課題では、ＧＰＵがその強みを発揮します。なぜなら、ＧＰＵは元々、大量の画素データを同時に処理するために3D画像描画用途で開発されたものだからです。ＧＰＵのソフトウェアの開発は専用のプログラミング言語となりますが、多くの機械学習ライブラリでサポートされているため、専用言語を意識せず使用することが可能になっています。

最近では、ＧＰＵと一体化したＣＰＵや、深層学習に特化した命令や回路や持つＣＰＵも増えています。

要点BOX

- ●設置場所の差でエッジコンピューティングとクラウドコンピューティングに分けられる
- ●処理装置の種類には主にCPUとGPUがある

図1　クラウドコンピューティングとエッジコンピューティング

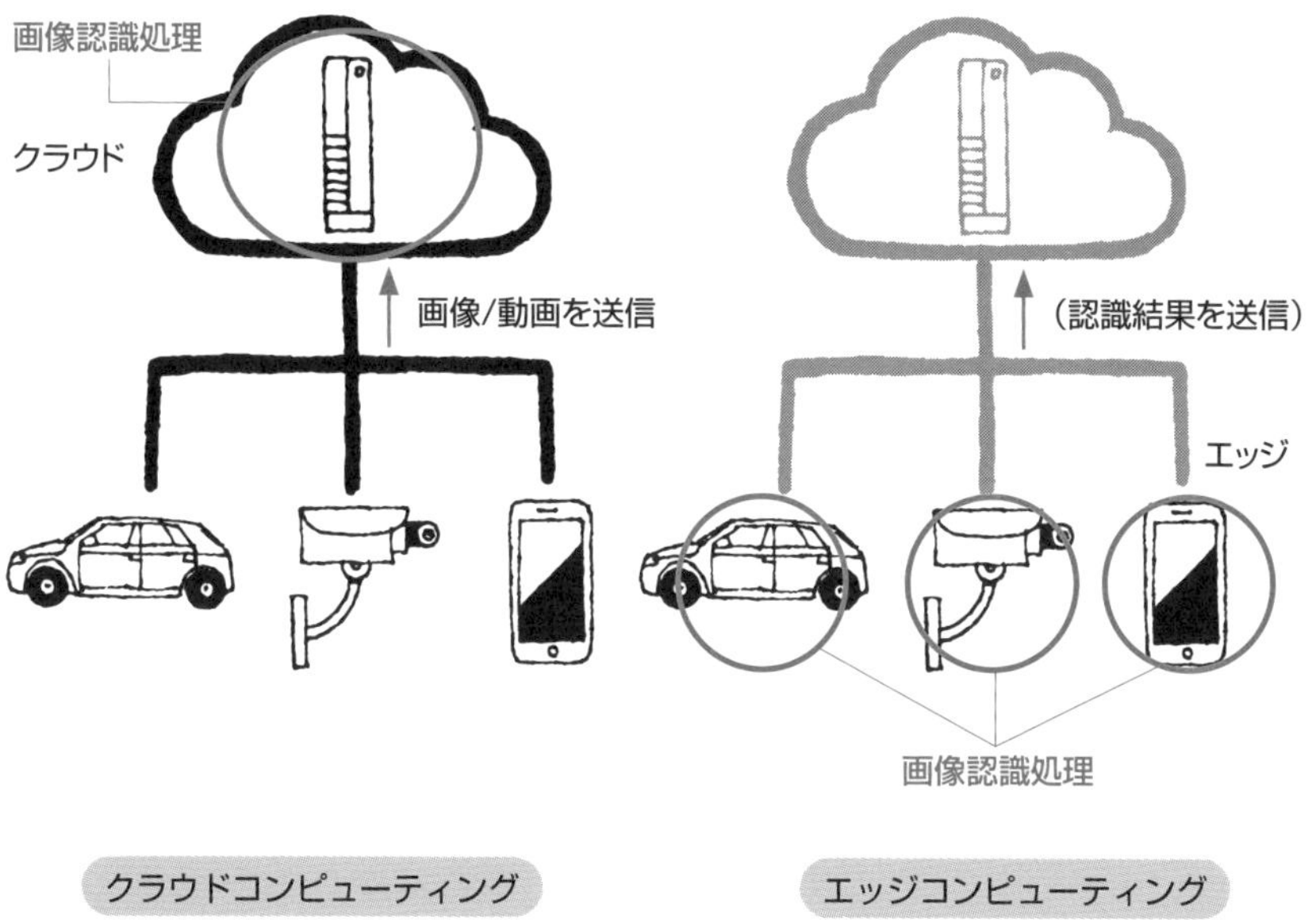

図2 処理装置の種類

CPU (Central Processing Unit)	GPU (Graphics Processing Unit)
●パソコンやスマートフォンなどの主な処理装置 ●一般的に画像処理や機械学習の処理速度はGPUに劣る	●画像処理や機械学習の処理はCPUよりも高速 ●ソフトウェア開発は専用のプログラミング言語 ●多くの機械学習ライブラリでサポート

Column

機械学習の画像認識以外への応用

機械学習の技術は画像認識以外にも社会のさまざまなところに使用されるようになっています。

例えば、音声分野では音声データの内容をテキスト化する音声認識や、逆にテキストから音声を生成する音声合成、オンラインミーティングにおいて、マイクから混入する音声以外のノイズを除去するノイズ除去などがあります。

また、言語分野では他言語への翻訳、文章の要約、会話が可能なチャットボットなどに使用されています。そのほかにも、企業の与信を行う与信スコアリングや、eコマースにおける商品のレコメンデーション、囲碁において名人を破ったAlphaGoを始めとするゲームAIなどにも使用されています。

近年、各課題に対する機械学習モデルの性能が飛躍的に高まったことで、これらの応用が進んだわけですが、その多くは深層学習を用いています。また、深層学習とともにキーになっているのが大量の学習データです。

画像認識において、深層学習を用いて大規模画像データベースであるImageNet（55項）のデータを学習させることで大きく精度が高まったのと同じように、高性能な音声認識モデルWhisperでは68万時間の音声データ、大規模言語モデルのGPT-3では数十TBに及ぶ莫大な量のテキストデータが元となり学習に用いられています。

しかし、大量のデータを準備し、それを学習させるためのコストは莫大で、資金力のある団体しか優れた機械学習モデルを作ることはできず、その力は独占されているという批判もあります。また、街中にある監視カメラの画像を入力した画像認識により容易に個人の行動が監視されてしまうといったプライバシー面の問題や、生成モデル（56項）を用いて作成されたフェイクデータによる社会への悪影響も懸念されています。

機械学習技術とそれを用いた人工知能が今後も発達していくことは間違いなく、新たに発生する課題に対応しながら上手く社会に取り入れていく必要があります。

索引

英数

ア

カ

サ

今日からモノ知りシリーズ
トコトンやさしい
画像認識の本

NDC 007.63

2023年8月31日　初版1刷発行

発行者　井水 治博
発行所　日刊工業新聞社
東京都中央区日本橋小網町14-1
(郵便番号103-8548)
電話　編集部　03(5644)7490
販売部　03(5644)7403
FAX　03(5644)7400
振替口座　00190-2-186076
URL　https://pub.nikkan.co.jp
e-mail　info_shuppan@nikkan.tech
印刷・製本　新日本印刷(株)

●DESIGN STAFF
AD————志岐滋行
表紙イラスト————黒崎　玄
本文イラスト————小島サエキチ
ブック・デザイン ——黒田陽子
角　一葉
(志岐デザイン事務所)

●
落丁・乱丁本はお取り替えいたします。
2023 Printed in Japan
ISBN　978-4-526-08289-4　C3034

●定価はカバーに表示してあります

●著者略歴

笠原 亮介(かさはら りょうすけ)

1980年生まれ。2004年 東北大学大学院工学研究科電気・通信工学専攻修士課程修了。2019年 東北大学大学院工学研究科通信工学専攻博士課程修了・博士(工学)。2004年 株式会社リコー入社。各種センシングシステムや画像処理、機械学習、画像認識等の研究開発に従事、主席研究員、株式会社ブライトヴォックス取締役CTOなどを務める。
2014年　精密工学会主催 外観検査アルゴリズムコンテスト2014 優秀賞、2015年 外観検査アルゴリズムコンテスト2015 優秀賞、2021年 IPSJ Transactions on System LSI Design Methodology Best Paper Award を受賞。

著書に「外観検査の実務とAI活用最前線」(共著、2018年、株式会社情報機構)、「センサフュージョン技術の開発と応用事例」(共著、2019年、株式会社技術情報協会)、「機械学習を中心とした異常検知技術と応用提案」(共著、2019年、株式会社情報機構)、「機械学習・ディープラーニングによる"異常検知"技術と活用事例集」(共著、2022年、株式会社技術情報協会)など。